國家古籍整理出版專項經費資助項目

第一章

元始上帝原造天地。[illegible]

水之面也。上帝曰光、[illegible]

遂分光隔暗焉。上帝[illegible]

上帝遂曰、水中間必[illegible]

穹蒼下之水、分穹蒼[illegible]

夕則接旦、爲第二日[illegible]

旱地而有如此也。[illegible]

帝觀之乃善、時上帝曰地[illegible]

結果各內包本仁子、[illegible]

[illegible]

澳大利亞藏太平天國原刻官書叢刊

上

澳大利亞國家圖書館 編

國家圖書館出版社

圖書在版編目(CIP)數據

澳大利亞藏太平天國原刻官書叢刊(全三册,附圖三張)/澳大利亞國家圖書館編. —北京:國家圖書館出版社, 2014.4(2015.4 重印)

ISBN 978-7-5013-5318-7

Ⅰ.①澳… Ⅱ.①澳… Ⅲ.①太平天國革命—文獻—叢刊 Ⅳ.①K254.06-55

中國版本圖書館 CIP 數據核字(2014)第 014367 號

書　名	澳大利亞藏太平天國原刻官書叢刊(全三册,附圖三張)
著　者	澳大利亞國家圖書館　編
責任編輯	李　强
出　版	國家圖書館出版社(100034 北京市西城區文津街 7 號) (原書目文獻出版社　北京圖書館出版社)
發　行	010-66114536　66126153　66151313　66175620 66121706(傳真),66126156(門市部)
E-mail	btsfxb@nlc.gov.cn (郵購)
Website	www.nlcpress.com→投稿中心
經　銷	新華書店
印　裝	河北三河弘翰印務有限公司
版　次	2014 年 4 月第 1 版　2015 年 4 月第 2 次印刷
開　本	787×1092(毫米)　1/16
印　張	93
字　數	1092 千字
書　號	ISBN 978-7-5013-5318-7
定　價	1800.00 圓

序一

澳大利亞國家圖書館系統收藏中文書刊是從上世紀五十年代開始的，現在已發展成國外中文藏書的大館之一。雖然目前的收藏方針以當代中國爲主，卻也兼顧近代史料，特别是原始資料，因爲我們相信其研究價值會隨著時間的推移而增加。我館亞洲部的『倫敦會藏書』便是其中的佼佼者，這批共六百多本（件）的珍貴藏書，大部分保存得非常好。這是因爲我館意識到倫敦會的藏書極具收藏價值，特别是太平天國原版刻書和佈告部分，於是在一九六一年從倫敦買下這批書和佈告，一九六二年初運抵澳京堪培拉本館以後，這批藏書便被列爲特級藏品，特别爲它們定製中式書匣，予以珍存。

自從二〇〇一年三月《倫敦會藏書目録》編成、出版以來，我們經常收到來自世界各地的專家學者的垂詢，有的要求提供複印件，有的希望來館閲覽。郭存孝先生便是對這批藏書深表興趣的衆多學者中的一位。郭先生是南京太平天國博物館前任館長、研究員，憑著多年的研究經驗和專業知識，他認爲倫敦會藏書中有關太平天國的那部分資料特别具有研究價值。二〇〇三年他抽空來到我館，仔細研究了這批珍貴史料。接著，他又聯繫各有關方面，做了大量工作，全力促成了此書的出版。同時，他還爲本書作了序，爲所有的藏書和佈告撰寫了詳盡的提要。對他付出的大量精力，我館謹表示深切的謝意。

希望本書的出版，能對太平天國研究作出一點貢獻。

黃韞瑜（澳大利亞國家圖書館高級館員）

二〇一二年三月於堪培拉

序二

太平天國是爆發在十九世紀五十年代的一場反封建抗侵略的農民運動，它在革命過程中制定了一系列制度、政策，有的已實現，有的因限於空想，或因客觀條件的限制而未能實現。但是其編著鐫刻、印刷發行有自己特色的官書和佈告工作，由於領袖有決心、持之以恒、措施有力，而取得了顯著的成績，這是有目共睹、有口皆碑的。雖經滄海桑田，一百六十餘年過去了，如今分佈於除非洲外的四大洲的累累的碩果遺存，就是很有說服力的證明。儘管受著歷史條件的限制，其中不乏糟粕，但從主流來看，太平天國的原刻官書和原版佈告，在歷史上發揮了一定的作用，理應受到重視和肯定，並妥加保護、充分加以利用，因爲它是人類寶貴的精神財富。

一

太平天國領袖、天王洪秀全（一八一四—一八六四）爲了對內統一思想、嚴肅軍紀、宣揚政策、團結群衆、打擊敵人，同時掃除舊文化建立新文化，對外宣傳其革命主張，從一八五一年金田起義之初，便認真將著書立說當成一件刻不容緩的大事抓了起來。洪秀全首先明白宣佈：『今恐通軍大小男女兵將，未能熟知天父聖旨命令，故特將詔書尋閱天父天兄聖旨命令最緊關者，記録鐫刻成書，庶使通軍熟讀記心，免犯天令，方得天父天兄歡心也。』這就把刻書的動機和目的，說得再清楚也不過了。是年（太平天國辛開元年，一八五一）便出版了《幼學詩》和《太平禮制》，開創了出版原刻官書的先河。

次年（太平天國壬子二年，一八五二），當太平軍與清軍激戰於廣西象州、武宣時，殿右六檢點李壽暉即被授予『正典鐫刻』官職，任務是『校對一切印書』。既有正職必有副職，既有主管官員，必有一定的機構和操作人員，可見鐫刻官書之舉，已有了發展，則是不爭的事實了。

到了太平天國癸好三年（一八五三）二月定都江南重鎮——南京（改名天京）後，因爲有了一個歷史悠久、文化發達、人才濟濟的大都市作爲穩定的首都，其鐫刻官書和佈告的工作很快便邁入如火如荼的境地。太平天國首先將隨軍而來的兩廣、兩湖的鐫刻印刷工匠集中起來，同時積極網羅南京、揚州的傑出工匠，遂組成了一支龐大的刻印出版隊伍。與此同時又成立了各類相關機構，有『詔書衙』——主編官書，填寫兵册、家册等；『詔命衙』——主撰寫佈告兼編書及提供詔旨初稿等；『删書衙』——主删改孔孟、諸子百家之書，取其『合乎天情』的內容，經洪秀全審閱後方可成書。又成立『鐫刻衙』——主刊刻詔旨和官書及印戳；『刷書衙』——主印刷官書和佈告。還有一個『宣詔衙』——主收發官書、外出張貼詔旨、佈告。如此便將太平天國的著書印刻出版事業推向了高潮。

太平天國出版的官書，總稱『詔書』，因爲所有出版之書，均需洪秀全御覽旨准，故又稱『太平天國旨准頒行詔書』，每年出版新書必有『總目』公之於衆。

那麽，太平天國究竟編著鐫刻印發了多少官書？兹按年序說之：

辛開元年（一八五一）

《幼學詩》《太平禮制》，共兩部。

壬子二年（一八五二）

《幼學詩》《天條書》《太平詔書》《太平軍目》《太平條規》《天命詔旨書》《頒行詔書》《天父下凡詔書》（第一部），共八部。

癸好三年（一八五三）

《天父上帝言題皇詔》《三字經》《頒行詔書》《舊遺詔聖書》《新遺詔聖書》《太平救世歌》《太平天國癸好三年新曆》《建天京於金陵論》《貶妖穴爲罪隷論》《詔書蓋璽頒行論》《天朝田畝制度》《天父下凡詔書》（第二部），共十二部。

甲寅四年（一八五四）

《太平天國甲寅四年新曆》《天理要論》《天情道理書》《御製千字詔》，共四部。

乙榮五年（一八五五）

《行軍總要》，一部。

丙辰六年（一八五六）

因爆發自相殘殺的『天京事變』，故未出書。

丁巳七年（一八五七）

《天父詩》一部。

戊午八年（一八五八）

《醒世文》《太平天國戊午捌年新曆》《太平禮制》《武略》《欽定制度則例集編》（已失傳），共五部。

己未九年（一八五九）

《資政新篇》《天父天兄天王太平天國己未九年會試題》《欽定功勞部章程》（已失傳），共三部。

庚申十年（一八六〇）

《王長次兄親目親耳共證福音書》《天兄聖旨》，共兩部。

辛酉十一年（一八六一）

《誅妖檄文》《太平天國辛酉拾壹年新曆》《欽定士階條例》《欽定軍次實録》《欽定英傑歸真》《天父聖旨》《太平刑律》（原書失傳）、《太平天國辛酉十一年稅務局頒行稅率》（原書未見），共八部。

壬戌十二年（一八六二）

《太平天日》（銅版本）、《欽定敬避字樣》，共兩部。

此外，未被列入『旨准頒行詔書總目』，或已列入『總目』，惜已失傳，但史料上有可信記載，以及年代失考的刻書，有《幼主詔旨》《開朝精忠軍師干王洪寶製》《詔書》《欽命記題記》《行軍號令》《會議輯略》《天媽天嫂辨正》《改訂四書五經》《九種規章》及《海關稅則》。

據現存刻書和『旨准頒行詔書總目』二十九部及可信中外史料所記，可知太平天國曾刻印官書五十八部。至於癸開十三年（一八六三）、甲子十四年（一八六四），因臨近天京陷落，故未能將刻書進行到底。

我們從清方史料得知當時太平天國出書之數量是很驚人的，時人所見『汗牛充棟，人人習見』，並非虛誇之詞。再者，清朝各地官員和官兵，曾截獲太平天國刻書『皆成束成捆』，甚至『捆載壘壘』，由此可見一斑。

至於太平天國官書的作者，主要是最高決策人洪秀全，另有南王馮雲山、干王洪仁玕等，及部分文官：盧賢拔、曾水源、曾釗揚、黃再興、何震川、黃期陞等。至於佈告，多出於無名氏之手。

出版官書的管理機制非常嚴格。首先是官辦壟斷，嚴禁私刻，對『有書不奏旨，不蓋璽而傳讀者，定然問罪』。在太平天國內部，如《天條書》，規定人手一册，『朝夕誦讀』，甚至做出『預期猶不能熟記者斬首』，可見態度認真以至偏激。爲了擴大影響，將刻書免費『四處分送』。誥諭則『大張』，希望在百姓與清朝的思想文化『絶緣』，熱望『回心敬天』，達到歸化太平天國的目的。

二

太平天國的領袖爲了爭取外國『洋兄弟』的理解和支持，從建都天京開始直到辛酉十一年（一八六一）曾多次向來訪者贈書，意在引起共鳴。如一八五三年四月底，贈給英國公使文翰（Sir. G. Bonham）刻書十二部。是年十二月，贈給法國公使布爾布隆（A. de BourbouLon）的隨行法國耶蘇會神父葛必達（S Clarelin）十五册刻書（即今澳大利亞特藏品）。一八五四年六月，受英國駐香港兼駐華公使約翰・包令（Sir John Bowring）指令，英國駐上海領事館職員麥華陀（W. H. Medhurst）和盧因・包令（Lewin Bowring）曾訪問天京，他們除獲贈《利未書》等九册太平天國刻書外，還收到一件東王的原版『誥諭』。一八五八年十二月，太平天國贈給英國駐華專使額爾金（Elgin，Earl of）的翻譯威妥瑪（Wade.，T. F.）新出版的曆書。一八六一年八月，干王洪仁玕贈給英國駐寧波領事富禮賜（Porest，R. J.）『聖書四包』……而這些寶貴的刻書，最後不是進了圖書館，便是身居博物館的『冷宫』，成了隱居深閨人難識的『地下』寶藏了。

現在重點談談澳大利亞國家圖書館珍藏的這批太平天國刻書和佈告的來源及其輾轉歷史。據葛必達神父的回憶，一八五三年十二月十日，法國駐華公使布爾布隆率秘書顧隨（C. de Courcy）、翻譯官馬凱士（M. Marques）、葛必達及其問答式傳道師等，乘『賈西義』（Cassini）號軍艦訪問天京。公使受到十三響禮炮的歡迎，太平天國天官正丞相秦日綱（時已陞頂天侯，後晉封爲燕王）熱情接見了他，並與之會談。公使離京後，葛必達及其問答式傳道師受邀在天京與太平天國官員共度了兩天兩夜。據葛必達後來回憶，太平天國官員對他們『關懷備至，並與之共進晚餐。總是把我稱作洋兄弟。散步遊覽或打獵，所到之處，總是被友好的笑臉相迎。在廣西軍內的兩天兩夜，是在談論歷史和宗教中度過的』。葛必達又高興地說，在天京『他們（指太平軍）分發了幾本使人領悟宗教真諦的書』。一八五四年一月六日，葛必達在上海徐家匯教堂，向法國巴黎南懷仁（C Languillat）神父發去一篇報道，回憶去年的天京之行，具體地談到太平天國贈書之事。他説：『他們現已印行了二十種包括廣西人宗教教義及其軍政管理等内容的小册子。我們已獲贈許多種這一類的小册子。目前仍有五百多人在從事刻版，用作印製衆多别的書籍。在我們所獲贈的書籍中，有一種是《馬太福音》，我還沒有發現任何明顯的錯誤。我不知道他們是從何處得到這一譯本的。另一方面，他們所印行的《舊約》中的其他部分，諸如《創世傳》《出麥西國傳》《利未書》和《戶口册紀》，似乎可以斷定是源自新教。我們被告知，所印行的書籍都由洪秀全在他昔日老師（如今是他的同僚）的幫助下進行終審。的確，所有送給我的書上都蓋有一印，一種可稱作「旨准頒行」的戳記。』值得注意的是，葛必達的這段自述並未提及他當時接受過太平天國多少册刻書和原版佈告。而遺憾的是葛必達並未看重這批貴重禮物，到上海後他將這批刻書送給了英國駐上海領事阿禮國

（R. Alcock ）。

一八五四年六月十五日，英國駐香港總督兼駐中國公使約翰·包令，委派其子盧因·包令和英國駐上海領事館職員麥華陀，同乘『響尾蛇』號和『冥河』號軍艦訪問天京。時英人請求買煤，未獲太平軍允准。艦長遂提出三十一個問題，請求回答。六月二十八日，太平軍送來一件裝在十八英寸長、一英尺寬的黄色大信封内的東王楊秀清的答覆『誥諭』。此誥諭現存於英國國家圖書館。六月二十三日，太平天國『爲使我們熟悉天朝誡律，特意贈送一批小册子，計有《利未書》《戶口册紀》《約書亞書記》《天理要論》《貶妖穴爲罪隸論》《天父下凡詔書》（第二部）、《詔書蓋璽頒行論》《天朝田畝制度》《太平天國甲寅四年新曆》，共九部』。英國人閱後認爲『這些出版物包含有許多新穎而珍奇的情報』，又認爲『其文風均冗長粗俗』。但是英國人在向太平天國表示『謹致最深切的謝忱』後，又向太平天國索取新出版的《四書》，以彌補不足。可是麥華陀回到上海後，他像葛必達一樣，也將這九册書和一件東王誥諭，悉數交給阿禮國。而阿禮國又如法炮製，將這九册書和東王佈告轉贈給倫敦佈道會。至此，先來自於法國人和後接受於英國人的兩批太平天國刻書，便殊途同歸了。

此時，上海有位英國名醫——威廉·雒魏林（Lockhart William 一八一一—一八九六），他與倫敦佈道會關係密切，因此被邀請來整理這兩批太平天國刻書。雒魏林遂將葛必達與麥華陀二人的兩批刻書用紗線裝成合訂本。細心的雒魏林還在封面目録上，清楚地記下此合訂本的來源。令筆者興奮的是，雒魏林還記下了葛必達從天京帶回的太平天國刻書有十五部，它們是《太平詔書》《天父上帝言題皇詔》《天父下凡詔書》（第一部）、《天命詔旨書》《天條書》《太平禮制》《太平軍目》《太平條規》《頒行詔書》《三字經》《幼學詩》《舊遺詔聖書》（第一卷《創世傳》、第二卷《出麥西國傳》、第四卷《戶口册紀》），《新遺詔聖書》（《馬太福音書》）、《太平救世歌》《太平天國癸好三年新曆》。如此，始知葛必達從天京帶回的太平天國刻書的數量和名稱，同時也弄清了葛必達並未從天京帶回太平天國佈告。至於澳大利亞國家圖書館今日所藏三件原版佈告，倫敦佈道會和維魏林均未作任何說明，但是澳大利亞國家圖書館所藏太平天國癸好三年五月初一日東王、西王『誥諭』，已知有相同的一件，現藏英國國家圖書館。

三

筆者早聞澳大利亞國家圖書館珍藏有一批太平天國原刻官書，但詳情不知。按澳大利亞國家圖書館，位於首都堪培拉風景區内。它是國家級圖書館，既負有保存本國文獻的重任，也非常重視非英語出版物的收藏。因此該館設有亞洲部中文組，已收藏中文書刊二十六萬餘冊，榮居南半球之冠。但該館並不滿足於已有的成就，當偵知英國倫敦佈道會——一個成立於一七九五年的超宗派的新傳教組織——珍藏著豐富的來華傳教士所出版及收藏的中文書籍，特别是太平天國原始文獻，該館遂於一九六一年去英國從倫敦佈道會買下了其全部中文藏書。次年年初這批圖書運抵該館後，該館即將其中的太平天國原刻官書和原版佈告列入特級藏品。爲此特製中式書匣，予以保存。中文組現已爲藏品編目，二〇〇一年又將書目數字化，旨在供學者利用。

一九九四年三月，筆者應澳大利亞澳華歷史博物館之邀去澳考察訪問，當時雖已到達堪培拉，惜與澳大利亞國家圖書館擦肩而過。移民墨爾本後，直到二〇〇三年五月，應該館之邀，乃有幸成爲澳大利亞國家圖書館外全面接觸這批已列入特藏品的第一個中國學人。筆者花了三天時間仔細觀賞了這批特藏品——太平天國原刻官書二十二部（辛開元年一冊、壬子二年八冊、癸好三年十一冊、甲寅四年兩冊）、原抄本一冊。同時意外地還看到了三件太平天國原版佈告和原抄佈告六件，總算了卻了宿願。

澳大利亞國家圖書館所藏二十二部原刻官書，雖是早期的大部分，但卻彌足珍貴，尤其是當中的《天父下凡詔書》（第二部），經考係存世孤本； 而《太平天國甲寅四年新曆》，亦是世界唯一的重刻本，更顯鳳毛麟角之尊。

至於該館秘藏的三件東王楊秀清與西王蕭朝貴聯名頒發的原版安民告示： 第一件是癸好三年五月初一日頒發，第二件是癸好三年五月初二日頒發，第三件是癸好三年五月二十八日頒發。三件佈告，保存完好，字跡清晰，墨硃分明，色彩鮮豔，宛如新製。 而可貴之處在於第二、三件原版佈告，竟是世界僅存之碩果。 它們在塵封一百六十年後，今日幸得公諸於世，從而填補了歷史的空白。

另外，該館收藏的六件原抄佈告（癸好三年一件、甲寅四年五件） 與原版佈告等係同齡之物，均有重要的參考作用和利用價值。

四

太平天國的原刻官書和原版佈告，爲中國、英國、法國、德國、美國、俄國、荷蘭和澳大利亞八國所藏，但是澳大利亞所藏部分，卻是最晚被世人全面偵知的。

除澳大利亞外，現知其他七國的收藏部門，計有：

中國　　國家圖書館、北京大學圖書館、中國社會科學院近代史研究所、中國國家博物館、上海圖書館、上海市文物管理委員會、湖北省圖書館、南京太平天國歷史博物館

英國 國家圖書館、大不列顛博物院東方部、劍橋大學圖書館、牛津大學包德利圖書館、倫敦大學東方與非洲學院圖書館

法國 國家圖書館、東方語言學校圖書館

德國 柏林普魯士國立圖書館

美國 國會圖書館、紐約公立圖書館

俄國 俄羅斯科學院漢學圖書館

荷蘭 萊頓大學圖書館

要説明的是，澳大利亞雖然收藏的祇是前期的刻書，而其餘七國前後期皆有收藏，但是澳大利亞所藏原刻官書與歐洲、美洲、亞洲七國所藏有一個共同特點，那就是這些原刻官書從二十世紀初首被發現後，便引起學術界的廣泛重視，均被列入珍貴藏品。筆者認爲太平天國原刻官書，不論前期或後期，都刻印精善，卷帙完整，存世稀少，對太平天國史的研究，具有至關重要的意義，彌足珍貴，皆應躋入善本書之林。

關於三件太平天國原版佈告，均是東王楊秀淸與西王蕭朝貴聯名發佈的（因西王早逝，此屬掛名虚銜，實爲東王一人署名）安民『誥諭』。按太平天國的文書制度，東王頒發的佈告，稱『誥諭』。規定『誥諭』邊飾，上端畫雙龍，下端畫雲水紋。北王韋昌輝頒發的佈告，稱『誡諭』，邊飾上端畫雙鳳。翼王石達開頒發的佈告，稱『訓諭』，邊飾上端畫雙獅。太平天國的刻書和佈告，全採用形體優美的木刻宋體字；封面及邊飾裝潢華美，多用高貴的杏黄色和土紅色，並廣泛採用群衆喜聞樂見的中國傳統的祥禽瑞獸和吉祥紋樣，書的扉頁還加蓋龍鳳紋飾的『旨准』硃印等，這些除了表示官方權力標誌外，它那藝術形象的魅力更是誘人，這也許就是他們能夠流傳

至今的重要原因之一吧。

太平天國最高領袖天王洪秀全頒發的告示，稱『詔旨』，其地位是至高無上的。而『誥諭』則是僅次於『詔旨』的權力憑證。它們不僅在軍中、民間擁有極大的影響力，有時也在涉外事務活動中發揮著重要作用。澳大利亞珍藏的三件佈告均是對内的安民告示，但太平天國卻主動將它們贈送給外國人，此舉用意昭然：讓外國人明瞭太平天國正在實施與清朝截然不同的新宗旨、新任務和新政策、新措施，幻想得到『宗教信仰相同』的『洋兄弟』的認知、同情和支持。

五

回溯歷史，中國學者將太平天國原刻官書陸續抄録、拍照帶回祖國，成就斐然。那麽中國在海外首先看到太平天國原刻官書和原版佈告的人是誰呢？清光緒二年底（一八七七），中國首任駐英國副公使劉錫鴻（廣東番禺人）在任期間，曾參觀了大不列顛博物館，他情有獨鍾的是東方部中有關中國的古籍秘本，但也看到了太平天國的原刻官書和原版佈告，即他所謂的『粤逆僞詔僞示，亦珍藏焉』。

將所見太平天國刻書抄録或拍照帶回祖國的第一人是梁啟超。一九一九年梁啟超訪問荷蘭，在萊丁大學藏書樓（即今荷蘭萊頓大學圖書館）參觀，發現了《天條書》等五種太平天國印書，並託人抄録歸國。隨後是一九二〇年劉半農赴英留學，他也抄録了原刻書八種並其他文件，之後編成《太平天國有趣文件十六種》出版。再後是一九二五年程演生從法國攝録回原刻書八種，編成《太平天國史料第一集》出版。幾與此同時，俞大維在德國又攝回刻書九種，後被張元濟補入其《太平天國詩文鈔》内。一九三二年蕭一山在大英博物館攝得刻書、文書、書翰等，於一九三四年編成《太平天國叢書第一集》出版。一九三六年王重民在英國劍橋大學圖書館又喜得刻書十種，後編成《太平天國官書十種》出版。一九八四年王慶成在英國圖書館拍攝到《天父聖旨》（第三卷）和《天兄聖旨》（共兩卷）歸國，後收入《太平天國文獻八種》出版。近期，王慶成又應邀去美國和俄羅斯等國，均有所獲。一九八八年起由羅爾綱、王慶成策劃主編，將新發現的資料輯入《中國近代史資料叢刊續編》，已於二〇〇四年出版。

今日澳大利亞國家圖書館欣然同意將這批特藏品出版，以饗讀者，而中國一級出版社——國家圖書館出版社慨然接受並以直接拍攝影印方式出版，真是珠聯璧合、功德無量。此舉不僅可以使這批太平天國原刻官書和原版佈告得以呈現給世人，對促進中國和澳大利亞的文化與學術交流不啻是錦上添花，可喜可慶可賀。

筆者不才，辱承澳大利亞國家圖書館厚愛，望我作序，謹欒於獻筆，以聊表寸心。

郭存孝

二〇一三年八月於墨爾本

提　要

《幼學詩》

封面用杏黄紙印，有古迴紋邊飾。題『太平天國辛開元年新刻』（按舊曆稱『辛亥』，太平天國改『亥』爲『開』，故稱『辛開』），正文用毛邊紙宋體字刻印，共十四葉。正文第一葉上有鮮豔的龍鳳邊飾的『旨准』硃印。文前冠『旨准頒行詔書總目』，列書十三部。此書有辛開元年、壬子二年和癸好三年（按舊曆稱『癸丑』，太平天國改『丑』爲『好』，故稱『癸好』）三個版本。

此書係宣傳教育類作品，内收敬上帝、敬耶穌、敬肉親、君道、臣道、父道、子道、心箴、口箴、天堂等五言詩三十四首，敘述宗教和倫理道德的重要性。

一九五五年在山西臨汾縣北劉村發現過辛開元年刻本的木製封面雕版，是爲全國唯一的藏品。上海圖書館藏壬子二年重刻本一冊。

《太平詔書》

封面用土紅色紙印，有龍鳳紋邊飾。封面上端和右側有英文簽名。題『太平天國壬子二年新刻』。正文用毛邊紙宋體字刻印，共十九葉。内收太平天國金田起義前天王洪秀全親撰之《原道救世歌》一首，《原道醒世訓》《原道覺世訓》兩篇，皆是太平天國的基本理論著作。此書是初刻本，多引儒家書，後來的重刻本則力加删改。

《太平詔書》（重刻本）

封面用杏黄紙印，有龍鳳紋邊飾。題『太平天國壬子二年新刻』。正文用毛邊紙宋體字刻印，共十四葉。文前冠『旨准頒行詔書總目』，列書十四部。内收《原道救世詔》《原道醒世詔》和《原道覺世詔》三篇修改後的檄文，如將初刻本中的『訓』字改成『詔』字。在第一葉《原道救世詔》與總目間加蓋『旨准』硃印。該書的作用與前述初刻本同。

《太平禮制》

封面用杏黄紙印，有龍鳳紋邊飾。題『太平天國壬子二年新刻』。正文用毛邊紙宋體字刻印，共七葉。正文第一葉上有『旨准』硃印。文前冠『旨准頒行詔書總目』，列書十四部。此書尚有辛開元年刻本。係禮教類作品。

《太平條規》

封面用土紅色紙印，有古迴紋邊飾。題『太平天國壬子二年新刻』。正文用毛邊紙宋體字刻印，共五葉。第二葉有『旨准』硃印。内收『定營規條』和『行營規矩』各十條。此書有甲、乙兩個版本，乙版版式略大。係軍紀類作品。

《太平軍目》

封面用杏黄色紙印，有龍鳳雲朵邊飾。題『太平天國壬子二年新刻』。正文用毛邊紙宋體字刻印，共三十四葉。正文第一葉有『旨准』硃印。文前冠『旨准頒行詔書總目』，列書十三部。

此書係軍事編制類作品。按太平軍採用《周禮》『五人爲伍，五伍爲兩，四兩爲卒，五卒爲旅，五旅爲師，五師爲軍』的制度作爲自己的軍事編制。

北京中國國家博物館藏有同版本一册，唯缺封面。

《天父下凡詔書》（第一部）

封面用杏黄紙印，有龍鳳紋邊飾。題『太平天國壬子二年新刻』。正文用毛邊紙宋體字刻印，共十四葉。正文第一葉有『旨准』硃印。文前冠『旨准頒行詔書總目』，列書十四部。

此書係宣傳教育類作品，主敘辛開元年在廣西永安州期間，對降清之叛徒周錫能進行審訊的情形，並記其事洩被捕後的懺悔以及對他人的警示。

另，天王洪秀全稱『朕』即始於此。

《頒行詔書》

封面用杏黄紙印，有龍鳳紋邊飾。題『太平天國壬子二年新刻』。正文用毛邊紙宋體字刻印，共十葉。正文第一葉上有『旨准』硃印，其鮮豔的硃色已滲透到第十葉，爲他書所無。文前冠『旨准頒行詔書總目』，列書十四部。

此書係宣傳教育類作品，内載金田起義初以東王、西王名義發佈的『奉天誅妖救世安民諭』和『奉天討胡檄佈四方諭』及『救一切天生天養論』三篇檄文，它是勸諭世人跟隨太平天國的重要文告。

《天命詔旨書》

封面用杏黄紙印，有破損，有龍鳳紋邊飾。題『太平天國壬子二年新刻』。正文用毛邊紙宋體字刻印，共十四葉。正文第一葉上有『旨准』硃印。文前冠『旨准頒行詔書總目』，列書十五部。

此書宣揚『天父』『天兄』下凡，顯出無數『神蹟』『權能』以教訓世人。書末有天王詔旨的文告彙編。

《天條書》（重刻本）

封面用杏黄紙印，有文武線邊飾。題『太平天國壬子二年新刻』。正文用毛邊紙宋體字刻印，共九葉。正文第一葉有『旨准』硃印。文前冠『旨准頒行詔書總目』，列書十四部。

此書有壬子二年和癸好三年兩個版本。文中凡逢『皇上帝』或遇『天父皇上帝』，均空一格或抬頭，以示崇敬。

此書是一部講解日常儀式的教科書，主敍拜上帝教的宗教儀式和十款戒條。

《三字經》

封面用杏黄紙印，有古迴紋邊飾。題『太平天國癸好三年鐫刻』。正文用毛邊紙宋體字刻印，共十八葉。正文第一葉上有『旨准』硃印。文前冠『旨准頒行詔書總目』，列書十三部。

此書係幼兒和少年的教育課本，内三字一句，共三百五十二句，敍拜上帝會的歷史，向小孩子宣講拜上帝守天條纔可享天福的道理。

《太平救世歌》

封面用杏黄紙印，有龍鳳紋邊飾。題『太平天國癸好三年新刻』。正文用毛邊紙宋體字刻印，共十一葉。正文第一葉上有『旨准』硃印。文前冠『旨准頒行詔書總目』，列書十五部。

此書是一部教育課本，內容爲東王自述扶天王起義救世的經過，勸世人要『個個修好，人人煉正』。

此書有三個版本：癸好三年兩個、甲寅四年一個。中國國家博物館亦藏有癸好三年一本，中國國家圖書館藏甲寅四年一本。

《舊遺詔聖書》

封面用土紅色紙印，有龍鳳紋邊飾。題『太平天國癸好三年新刻』。正文用毛邊紙宋體字刻印，共四卷。卷一《創世傳》，共五十章七十六葉，第一葉有『旨准』硃印；卷二《出麥西國傳》，共四十章六十四葉，第一葉有『旨准』硃印；卷三《利未書》，共二十七章四十五葉；卷四《戶口冊紀》，共三十六章六十六葉，第一葉有『旨准』硃印。每卷前均冠以『旨准頒行詔書總目』，列書十四部。

《舊遺詔聖書》即《舊約》，該書卷帙浩繁、行文晦澀，它是洪秀全自稱『上天受命，下凡爲名』的天人合一的理論依據。

上海圖書館藏有癸好三年刻本四卷。北京大學圖書館也藏有癸好三年刻本，但僅有其中《創世傳》一卷。

《新遺詔聖書》

封面用杏黃紙印，有龍鳳紋邊飾。題『太平天國癸好三年新刻』。書首題『馬太福音書卷一』。正文用毛邊紙宋體字刻印，共二十八章四十七葉。正文第一葉上有『旨准』硃印。文前冠『旨准頒行詔書總目』，列書十五部。《新遺詔聖書》即《新約》，它晚於《舊遺詔聖書》印行。此書作用同《舊遺詔聖書》。

太平天國庚申十年（一八六〇），經洪秀全細改，重刻本改稱《欽定舊遺詔聖書》《欽定新遺詔聖書》。

《天父上帝言題皇詔》

封面用杏黄紙印，有龍鳳紋邊飾。題『太平天國癸好三年新刻』。正文用毛邊紙宋體字刻印，共五葉。正文第一葉上有『旨准』硃印。卷内首行及書口皆題『十全大吉詩』。文前冠『旨准頒行詔書總目』，列書十四部。

此書是一部詩集，收『十全大吉詩』十首，主要内容爲勸告世人真心擁護太平天國，以享受無窮無盡的『天福』。

此書有三個版本：　癸好三年初刻本和重刻本、甲寅四年本。澳大利亞藏本爲癸好三年初刻本。

《天朝田畝制度》（重刻本）

封面用杏黄紙印，有古迴紋邊飾。題『太平天國癸好三年新鐫』。正文用毛邊紙宋體字刻印，共八葉。文前冠『旨准頒行詔書總目』，列書二十一部。此書雖題爲癸好三年刻，然其所列二十一部書的最後一部《天理要論》刊刻於甲寅四年，故此書實爲甲寅四年重刻本。

此書係闡述太平天國制度、政策之力作，它是中國歷史上農民起義的第一部土地綱領，規劃出改革土地制度的方針、政策，並提出了一系列社會組織、兵役、禮俗、選舉和司法等多方位多層次的變革方案。

《天朝田畝制度》現存兩個版本：一是澳大利亞藏重刻本，一是封面亦署癸好三年實爲庚申十年後據澳大利亞本再修訂的重刻本。

《建天京於金陵論》

封面用杏黄紙印，有龍鳳紋邊飾。題『太平天國癸好三年新鐫』。正文用毛邊紙宋體字刻印，共二十九葉。文前冠『旨准頒行詔書總目』，列書二十一部。『總目』的最後一種爲《天理要論》，因此此書亦應爲甲寅四年的重刻本。

北京中國社會科學院近代史研究所藏有癸好三年原刻本，唯缺封面，但此書卷末有『戊午遵改』硃戳，可知是戊午八年改正本。

此書内收何震川（後封夏官正丞相）、黄期陞（後封助王）等四十一位文人奉詔所撰之文，歌頌了天京輝煌的歷史，闡述在此建都的重要意義。

《貶妖穴爲罪隸論》

封面用杏黄紙印，有龍鳳紋邊飾。上端有英文簽名。題『太平天國癸好三年新鐫』。正文用毛邊紙宋體字刻印，共十八葉。文前冠『旨准頒行詔書總目』，列書二十一部。『總目』的最後一種爲《天理要論》，因此此書亦應爲甲寅四年的重刻本。

此書與《建天京於金陵論》，實爲相互呼應的姊妹篇。

此書首輯『天王詔旨』一通，詔旨內容爲昭告貶北燕爲妖穴、貶直隸省爲罪隸省之事。詔旨後收何震川等三十二人的文章各一篇，這些文章將『天王詔旨』作了進一步的發揮。

《天父下凡詔書》（第二部）

封面用杏黄紙印，有龍鳳紋邊飾。封面上端有英文簽名。題『太平天國癸好三年新鐫』。正文用毛邊紙宋體字刻印，共三十一葉。文前冠『旨准頒行詔書總目』，列書二十部。

此書早在一九二五年即由北京大學教授程演生，在法國巴黎東方語言學校圖書館首次發現，他於次年在《太平天國史料》中首次向世人展示，可惜那衹是抄録後再排印的。澳大利亞所藏《天父下凡詔書》（第二部）當是存世孤本。

此書主敘癸好三年十一月二十日，天父下凡勸諭洪秀全『用性要寬』並恩免石汀蘭、楊長妹等四個女官宮內職事，『使其各至王府，與國宗一體，安享天福』，及欲杖責洪秀全之事。又記東王楊秀清勸諫洪秀全之忠，再記洪秀全納諫如流之德。此書實則反映了洪、楊之間的矛盾。

《太平天國癸好三年新曆》

封面用杏黄紙印，有龍鳳紋邊飾。題『太平天國癸好三年新曆頒行天下』。正文用毛邊紙宋體字刻印，共二十四葉。文前冠『旨准頒行詔書總目』，列書十四部，『總目』末端有『旨准』硃印。『總目』後有兩葉，爲禾乃師贖病主左輔正軍師東王楊(秀清)、右弼又正軍師西王蕭(朝貴)、前導副軍師南王馮(雲山)、後護又副軍師北王韋(昌輝)暨左軍主將翼王石(達開)奏請頒佈新曆的奏摺,以及天王的御批:『准奉旨造癸好三年新曆頒行天下。』

太平天國新創造的曆法,特點是以三百六十六天爲一年,不用閏法,單月大三十一日,雙月小三十日; 廢除舊曆迷信等消極因素,明確節氣,著眼於爲農業生産服務,故具有進步意義。

《太平天國甲寅四年新曆》

封面用杏黄紙印,有龍鳳紋邊飾。題『太平天國甲寅四年新曆頒行天下』。正文用毛邊紙宋體字刻印,共二十六葉。第十八葉有橢圓形英文圖章痕跡。文前冠『旨准頒行詔書總目』,列書二十部。『總目』後有兩葉,爲楊、蕭、馮、韋、石奏請頒佈新曆的奏摺,以及天王的御批:『准奉旨造甲寅四年新曆頒行天下。』

此書有三個特點: 一、東王楊秀清的職爵比英國藏本多了『勸慰師聖神風』六個字的新封號。二、英國藏本的總目所列書爲十五部,而澳大利亞藏本則列二十部。故考定澳大利亞藏本是重刻本,也是舉世無雙的孤本,彌足珍貴。

《天理要論》

封面用杏黄紙印,有龍鳳紋邊飾。題『太平天國甲寅四年新刻』。封面上端有英文簽名。正文用毛邊紙宋體字刻印,共二十五葉。文前冠『旨准頒行詔書總目』,列書二十一部。

此書是太平天國截取倫敦傳教會傳教士麥都思所著《天理要論》一書前八章而成，不過已對原著做了部分更改。如將原『且天地之内，必有上帝』一句，改爲『且天地之間，先有上帝』；又將『萬人』改爲『萬靈』等。

此書爲宗教思想教育類讀物。全書分八章，主要内容是宣揚『上帝無所不能』。

《詔書蓋璽頒行論》（抄本）

無名氏用紅格稿紙，按原刻版書格式，以工整墨筆正楷字謄寫。封面手寫題『太平天國癸好三年新鐫』和『詔書蓋璽頒行論』。文前冠『旨准頒行詔書總目』，列書二十一部。正文十七葉。内收吴容寬、鍾湘文等二十五位文士的論太平天國印行的書籍加蓋天王金璽的重要意義。

此書原刻本分藏於英國大不列顛博物院和英國劍橋大學圖書館。法國東方圖書館藏有抄本一册。值得注意的是，該書在同一年出版，卻用了『新鐫』與『新刻』兩個意同文異的字樣，儘管並無本質的區别。

東王楊、西王蕭致天京四民誥諭

用杏黄紙墨色宋體字刻印，四周有精美的藝術邊飾，上刻雙鳳朝陽紋樣，左右刻躍龍紋樣，下刻雙獅戲球紋樣。誥諭高九十四釐米，寬一百五十二釐米，保存完好。首行刻東、西王職爵封號。正文有嚴格的格式，如逢『天』『上帝』『真神』『天福』則列於頂格；逢『真主』（按指洪秀全）『王師』（按指太平軍）『王業』『天威』則在『上帝』等之下低兩格；而東王自稱之『本軍師』，則又在『真主』等之下低一格，凸顯了封建的等級秩序。正文内容爲誥諭天京（今南京，太平天國首都）四民『各安常業』。

文末刻『太平天國癸好三年　月　日』，在月、日前用鮮豔的硃筆手寫成『五月初一日』，又在全文結束最後一字處，亦用硃筆寫上『遵』字及硃鈎。另在年月間加蓋『太平天國左輔正軍師東王楊秀清』和『太平天國右弼又正軍師西王蕭朝貴』至今仍鮮豔的官印。

東王楊、西王蕭致天京四民誥諭

用杏黄紙墨色宋體字刻印，四周有精美的藝術邊飾。正文和尺寸與癸好三年五月初一日的佈告因係採用同一母版，故完全一致。區别是此誥諭頒發於次日，即癸好三年五月初二日；另全文結束最後一字處手寫的『遵』字與初一日佈告的寫法稍有不同。此初二日誥諭，截至目前爲止尚未發現第二件。

東王楊、西王蕭奉天誅妖救世安民諭

用杏黄紙墨色宋體字刻印，四周有精美的藝術邊飾，上刻雙鳳朝陽紋樣，左右刻雲龍紋樣，下刻雙獅戲球及山海紋樣。此諭高九十六釐米，寬二百零四釐米，保存完好。首行刻東王、西王職爵封號。正文有嚴格的格式，如逢『天父皇上帝』『皇上帝』『上帝』『真神』列於頂格；而『救世主耶蘇』則低於『天父皇上帝』一格；至於『天王』洪秀全則又低一格，凸顯了等級次序。

此諭宣揚『皇上帝』之權能，以及天王昇天『受命誅妖』，『皇上帝』『耶穌』下凡，『顯出無數權能，誅盡幾多魔鬼』。

告誡世人須知『木本水源』，做天朝良民，警告一些尚在『拜邪神』『行邪事』『大犯天條』之人，『早回頭猛省，拜真神丟邪神，復人類脫妖類』，即追隨太平天國以享『天福』。

文末刻『太平天國癸好三年　月　日』，在月前用墨筆寫成『五』月，而在日前用鮮豔的硃筆寫成『廿八』日。在太平天國之下左右蓋上兩硃印：『太平天國左輔正軍師東王楊秀清』和『太平天國右弼又正軍師西王蕭朝貴』，這兩個官印至今仍鮮豔。值得注意的是，此東王、西王聯署佈告本該用『誥諭』，但卻用了一個特大的『諭』字。此原版『諭』是世界孤本，彌足珍貴。

東王楊、西王蕭致天京四民誥諭（抄件）

無名氏用紅格稿紙，以已刻印並公開張貼且已贈送給外國來訪者的癸好三年五月初一日、初二日兩件誥諭爲母本，基本上按原誥諭的格式，以工整的墨筆正楷字謄寫，唯將『於』寫成『于』，將『爾』寫成『尔』，將『膽』寫成『胆』。而在硬性規定的必須抬頭之處稍有疏忽。首行寫東王、西王的職爵封號。內容爲誥諭天京四民『安居桑梓，樂守常業』。文末寫『太平天國癸好三年　月　日』，及東王發佈文告的專用語『誥諭』。

東王楊致朝内軍中大小官員兄弟姊妹人等誥諭（抄件）

無名氏用紅格稿紙，按原佈告格式，以工整的墨筆正楷字謄寫。首抬頭寫東王楊秀清的職爵封號。内容爲誥諭四民朝夕敬拜上帝，『脫邪遵天法』。文末寫『太平天國甲寅四年三月二十七日』及『誥諭』。

原件已失傳。同一抄件現藏英國劍橋大學圖書館。

東王楊致天京城廂内外兄弟姊妹誥諭（抄件）

無名氏用紅格稿紙，按原佈告格式，以工整的墨筆正楷字謄寫。首抬頭寫東王楊秀清的職爵封號。内容爲宣佈在天京（今南京）暫時執行『分爲男行女行，以杜淫亂之漸』的新舉措，不過這種不近情理的政策在次年便中止了。文末寫『太平天國甲寅年四月　日』及『誥諭』。

原件已失傳。同一抄件現藏英國劍橋大學圖書館。

東王楊致朝内軍中大小官員兄弟姊妹人等誥諭（抄件）

無名氏用紅格稿紙，按原佈告格式，以工整的墨筆正楷字謄寫。首抬頭寫東王楊秀清的職爵封號。内容爲宣佈『酒之爲物最易亂人性情』，重申了戒酒令。文末寫『太平天國甲寅四年五月　日』及『誥諭』。正文上端有不完整英文簽名。

原件已失傳。同一抄件現藏英國劍橋大學圖書館。

北王韋招延良醫誡諭（抄件）

無名氏用紅格稿紙，按原佈告格式，以工整的墨筆正楷字謄寫。首抬頭寫北王韋昌輝的職爵封號。內容爲號召民間良醫特別是『專精眼科者』投奔太平天國，治療奏效者封官賞銀。文末寫『太平天國甲寅四年四月初七日』及北王發佈文告時的專用語『誡諭』。

原件已失傳。同一抄件現藏英國劍橋大學圖書館。

頂天侯秦及侯、相等官的讚頌詞（抄件）

無名氏用紅格稿紙，按原文告格式，以工整的墨筆正楷字謄寫。首抬頭寫頂天侯秦（日綱，後封燕王）及侯、相等官的職爵。內容是讚美天王洪秀全奉『天父』上帝、『天兄』基督旨意降凡救世，及東王、西王、南王、北王和翼王輔佐朝綱之功。文末雖未寫年月，但可斷定此文寫於甲寅四年四月秦日綱封燕王前。

原件已失傳。同一抄件現藏英國劍橋大學圖書館。

目録

上册

中　册

下　册

附録：　太平天國原版佈告和原抄佈告

原版佈告

原抄佈告

幼學詩

太平天國辛開元年（一八五一）刻本

太平天囯辛開元年新刻

1

旨准頒行詔書總目

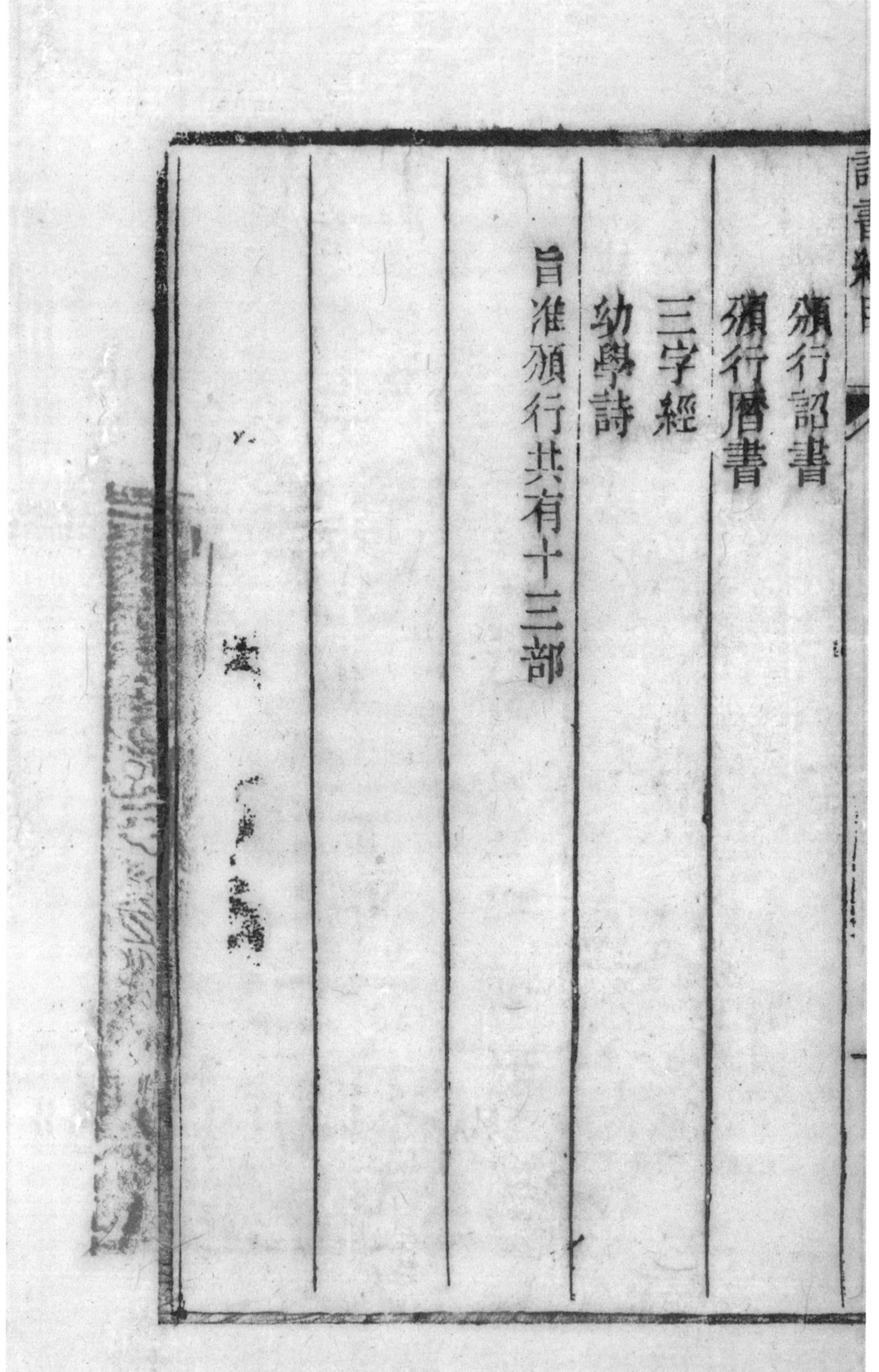

頒行詔書

頒行曆書

三字經

幼學詩

旨准頒行共有十三部

敬上帝

幼學詩

真神皇上帝
萬國盡尊崇
世上多男女
朝朝夕拜同

幼學詩　一

其二

俯仰隨觀察
都沾上帝恩
當初纔六日
萬樣造齊全
有割與無割

其三敬

誰非上帝生
天恩虔答謝
永遠得光榮
耶穌爲太子
上帝遣當年

耶穌 其二

贖罪甘捐命
功勞認實先
十字架難當
愁雲暗大陽
天堂會貴子

其三

代爾世人亡
邇後復昇天
煌榮握萬權
吾儕知倚靠
得救上高天

敬內親其

積穀防饑日
養兒待老時
孝親生孝子
報答十分奇
且聞已不身

二朝

何由得長成
天條遵第五
爵祿降天庭
天朝嚴肅地
恩大禀天威

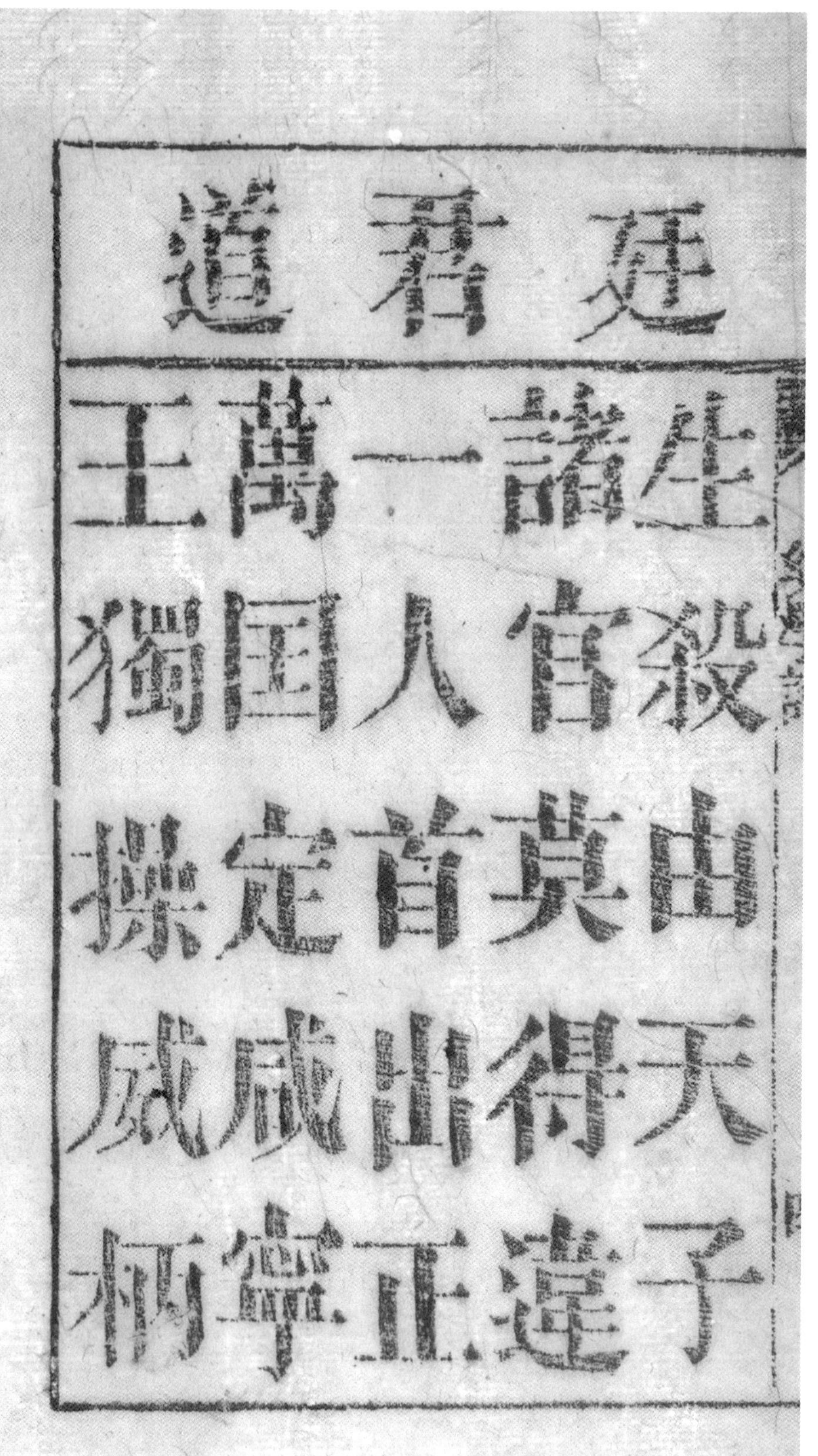

廷君道

生殺由天子
諸官莫得違
一人首出正
萬國定咸寧
王獨操威柄

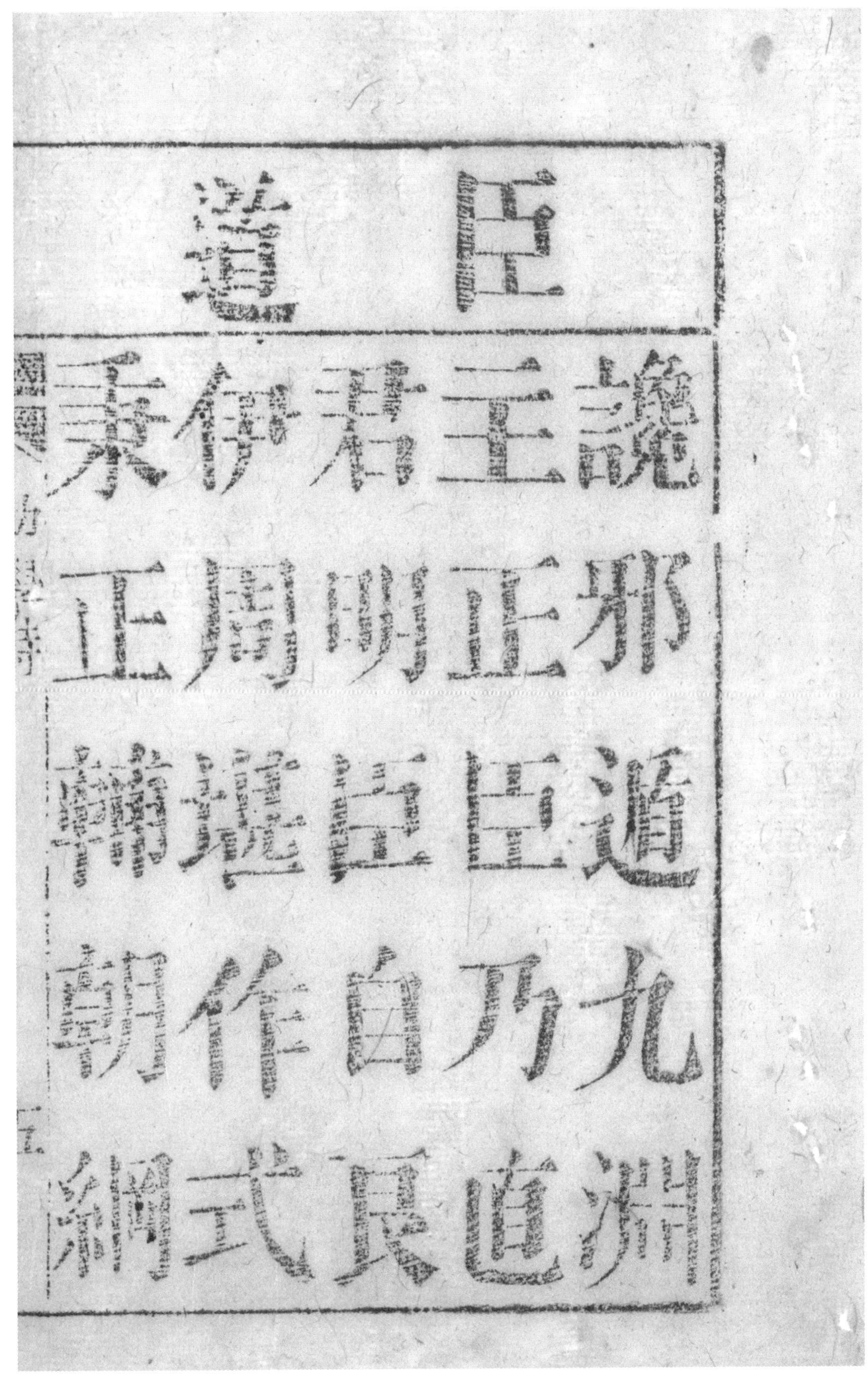

臣道

謟邪道九洲
王正臣乃直
君明臣自良
伊周堯作式
秉正輔朝綱

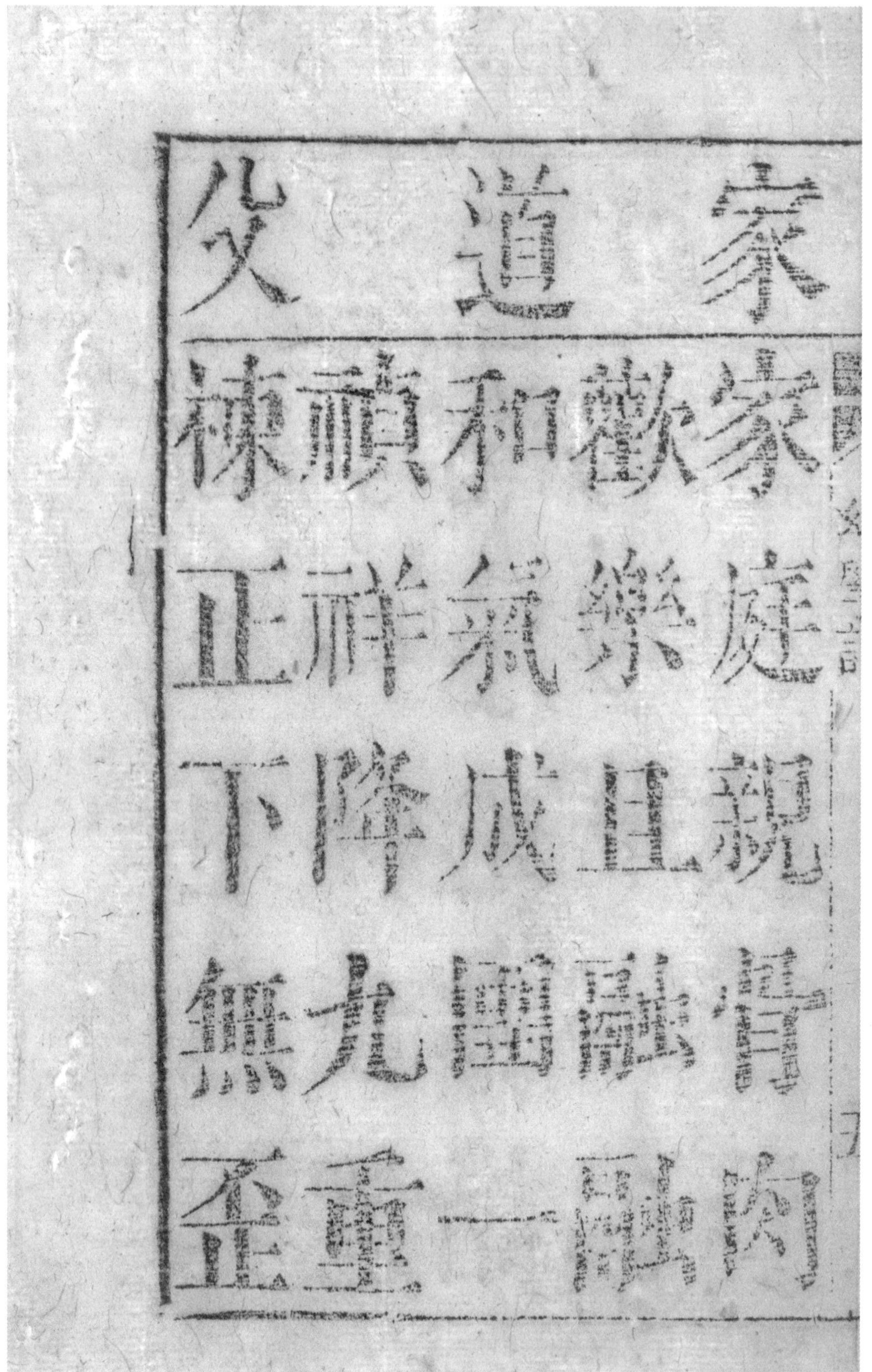

家
道
父
家庭親情內
歡樂且融融
和氣成團一
禎祥降九重
棟正下無歪

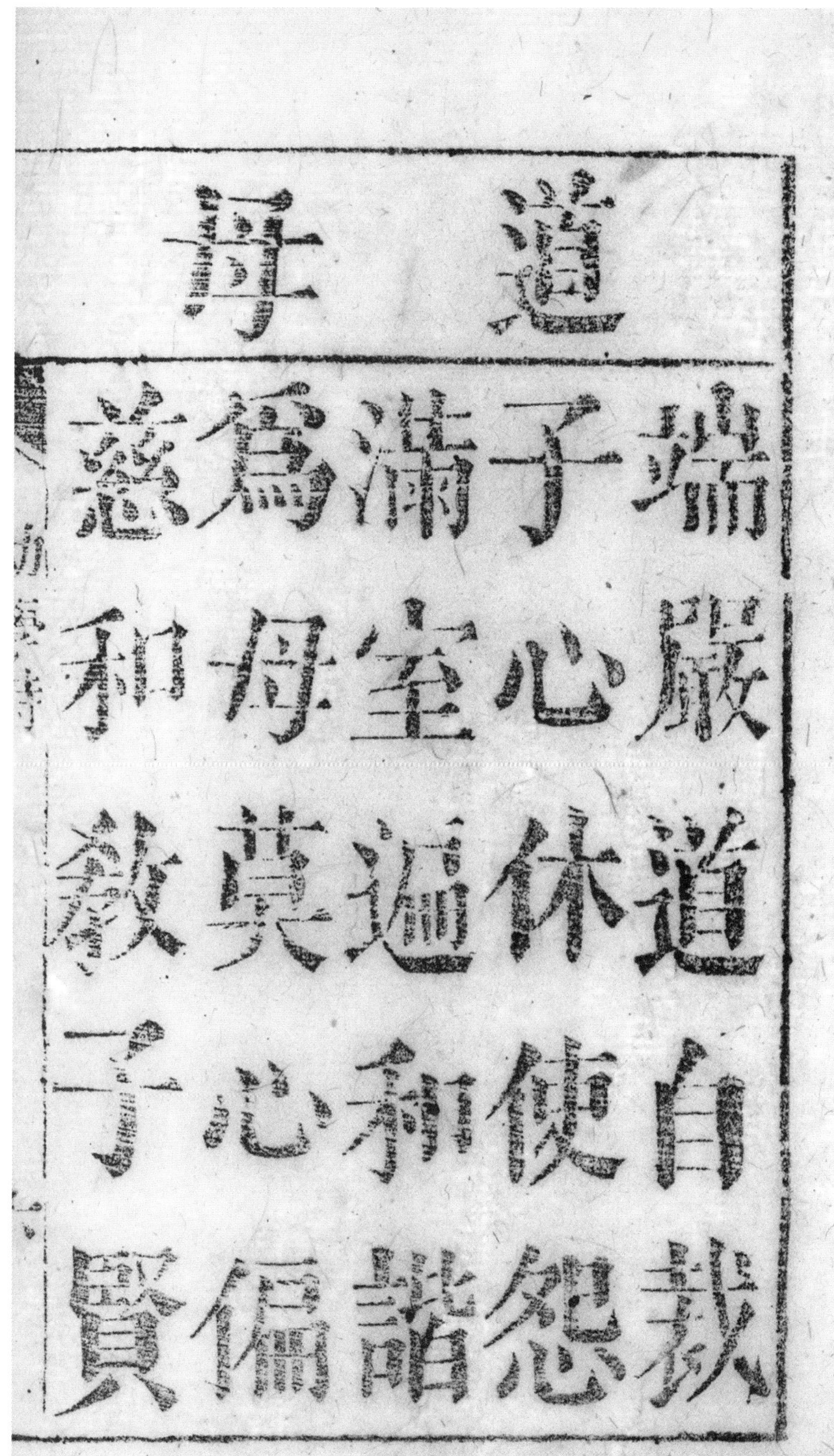

道哥

端嚴道自裁
子心休使怨
滿室遍和諧
爲母莫心偏
慈和教子賢

道
子道

母儀堪媲學
福氣達高天
子道刑于妻
順親分本宜
婦言終莫聽

媳道

骨肉自無離
嫁出為人媳
和柔道自圓
莫同妯娌輩
嘈鬧激翁姑

兄道弟

爲兄教導弟
念切是同胞
弟有些須錯
合容量且饒
長幼天排定

姊道

從兄道在恭
弟明天顯則
福祿自來崇
姊當教弟妹
鍊好轉天堂

道妹道

有故歸寧日
團圓囑短長
細妹遵兄姊
和情莫逞高
小心勤鍊正

夫道

遵守十天條
夫道本乎剛
愛妻要有方
河東獅子吼
切莫膽驚慌

幼學詩 九

妻道嫂

妻道在三從
無違爾夫主
牝雞若司晨
自求家道苦
為嫂道何如

道嬸

思量法最宜
歡心和叔嬸
誰乎有差池
嬸敬變如何
謙卑重長哥

道男道

萬般都讓嫂
勝比瑟琴和
人各有其偶
倫常在把持
乾剛嚴位外

女道

道在避嫌疑

女道總宜貞

男人近不應

幽閒端位內

從此光祥禎

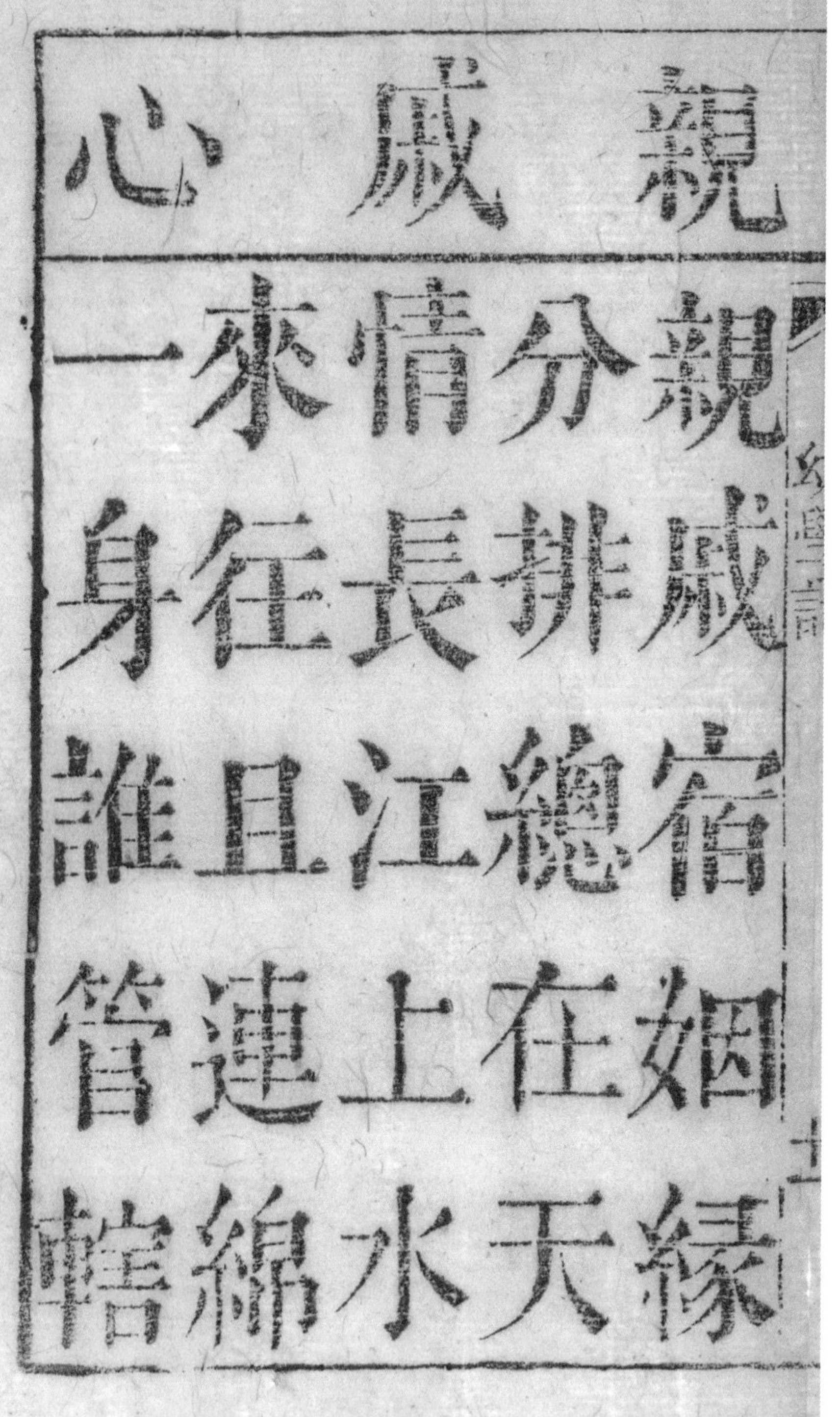

親戚心

親戚宿姻緣
分排總在天
情長江上水
來往且連綿
一身誰管轄

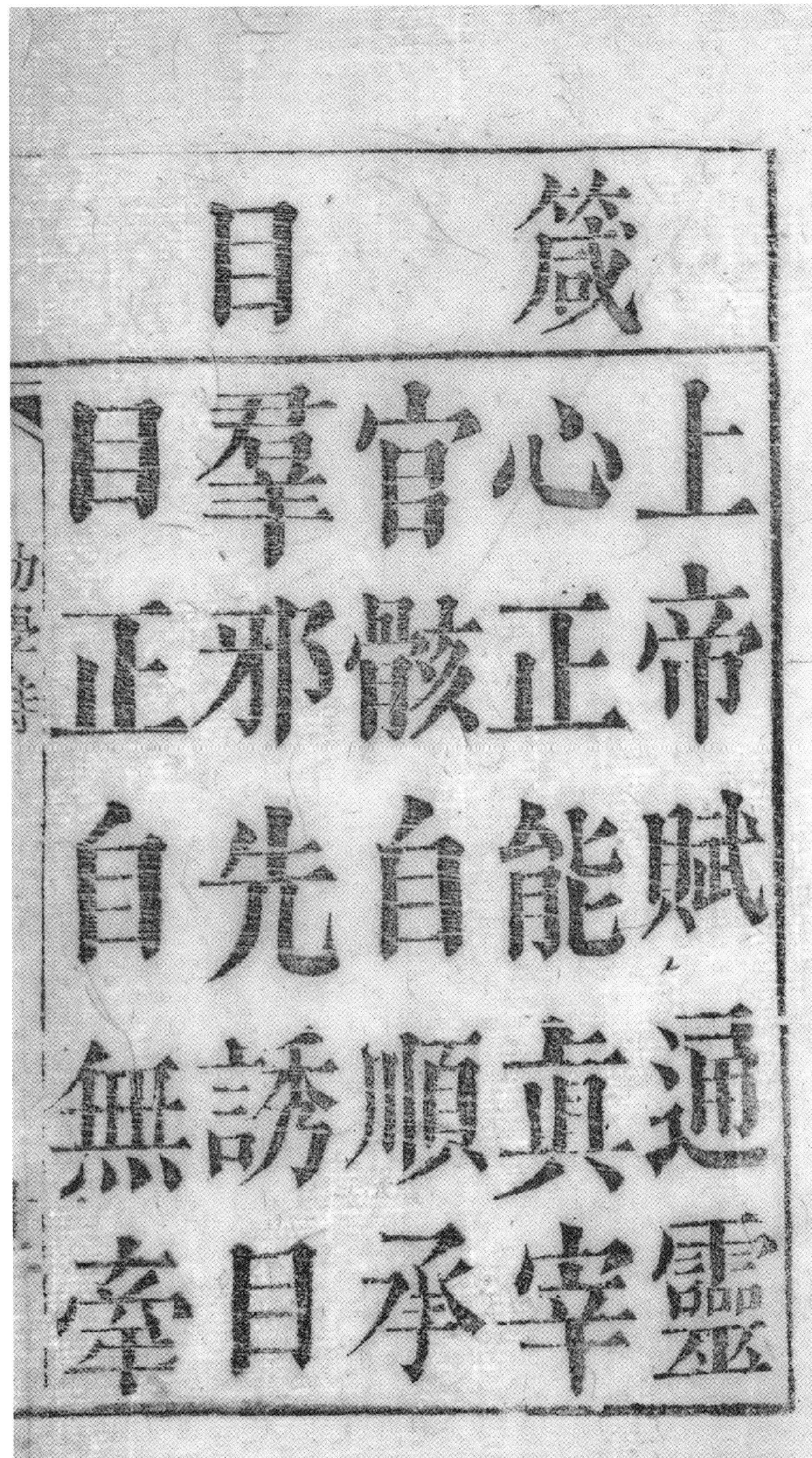

目箴

上帝賦通靈
心正能貞宰
官骸自順承
孳邪先誘目
目正自無牽

箴耳箴

人子端凝立
身光耀九天
任他喧萬籟
我自靜中聽
莫把邪聲入

口箴

聰慮分外靈
惟口起兵戎
多言自召凶
讒邪休玷穢
謹慎理爲從

手箴足

被牽將手斷
節烈真堪誦
兩手道惟恭
非禮戒勿動
兩足行真道

箴天

遵循莫蹈差
千條分岔路
總是害人儕
貴賤皆由已
爲人當自強

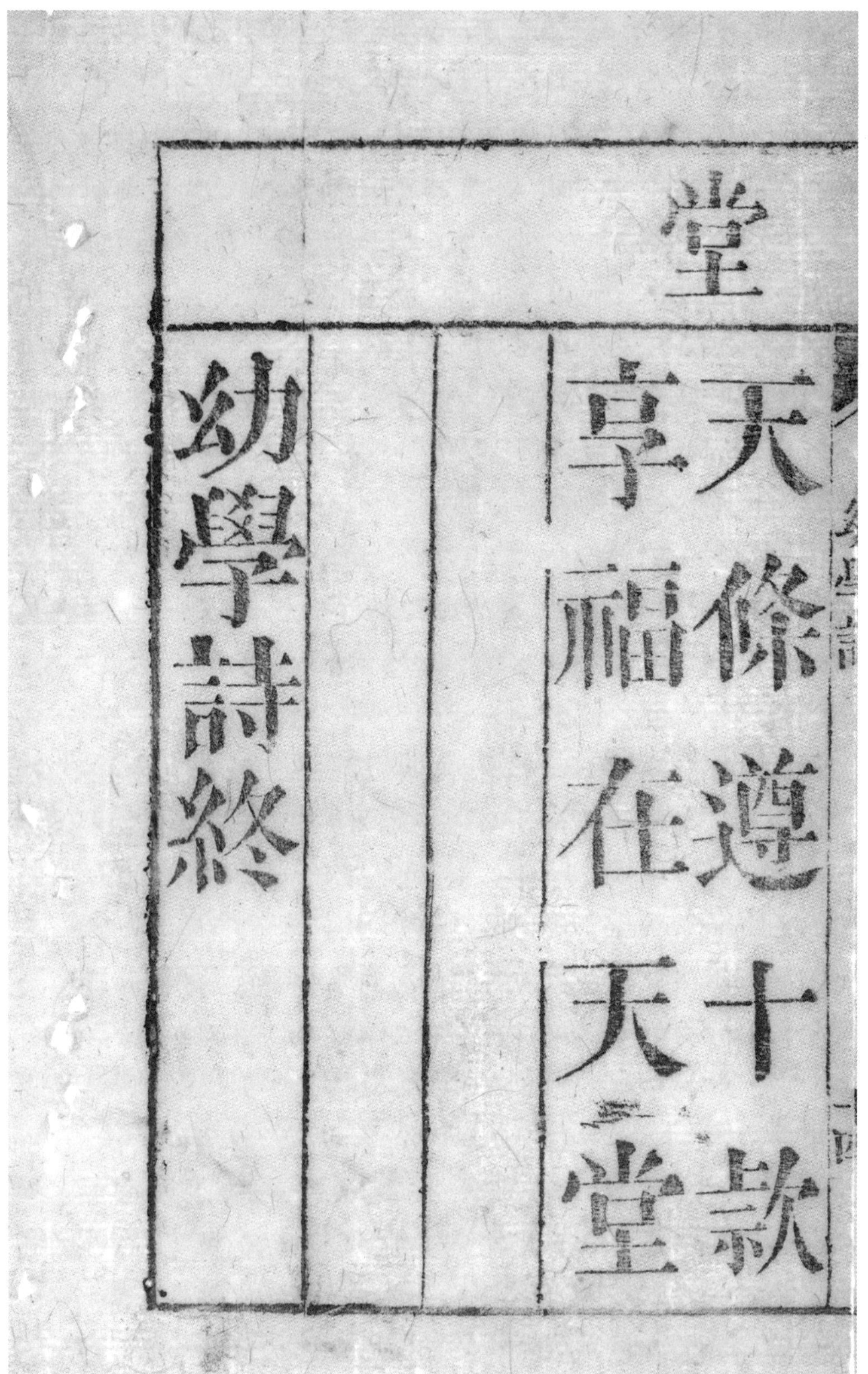

堂

天條遵十款
享福在天堂

幼學詩終

太平詔書

太平天國壬子二年（一八五二）刻本

太平天國壬子二年新刻

太平詔書

Tai Ping chao Shu 407

原道救世歌

道之大原出於天　謹將天道覺羣賢

天道禍淫惟福善　及早回頭著祖鞭

道統根源惟一正　歷代同揆無後先

享天福　脫俗緣

莫將一切俗情牽　須將一切妄念捐

開闢眞神惟上帝　無分貴賤拜宜虔

天父上帝人人共　天下一家自古傳

盤古以下至三代　君民一體敬皇天

其時狂者崇上帝　諸侯士庶亦皆然
試譬人間子事父　賢否俱循內則篇
天人一氣理無二　何得君王私自專
上帝當拜　人人所同
何分西北　何問南東
一絲一縷荷上帝　一飲一食賴天公
分應朝朝而夕拜　理應頌德而歌功
人而舍此而他拜　拜盡萬般總是空
非惟無益且有損　本心瞞昧罪何窮

人苟本心還不失　自知呼吸賴蒼穹
五行萬物天造化　豈有別神宰其中
卽謂上帝須輔助　斷非菩薩贊化工
如果化工賴菩薩　從前未立理難通
暄以日兮潤以雨　動以雷兮散以風
此皆上帝之靈妙　天恩能報得光榮
勿拜邪神　須作正人
不正天所惡　能正天所親
第一不正淫為首　人變為妖天最瞋

淫人自淫同是怪　謠歌麟趾咏振振

歪俗移人誰挺立　但須改過急自新

顏回好學不貳過　非禮四勿勵精神

過而能改方無過　古人所以誨諄諄

自古君師無異任　祇將正道覺斯民

自古善正無異德　祇將正道淑其身

凡有血氣心知者　何可亂常而斁倫

凡屬頂天立地者　總宜返璞而歸眞

鬼心旣章　孝經當明

第二不正忤父母　大犯天條急自更
羊有跪乳鴉反哺　人不如物忝所生
歷山號泣天爲動　鳥爲耘兮象爲耕
尊爲天子富四海　孝德感天夫豈輕
父兮生我母鞠我　長育劬勞無能名
恩極昊天難答報　如何孝養竭忠誠
大孝終身慕父母　視於無形聽無聲
孝親卽是孝天帝　培植本根適自榮
逆親卽是逆天帝　戕伐本根適自傾

蓼莪詩可讀　胞與量宜恢
第三不正行殺害　自戕同類罪之魁
普天之下皆兄弟　靈魂同是自天來
上帝視之皆赤子　人自相殘甚惻哀
是以先代不嗜殺　德合天心天眼開
寵綏四方惟克相　故能一統受天培
夏禹泣罪文獻洛　天應人歸無可猜
嗜殺人民為草寇　到底豈能免禍災
白起項羽終自刎　黃巢李闖安在哉

自古殺人殺自己
自古救人救自己
自古利人利自己
自古害人害自己
無言不讎德有報
忠厚可師
第四不正爲盜賊
聚黨橫行天不佑
君子臨財無苟得

誰云天眼不恢恢
靈趴超拔在天臺
禍自己求易爲推
孽自己作難挽回
終身可行恕字該
廉恥須知
不義不仁非所宜
罪惡貫盈禍自隨
楊震昏夜尚難欺

管寧割席因歆顧　山谷韜蹤志不移

夷齊讓國甘餓死　首陽山下姓名垂

古來善正修天爵　富貴浮雲未足奇

殺一不辜行不義　即得天下亦不爲

人能翼翼畏上帝　樂夫天命復奚疑

豈忍殺越人于貨　竟莽其有而取之

營謀珍道義　學習慎規模

第五不正爲巫覡　邪術惑衆犯天誅

死生災病皆天定　何故誣民妄造符

作福許妖兼送鬼　修齋建醮徇虛無
自古死生難自保　豈能代禱保無辜
自古師巫邪術輩　累世貧窮天不扶
鬼人送鬼終惹鬼　地獄門開待逆徒
欲肥己囊增己孽　何不回頭早自圖
術藝固須正　品概更宜方
第六不正爲賭博　暗刀殺人心不良
戒戒戒　理不當
求之有道得有命　勿以詐騙壞心腸

命果有兮何待賭　命無即賭願難償
總之貧富天排定　從吾所好自徜徉
孔顏疏水簞瓢樂　知命安貧意氣揚
人生在世三更夢　何思何慮復何望
小富由勤大富命　自古爲人當自強
嗟爾有衆　勿謂無傷
無所不爲因賭起　莫雅何苦陷迷鄉
不義之財鴆止渴　士農工商耐久長
千個賭錢千個賊　請爾易慮細思量

他若自驅陷阱者　鍊食洋烟最顛狂
如今多少英雄漢　多被烟鎗自打傷
即如好酒亦非正　成家宜戒敗家湯
請觀桀紂君天下　鐵統江山為酒亡
更有堪輿相命輩　欺瞞上帝罪無疆
富貴在天生死命　何為惑世顧肥囊
其餘不正難枚舉　在人鑒別於微芒
細行不矜終累德　堅冰未至慎履霜
禹稷勤勞憂饑溺　當身而顯及後狂

周文孔丘身能正　陟降靈訓在帝旁

眞言語　不鋪張

予訓曾獲昇天堂　所言確據無荒唐

要心固結不能忘　言之不足故言長

積善之家有餘慶　積惡之家有餘殃

順天者存逆天亡　尊崇上帝得榮光

百正歌、歌百正、眞正食天祿、眞正畏天命、眞正作公作侯、眞正作善作正、眞正與服人欽、眞正民安國定、眞正邪魔遠避、眞正天心順應、堯舜化日光天、由爲君能正禹稷身顯後狂。由爲臣能正。周家麟趾興歌。由爲父能正。虞廷瞽瞍底豫。由爲子能正。周文歸心八百。乃以正事不正。孔丘服教三千。乃以正化不正。湯武天應人順。乃以正伐不正。楚漢項滅劉興。乃以正勝不正。桀紂亡其家國。乃夫婦不正。莊靈弑于崔夏。乃君臣不正。齊襄生前見殺。乃淫妹不正。楚平死後被鞭。乃納媳不正。隋楊氏不再傳。乃父子不正。唐李氏多内亂。乃男女不正。唐憲宗亂天下。由縱妻不正。狄仁傑人所仰。由拒色能正。武三思人所戮。由貪色不正。百正歌。歌百正。正乃人禽攸分。正乃古今所敬。正乃天爵尊崇。正乃人生本性。能正可享天堂福。不正終歸地獄境。正可立地頂天。正可靖奸攝佞。正可行蠻貊。正可鋤強梗。身不正民從所好。身能正民從所令。身不正親戚所畔。身能正天下所信。身不正禍因惡積。身能正福祿善慶。貴不正終爲人傾軋。富不正終爲人兼并。男不正人類終非。女不正妖孽究竟一家不正多乖逆。一国不正多爭競。從來正可制邪。自古邪難勝正。一正福祿日加增。一正禍災自消盡。

○原道醒世訓

從來福大則量大。量大則爲大人。福小則量小。量小則爲小人。是以泰山不辭土壤。故能成其高。河海不擇細流。故能就其深。王者不卻衆庶。故能成其德。凡此皆量爲之也。無如時至今日。亦難言矣。世道乖漓。人心澆薄。所愛所憎。一出于私。故以此國而憎彼國。以彼國而憎此國者。有之。甚至同國。以此省此府此縣。而憎彼省彼府彼縣。以彼省彼府彼縣。而憎此省此府此縣者。有之。更甚至同省府縣。以此鄉此里此姓。而憎彼鄉彼里彼姓。以彼鄉彼里彼姓。而憎此鄉此里此姓者。有之。世道人心至此。安得不相陵、相奪、相鬭、相殺而淪胥以亡乎。無他。其見小。故其量小也、其以此国而憎彼国。以彼国而憎此国者、其見在国国以外、則不知。故同国則愛之。異国則憎之。其以此省此府此縣、而憎彼省彼府彼縣、以彼省彼府彼縣、而憎此省此府此縣者。其見在省府縣、省府縣以外則不知。故同省同府同縣則愛之。異省異府異縣則憎之。其以此鄉此里此姓。則憎彼鄉彼里彼姓、以彼鄉彼里彼姓、而憎此鄉此里此姓者。其見在鄉里姓、鄉里姓以外則不知、故同鄉同里同姓則愛之。異鄉異里異姓則憎之。天下愛憎如此何其見未大而量之不廣也遐想唐虞三代之世天下有無相恤患難相救門不閉戶道不拾遺男女別塗舉選尚德堯舜病博施何分此土彼土禹稷憂溺饑何分此民彼民湯武伐暴除殘何分此國彼國孔孟殆車煩馬何分此邦彼邦蓋實見夫天下凡間分言之則有萬國統言之則實一家 皇上帝天下凡間大共之父也近而中國是 皇上帝主宰化理遠而番國亦然遠而番國是 皇上帝生養保佑近而中國亦然天下多男人盡是兄弟之輩天下多女子盡是姊妹之羣何得存此疆彼界之私何可

起爾吞我并之念、是故孔丘曰、大道之行也、天下爲公。選賢與能、講信修睦、故人不獨親其親、不獨子其子、使老有所終、壯有所用、幼有所長、鰥寡孤獨廢疾者、皆有所養、男有分、女有歸、貨惡其棄于地也、不必藏于己、力惡其不出于身也、不必爲己、是故奸邪謀閉而不興、盜竊亂賊而不作、故外戶而不閉、是謂大同、而今尚可望哉、然而亂極則治、暗極則光、天之道也、于今夜退而日升矣、惟願天下凡間我們兄弟姊妹、跳出邪魔之鬼門、循行　上帝之眞道、時凛天威、力遵天誡、相與淑身淑世、相與正己正人、相與作中流之底柱相與挽已倒之狂瀾行見天下一家共享太平幾何乖離澆薄之世其不一旦變而爲公平正直之世也幾何陵奪鬬殺之世其不一旦變而爲强不犯弱衆不暴寡智不詐愚勇不苦怯之世也在易同人于野則亨量大之謂也同人于宗則吝量小之謂也況量大則福大而人亦與之俱大量小則福小而人亦與之俱小凡有血氣者安可傷天地之和而貽井底蛙之誚哉　詩云

上帝原來是老親　水源木本急尋眞

量寬異國皆同國　心好天人亦世人

獸畜相殘還不義　鄉鄰互殺斷非仁
天生天養和為貴　各自相安享太平

○原道覺世訓

天下總一家、凡間皆兄弟、何也、自人肉身論、各有父母姓氏。似有此疆彼界之分、而萬姓同出一姓、一姓同出一祖、其原亦未始不同、若自人靈魂論、其各靈魂從何以生、從何以出、皆禀　皇上帝一元之氣以生以出、所謂一本散為萬殊、萬殊總歸一本、孔伋曰天命之謂性、詩曰天生蒸民。書曰天降下民、昭昭簡編洵不爽也此聖人所以天下一家、時廑民吾同胞之懷。而不忍一日忘天下、而近代則有閻羅妖注生死邪說、閻羅妖乃是老蛇妖鬼也、最作怪多變、迷惑纏捉凡間人靈魂、天下凡間我們兄弟姊妹、所當共擊滅之、惟恐不速者也、而世人偏伸頸於他、何其自失天堂之樂、而自求地獄之苦哉、論道有真諦、大凡可通於今、不可通于古、可通於近、不可通于遠者、偽道也、邪道也、小道也、據怪人妄說閻羅妖注生死、且問中國經史論及此乎、曰無有、普國聖經載及此乎、曰無有、無有則何以起怪人佛老之徒、出自陷迷途、貪圖射利、誑人以不可知之事以售己詐誘人作福建醮以肥己囊兼之魔鬼入心遂造出無數怪誕邪說迷惑害累世人如秦政時怪人誑言東海有三神山秦政遂遣人海求之此後代神仙邪說所由起也究其始不過一秦政受其惑所謂差之毫釐而後代則叠效尤於後至于固結不可解所謂失之千里者也又如漢武時怪人誑言祠竈丹砂可化黃金漢武遂信而祠之于是燕齊怪誕怪人多來言神仙怪事矣又如近代有怪人誑言東海龍妖發雨東海龍妖即是閻羅妖變身而從天降衆目所覩者也孟軻云天油然作雲沛然

下雨則苗浡然興之矣周詩云天上同雲雨雪雰雰益之以霢霂既優既渥既沾既足生我百穀又攷番国舊遺詔書當挪亞時　皇上帝因世人背逆罪大連降四十日四十夜大雨洪水橫流沉沒世人此皆鑿鑿可據且衆目所視實降於天者也而世人亦多信怪誕不經之怪說即一雨論而世人既多良心死盡大瞞天恩矣又遑論其他哉又如近代有怪邪尙誕言閻羅妖怪事且有玉曆記怪書訛傳於世而世之讀死書者亦多惑其說獨不思注生死一事豈是等閑既不是等閑宜爲中国番国各前聖所

論及、且筆于書、以傳後世。而于今歷攷中國番国各前聖
所論及且筆于書、以傳後世者、祇說天生天降　皇上
帝生養保佑人、未嘗說及閻羅妖也、祇說死生有命、亦是
命于　皇上帝已耳、毫無關于閻羅妖也、祇說　皇
上帝審判世人、陰隲下民、臨下有赫、又毫無關于閻羅妖
也。而世人之讀死書者、不信古今遠近通行各經典、而信
怪人無端突起之怪書、不亦惑哉。此無他、好生惡死、慕福
懼禍、恆情也。以恆情而中人心、則其入之也必易。是以邪
說一倡、而天下多靡然信之、從之。信從久、則見聞熟、見聞

熟、則膠固深、膠固深、則難尋其罅漏、難尋其罅漏、則難出
其範圍、　皇上帝縱歷生聰明聖智于其間、亦莫不隨
風而靡矣、此近代所以多惘然、不識　皇上帝悍然不
畏　皇上帝盡中蛇魔閻羅妖詭計、陷入地獄沉淪而
不自知者也、噫、後之人、雖欲詰天地人之道、其孰從而求
之甚矣、人之好怪也、不求其端、不訛其末、惟怪之欲聞、予
想夫天下凡間人民、雖衆、總爲　皇上帝所化所生、生
于　皇上帝、長亦　皇上帝、一衣一食、并賴　皇
上帝、　皇上帝天下凡間大共之父也、死生禍福、由其

主宰。服食器用。皆其造成。仰觀夫天。一切日月、星辰、雷雨、風雲。莫非　皇上帝之靈妙。俯察夫地。一切山原、川澤、飛潛、動植。莫非　皇上帝之功能。昭然可見。灼然易知。如是乃謂　眞神。如是、乃爲天下凡間所當朝朝夕拜、有執拗者說曰、　皇上帝當拜矣、必然有帮　皇上帝保佑人者、譬如君王主治國中、豈無官府輔治也、不知君王之官府、是其親手設立、調用、故能輔君王以治事也、至若凡人、所立一切木石、泥團、紙畫各偶像、且問爾、是皇上帝旨意設立否乎、非也、類皆凡人被魔鬼迷懞靈心據愚意愚見人手造出各等奇奇怪怪也況　皇上帝當初六日造成天地山海人物已設有其神使千千萬萬在天上任其差遣何用得凡人所造各等奇奇怪怪者乎且叛逆　皇上帝實甚攷舊遺詔書　皇上帝當初下　降西奈山親手繕寫十款天條在石碑上付與摩西　皇上帝親口吩咐摩西曰我乃　上主皇上帝爾凡人切不好設立天上地下各偶像來跪拜也今爾凡人設立各偶像來跪拜正是違逆　皇上帝旨意爾凡人反說各偶像是邪　皇上帝保佑人何其被魔鬼迷

懞靈心。懞懂之極乎。爾不想 皇上帝、當初六日、造成天地山海人物。尚不要人帮助。豈今日保佑人。又要誰帮助。且問爾、設使 皇上帝當初造天不造地。爾足猶有所企立。且猶有田畝開墾否乎。曰無也。且又問爾、今荷 皇上帝之恩。既造有天地矣。設使 皇上帝不造成地上桑麻、禾麥、菽豆、及草木、水火、金鐵等物。又不造成水中魚蝦。空中飛鳥。山中野獸。家中畜牲等物。爾身猶有所穿。口猶有所食。饔飧猶有所炊爨。器械猶有所運用否乎。曰無也。且又問爾。今荷 皇上帝之恩。萬物備足矣。設使皇上帝一年不出日照耀、爾凡人一年不降雨滋潤爾凡人一年不發雷替爾凡人收妖、一年不吹風散爾凡人鬱氣、爾凡人猶有收成平安否乎、曰無也、且又問爾今荷 皇上帝之恩既有收成平安矣、設使 皇上帝一旦怒爾、斷絕爾靈氣生命、爾口猶能講、目猶能視、耳猶能聽、手猶能持、足猶能行、心猶能謀畫否乎、曰、斷斷不能也、且又問爾天下凡間欲一時一刻不沾 皇上帝恩典得乎、曰斷斷不得也、由是觀之、天下凡間、欲一時一刻、不沾 皇上帝恩典、亦不得、此便是 皇上帝明明白白保佑人矣、既是　皇上帝明明白白保佑人、爾凡人却另立各偶像、另求保佑、有得食、有得穿、曰我菩薩靈明明、　皇上帝恩典、都誤認爲邪魔恩典、其邪魔敢冒天恩者、該誅該滅無論矣、爾凡人良心死盡、大瞞天恩、究與妖魔同犯反天之罪、何其愚哉、嗟呼、明明有至尊至貴之　眞神天下凡間大共之　天父、所當朝朝夕拜而不拜、而拜尊迷惑纏捉人靈魂之妖鬼、愚矣、明明有至靈至顯之　眞神天下凡間大共之　天父、求則得之、尋則遇著、扣門則開、所當朝朝夕拜而不拜、而拜無知無識之木石埿團紙畫、各偶像、有口不能言、有鼻不能聞、有耳不能聽、有手不能持、有足不能行之蠢物、抑又愚矣、雖然流之濁由源之不清、後之差由前之不謹、天下凡間無人一時一刻、不沾 皇上帝恩典、何至於今竟罕有知識 皇上帝恩典者、其禍本何自始哉、歷攷中国史册、自盤古至三代、君民一體皆敬拜 皇上帝也、壞自少昊時、九黎初信妖魔、禍延三苗、效尤三代時頗雜有邪神、及有用人爲尸之錯、然其時君民一體皆敬拜 皇上帝、仍如故也、至秦政出、遂開神仙怪事之厲階、祀虞舜

祭大禹遣人海求神仙狂悖莫甚焉　皇上帝獨一無
他也漢文以爲有五其亦暴悖之甚矣漢武臨老雖有悔
悟之言曰始吾以爲有神仙今乃知皆虛妄也然其始祠
竈祠泰乙遣方士求神仙其亦秦政之流亞也他若漢宣
祠后土遣求金馬碧雞漢明崇沙門遣求天竺佛法漢桓
祠老聃梁武三捨身唐憲迎佛骨至宋徽出又改稱
皇上帝爲昊天金闕玉皇大帝夫稱昊天金闕猶可說也
乃稱玉皇大帝則誠褻瀆　皇上帝之甚者也　皇
上帝天下凡間大共之父也其尊號豈人所得更改哉宜

乎。宋徽身被金虜。同其子宋欽俱死漠北焉。總而論之。九黎秦政作罪魁于前。歷漢文武宣明桓梁武唐憲接迹效尤于後。至宋徽又更改　皇上帝尊號。自宋徽至今已歷六七百年。則天下多惘然不識　皇上帝。悍然不畏　皇上帝。又何怪焉。嗚呼。天地之中人為貴。萬物之中人為靈。人何貴。人何靈。　皇上帝子女也。貴乎不貴。靈乎不靈。木石泥團紙畫各偶像。物也。人貴于物。靈于物者也。何不自貴而貴于物乎。何不自靈而靈于物乎。近千百年間能不惑神仙怪事者。非無其人。究之知其一莫知其他、明子此、轉瞬子彼、卒無有高出眼孔、徹始徹終、而洞悉乎魑魅魍魎之詭秘也。北朝周武、廢佛道、毀淫祠、唐狄仁傑奏焚淫祠、一千七百餘所、韓愈、諫迎佛骨、宋胡廸焚毀無數淫祠、明海瑞諫建醮、之數人者、不可謂無特識矣、第其所毀、所焚、所諫、僅曰淫祠、曰佛、曰建醮、則其所不毀、不焚、不諫者、仍在、不知、彼所毀、所焚、所諫者、固當毀、當焚、當諫、即彼所不毀、不焚、不諫者、又何獨非當毀、當焚、當諫乎何也。皇上帝之外、無神也、世間所立一切、木、石泥塑紙畫各偶像。皆後起也、人爲也、被魔鬼迷懞蠱心、顛顛倒倒。自惹蛇魔閻羅妖纏捉者也。故今瀝膽披肝。實情諭爾等。爾凡人何能識得　神乎。　皇上帝乃是　眞神也。爾凡人跪拜各偶像。正是惹鬼。何也。爾凡人所立各偶像。其或有道德者。既昇天堂、久矣。何曾在人間受享。其一切無名腫毒者。類皆四方頭、紅眼睛、蛇魔閻羅妖之妖徒鬼卒。自秦漢至今一二千年。幾多凡人靈魂被這閻羅妖纏捉磨害。俗語云、豆腐是水。閻羅是鬼。爾等還不醒哉、及今不醒。恐怕遲矣。實情諭爾等。爾凡人何能識得　帝乎。　皇上帝乃是帝也。雖世間之主。稱王足矣。豈容一毫僭越于其間哉。　救世主耶穌。皇上帝太子也。
亦祇稱主已耳。天上地下人間有誰大過　耶穌者乎。
耶穌尚不得稱帝。他是何人。敢覥然稱　帝者乎。祇見其
妄自尊大。自干永遠地獄之災也。嗟吁。敬拜　皇上帝。
則爲　皇上帝子女。生前　皇上帝看顧。死後升
天堂。永遠在天上享福。何等快活威風。溺信各邪神。則變
成妖徒鬼卒。生前惹鬼纏。死後被鬼捉。永遠在地獄受苦。
何等羞辱愁煩。孰得孰失。請爾自思之。天下凡間。我們兄弟
姊妹。可不醒哉。若終不醒。[illegible]真生賤矣。真鬼迷矣。真有福

不知享矣。明明千年萬萬載。在天上永遠快活威風。如此大福都不願享。情願大犯天條。與魔鬼同犯反天之罪。致惹　皇上帝義怒。罰落十八重地獄。受永苦。深可憫哉良足慨已。

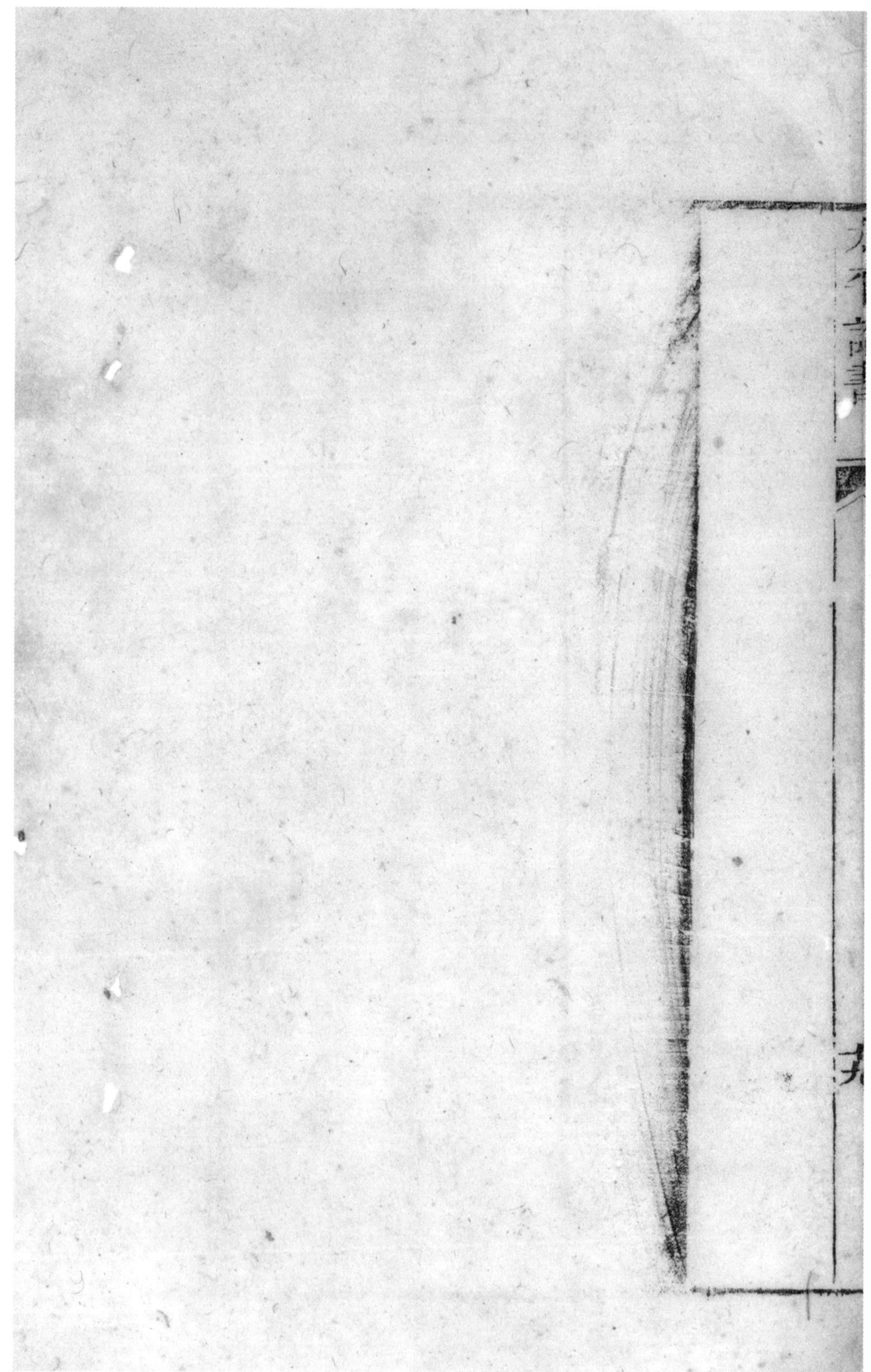

太平詔書(重刻本)

太平天國壬子二年(一八五二)刻本

太平天囯壬子二年新刻
太平詔書

旨准頒行詔書總目

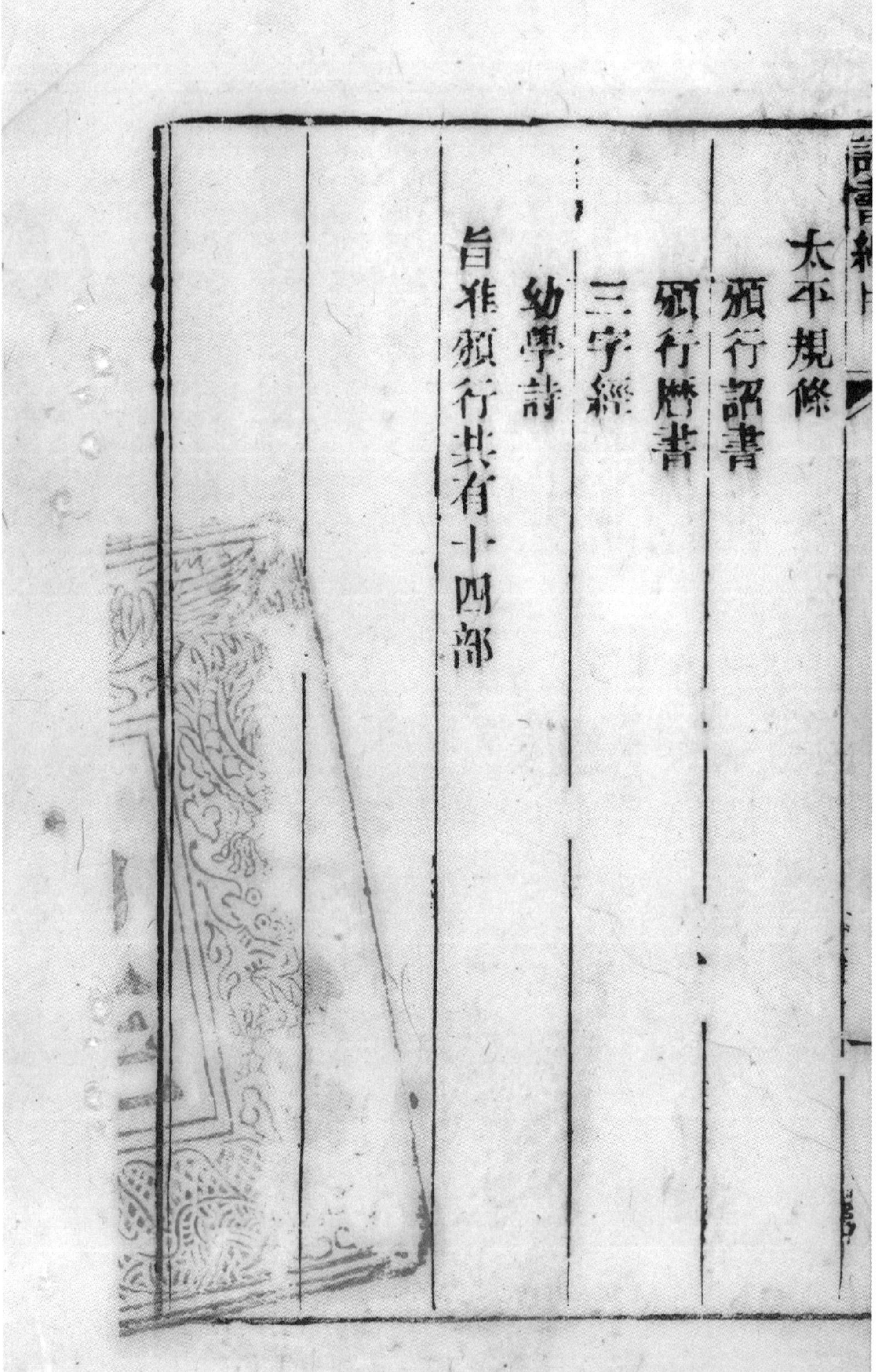

太平規條
頒行詔書
頒行曆書
三字經
幼學詩
旨准頒行共有十四部

原道救世詔

道之大原出於天　謹將天道覺羣賢
天道禍淫惟福善　及早回頭著祖鞭
眞道根源惟一正　皇天上帝的親傳
享天福　脫俗緣
莫將一切俗情牽　須將一切妄念捐
開闢眞神惟上帝　無分貴賤拜宜虔
天父上帝人人共　天下一家自古傳
上古中国同番国　君民一體敬皇天
試譬人間子事父　賢否俱宜侍養虔

天人一氣理無二　何得君王私自專
上帝當拜　人人所同
何分西北　何問南東
一絲一縷荷上帝　一飲一食賴天公
分應朝朝而夕拜　理應頌德而歌功
人而舍此而他拜　拜盡萬般總是空
非惟無益且有損　本心瞞昧罪何窮
人苟本心還不失　自知呼吸賴蒼穹
五行萬物天造化　豈有別神宰其中
即謂上帝須輔助　斷非菩薩贊化工

如果化工賴菩薩　從前未立理難通
暄以日兮潤以雨　動以雷兮散以風
此皆上帝之靈妙　天恩能報得光榮
勿拜邪神　須作正人
不正天所惡　能正天所親
第一不正淫爲首　人變爲妖天最瞋
淫人自淫均斬首　不犯天法得超昇
魔鬼害人誰挺立　但須改過急自新
過而能改方無過　予今苦口諄諄諄
天命君師無異任　祇將正道覺斯民

天生善正無異德 祗將正道淑其身
凡有血氣心知者 何可亂常而敗倫
凡屬頂天立地者 急宜返璞而歸眞
鬼心既革 孝道當明
第二不正忤父母 大犯天條急自更
羊有跪乳鴉反哺 人不如物忝所生
父兮生我母鞠我 長育劬勞無能名
恩極昊天難答報 如何孝養竭忠誠
大孝終身慕父母 視於無形聽無聲
孝親即是孝天帝 培植本根適自榮

逆親即是逆天帝　戕伐本根適自傾
孝順條當守　胞與量宜恢
第三不正行殺害　自戕同類罪之魁
普天之下皆兄弟　靈魂同是自天來
上帝視之皆赤子　人自相殘甚惻哀
嗜殺人民爲草寇　到底豈能免禍災
白起項羽終自刎　黃巢李闖安在哉
自古殺人殺自己　誰云天眼不恢恢
自古救人救自己　靈魂超拔在天臺
自古利人利自己　福自己來易爲推

自古害人害自己　孽自己作難挽回
無言不讐德有報　終身可行恕字該
忠厚可師　廉恥須知
第四不正爲盜賊　不義不仁非所宜
聚黨橫行天不佑　罪惡貫盈禍自隨
君子臨財無苟得　皇天上帝實難欺
天生善正修天爵　不義之財何足奇
殺一不辜行不義　即得天下亦不爲
人能翼翼畏上帝　樂夫天命復奚疑
豈忍殺越人于貨　竟非其有而取之

營謀珍道義　學習慎規模
第五不正爲巫覡　邪術惑衆犯天誅
死生災病皆天定　何故誣民妄造符
作福許妖兼送鬼　修齋建醮倚虛無
自古死生難自保　豈能代禱保無辜
自古師巫邪術輩　累世貧窮天不扶
鬼人送鬼終惹鬼　地獄門開待逆徒
欲肥己囊增己孽　何不回頭早自圖
術藝固須正　品概更宜方
第六不正爲賭博　暗刀殺人心不眞

戒戒戒　理不當
求之有道得有命　勿以詐騙壞心腸
命果有兮何待賭　命無卽賭願難償
總之貧富天排定　從吾所好自徜徉
人生在世尊天法　何思何慮復何望
凡情脫盡天情顯　自古爲人當自强
嗟爾有衆　勿謂無妨
無所不爲因賭起　英雄何苦陷迷鄉
不義之財鴆止渴　遵守天條耐久長
千個賭錢千個賊　請爾易慮細思量

他若自驅陷阱者　鍊食洋烟最顛狂
如今多少英雄漢　多被烟鎗自打傷
即如飲酒亦非正　成家宜戒敗家湯
天父上帝最惡酒　切莫鬼迷惹滅亡
更有堪輿相命輩　欺瞞上帝罪無疆
富貴在天生死命　何爲誑世顧肥囊
其餘不正難枚舉　在人鑒別於微茫
細行不矜終累德　堅冰未至慎履霜
眞言語　不鋪張
予弘曾獲昇天堂　所言確據無荒唐

婆心固結不能忘　言之不足故言長

積善之家有餘慶　積惡之家有餘殃

順天者存逆天亡　尊崇上帝得榮光

〇原道醒世詔

福大則量大。量大則為大人。福小則量小。量小則為小人。是以泰山不辭土壤。故能成其高。河海不擇細流。故能就其深。上帝廣生衆民。故能大其德。凡此皆量為之也。無如時至今日。亦難言矣。世道乖漓。人心澆薄。所愛所憎。一出于私。故以此国而憎彼国。以彼国而憎此国者有之。甚至同国以此省此府此縣。而憎彼省彼府彼縣。以彼省彼府彼縣而憎此省此府此縣者有之更甚至同省府縣以此鄉此里此姓而憎彼鄉彼里彼姓以彼鄉彼里彼姓而憎此鄉此里此姓者有之世道人心至此安得不相陵相奪相鬭相殺而淪胥以亡乎無他其見小故其量小也其以此国而憎彼国以彼国而憎此国者其見在国国以外則不知故同国則愛之異国則憎之其以此省此府此縣而憎彼省彼府彼縣以彼省彼府彼縣而憎此省此府此縣者其見在省府縣省府縣以外則不知故同省同府同縣則愛之異省異府異縣則憎之其以此鄉此里此姓而憎彼鄉彼里彼姓以彼鄉彼里彼姓而憎此鄉此里此姓者其見在鄉里姓鄉里姓以外則不知故同鄉同里同姓則愛之異鄉異里異姓

則憎之天下愛憎如此何其見未大而量之不廣也天下凡間分言之則有萬国統言之則實一家 皇上帝天下凡間大共之父也近而中国是 皇上帝主宰化理遠而番国亦然遠而番国是 皇上帝生養保佑近而中国亦然天下多男人盡是兄弟之輩天下多女子盡是姊妹之羣何得存此疆彼界之私何可起爾吞我并之念于今夜退而日升矣惟願天下凡間我們兄弟姊妹跳出邪魔之鬼門循行 上帝之眞道時凛天威力遵天誡相與淑身淑世相與正己正人相與作中流之底柱相與挽已倒之狂瀾天下一家共享太平幾何乖離澆薄之世其不一旦變而爲公平正直之世也幾何陵奪鬭殺

之世其不一旦變而爲强不犯弱衆不暴寡智不詐愚勇不苦怯之世也。況量大則福大而人亦與之俱大量小則福小而人亦與之俱小凡有血氣者安可傷天地之和而貽井底蛙之誚哉 詩云

上帝原來是父親　水源木本急尋眞
量寬異国皆同国　心好異人亦族人
獸畜相殘還不義　鄉鄰互殺斷非仁
天生天養和爲貴　各自相安享太平

○原道覺世詔

天下總一家凡間皆兄弟何也自人肉身論各有父母姓氏似

有此疆彼界之分，而萬姓同出一姓，一姓同出一祖，其原亦未始不同。若自人靈魂論，其各靈魂從何以生，從何以出，皆由皇上帝大能大德以生以出，所謂一本散爲萬殊，萬殊總歸一本。而近代則有閻羅妖注生死邪說，閻羅妖乃是老蛇妖鬼也，最作怪多變，迷惑纏捉凡間人靈魂，天下凡間我們兄弟姊妹所當共擊滅之，惟恐不速者也。而世人偏伸顯於他，何其自失天堂之樂，而自求地獄之苦哉。論道有眞諦，大凡可通於今，不可通於古，可通於近，不可通於遠者，僞道也，邪道也，小道也。據怪人妄說閻羅妖注生死，且問中国前代論及此乎？曰無有。番国舊遺新遺載及此乎？曰無有。無有則何以起？怪人佛老之徒出自中魔計以譖引譖誑人以不可知之事以售已詐誘人作福建醮以肥已囊兼之魔鬼入心遂造出無數怪誕邪說迷惑害累世人如秦政時怪人誑言東海有三神山秦政遂遣人海求之此後代神仙邪說所由起也究其始不過一秦政受其惑所謂差之毫釐而後代則叠效尤於後至於固結不可解所謂失之千里者也又如漢武時怪人誑言祠竈丹砂可化黃金漢武遂信而祠之於是燕齊怪誕怪人多來言神仙怪事矣又如近代有怪人誑言東海龍妖發雨東海龍妖即是閻羅妖變身雨從天降衆目所視者也古語云天油然作雲沛然下雨則苗浡然興之矣又古語云上天同雲雨雪雰雰益之以霢霂既

優既渥既沾既足生我百穀又考番国舊遺詔書當挪亞時皇上帝因世人背逆罪大連降四十日四十夜大雨洪水橫流沉沒世人此皆鑿鑿可據且衆目所覩實降於天者也而世人亦多信怪誕不經之怪說即一兩論而世人既多良心死盡大瞞天恩矣又遑論其他哉又如近代有怪和尚誑言閻羅妖怪事且有玉曆記怪書訛傳於世而世之讀死書者亦多惑其說獨不思注生死一事豈是等閒既不是等閒宜爲中国番国各前代所論及且筆於書以傳後世而於今歷考中国番国各前代所論及且筆於書以傳後世者祇說大生天降　皇上帝生養保佑人未嘗說及閻羅妖也祇說死生有命亦是命於

皇上帝己耳、毫無關於閻羅妖也、祇說　皇上帝審判

世人、陰騭下民、臨下有赫、又毫無關於閻羅妖也、而世人之讀

死書者、不信古今遠近通行各經典、而信怪人無端突起之怪

書、不亦惑哉、此無他、順眼前、忽長遠、恒情也、以恒情而中人心、

則其入之也必易、是以邪說一倡、而天下多靡然信之、從之、信

從久則見聞熟、見聞熟則膠固深、膠固深則難尋其罅漏、難尋

其罅漏則難出其圈套、　皇上帝縱歷生聰明聖智於其間、

亦莫不隨風而靡矣、此近代所以多懵然不識　皇上帝、悍

然不畏　皇上帝、盡中蛇魔閻羅妖詭計、陷入地獄、沉淪而

不自知者也。噫、後之人雖欲諳天地人之道、其熟從而求之、甚

矣人之好怪也、不求其端、不訊其末、惟怪之欲聞、予想夫天下凡間人民雖衆。總爲 皇上帝所造所生、生於 皇上帝、長亦 皇上帝、一衣一食并賴 皇上帝。 皇上帝天下凡間大共之父也、死生禍福由其主宰。服食器用皆其造成。仰觀夫天。一切日月星辰、雷雨風雲、莫非 皇上帝之靈妙。俯察夫地、一切山原川澤、飛潛動植、莫非 皇上帝之功能。昭然可見、灼然易知。如是乃謂 眞神、如是乃爲天下凡間所當朝朝夕拜。有執拗者說曰、 皇上帝當拜矣、必然有帮 皇上帝保佑人者、譬如君長主治国中、豈無官府輔治也。不知君長之官府。是其親手設立調用、故能輔君長以治事也。

至若凡人。所立一切木石、泥團紙畫、各偶像且問爾、是　皇上帝旨意設立否乎。非也、類皆凡人被魔鬼迷懞靈心。據愚意愚見。人手造出各等奇奇怪怪也。況　皇上帝當初六日造成天地山海、人物。已設有其神使、千千萬萬在天上。任其差遣、何用得凡人所造各等奇奇怪怪者乎。且叛逆　皇上帝實甚、考舊遺詔書　皇上帝當初下降西奈山、親手繕寫十款天條、在石碑付與摩西。皇上帝親口吩咐摩西曰。我乃上主皇上帝。爾凡人切不好設立天上地下各偶像。來跪拜也今爾凡人設立各偶像來跪拜正是違逆　皇上帝旨意爾凡人反說各偶像。是帮　皇上帝保佑人何其被魔鬼迷懞靈心懞懂之極乎、爾不想　皇上帝當初六日、造成天地山海人物。尚不要人幫助。豈今日保佑人。又要誰幫助、且問爾、設使　皇上帝當初造天不造地、爾足猶有所企立、且猶有田畝開墾否乎。曰無也、且又問爾。今荷　皇上帝之恩既造有天地矣、設使　皇上帝、不造成地下桑、麻、禾、麥、菽、豆、及草木、木、火、金、鐵等物。又不造成水中魚蝦、空中飛鳥、山中野獸、家中畜牲。等物、爾身猶有所穿、口猶有所食。饔飧猶有所炊。爨器械猶有所運用否乎。曰無也。且又問爾、今荷　皇上帝之恩萬物備足矣、設使　皇上帝、一年不出日照耀爾凡人。一年不降雨。滋潤爾凡人、一年不發雷替爾凡人收妖、一年不吹風。

散爾凡人鬱氣、爾凡人猶有收成平安否乎、曰無也、且又問爾、今荷　皇上帝之恩、既有收成平安矣、設使　皇上帝一旦怒爾、斷絕爾靈氣生命、爾口猶能講、目猶能視、耳猶能聽、手猶能持、足猶能行、心猶能謀畫否乎、曰斷斷不能也、且又問爾天下凡間、欲一時一刻不沾　皇上帝恩典得乎、曰斷斷不得也、由是觀之、天下凡間、欲一時一刻不沾　皇上帝恩典亦不得、此便是　皇上帝明明白白保佑人矣、既是　皇上帝明明白白保佑人、爾凡人卻另立各偶像、另求保佑、有得食、有得穿、曰我菩薩靈、明明　皇上帝恩典、卻誤認爲邪魔恩典、其邪魔敢冒　天恩者、該誅該滅、無論矣、爾凡人良心死盡、大瞞天恩、究與妖魔同犯反天之罪、何其愚哉、嗟呼、明明有至尊至貴之　眞神天下凡間大共之　天父所當朝朝夕拜而不拜、而拜專迷惑纏捉人靈込之妖鬼、愚矣、明明有至靈至顯之　眞神天下凡間大共之　天父、求則得之、尋則遇著、扣門則開、所當朝朝夕拜而不拜、而拜無知無識之木石泥團、紙畫各偶像、有口不能言、有鼻不能聞、有耳不能聽、有手不能持、有足不能行之蠢物、抑又愚矣、雖然、流之濁、由源之不清、後之差、由前之不謹、天下凡間、無人一時一刻不沾　皇上帝恩典、何至於今竟罕有知謝　皇上帝恩典者、其禍本何自始哉、歷究中国前代上古之世、君民一體、皆敬拜　皇上帝也、壞自少昊時九黎初信妖魔、禍延三苗效尤、三代時頗雜有邪神、及有用人爲尸之錯、然其時君民一體皆敬拜皇上帝、仍如故也、至秦政出、遂開神仙怪事之厲階、祀虞舜祭大禹、遣入海求神仙、狂悖莫甚焉、 皇上帝獨一無他也、漢文以爲有五、其亦暴悖之甚矣、漢武臨老、雖有悔悟之言曰、始吾以爲有神仙、今乃知皆虛妄也、然其始祠竈祠泰乙、遣方士求神仙、其亦秦政之流亞也、他若漢宣祠后土、遣求金馬碧雞、漢明崇沙門、遣求天竺佛法、漢桓祠老聃、梁武三捨身、唐憲迎佛骨、至宋徽出、又改稱 皇上帝爲昊天金闕玉皇大帝、夫稱昊天金闕、猶可說也、乃稱 玉皇大帝、則誣褻瀆、 皇上帝之甚者也、皇上帝天下凡間大共之父也、其尊號豈人所得更改哉。宜乎宋徽身被金虜、同其子宋欽俱死漠北焉。總而論之、九黎秦政作罪魁於前、歷漢文武宣明桓梁武唐憲接迹效尤於後、至宋徽又更改 皇上帝尊號、自宋徽至今、已歷六七百年、則天下多惘然不識 皇上帝悍然不畏 皇上帝、又何怪焉。嗚呼、天地之中人為貴、萬物之中人為靈、人何貴、人何靈、 皇上帝子女也。貴乎不貴、靈乎不靈、木石坭團紙畫、各個像物也、人貴於物、靈於物者也、何不自貴而貴於物乎、何不自靈而靈於物乎。近于百年間能不惑神仙怪事者、非無其人、究之知其一莫知其他、明於此、轉暗於彼、卒無有高出

眼孔徹始徹終。而洞悉乎魑魅魍魎之詭秘伎倆也。皇上

帝之外。無神也。世間所立一切木石泥團紙畫各偶像。皆後起

也。人爲也。被魔鬼迷懞靈心。顛顛倒倒。自惹蛇魔閻羅妖纏捉

者也。故今瀝膽披肝。實情諭爾等。爾凡人何能識得　神乎。

皇上帝乃是　眞神也。爾凡人跪拜各偶像。正是惹鬼

何也。爾凡人所立各偶像。其或有道德者。旣昇天堂久矣。何曾

在人間受享。其一切無名腫毒者類。皆四方頭紅眼睛蛇魔閻

羅妖之妖徒鬼卒。近一二千年幾多凡人靈魂。被這閻羅妖纏

捉磨害。俗語云。豆腐是水。閻羅是鬼。爾等還不醒哉。及今不醒

恐怕遲矣。實情諭爾等。爾凡人何能識得　帝乎。皇上

帝乃是　帝也。救世主耶穌。皇上帝太子也。亦祗稱
主已耳。天上地下人間有誰大過　耶穌者乎。耶穌尚不得
稱帝。他是何人。敢靦然稱　帝者乎。祗見其妄自尊大自干
永遠地獄之災也。嗟吁。敬拜　皇上帝則爲　皇上帝子
女在世　皇上帝看顧。昇天。皇上帝恩愛。永遠在高天
享福、何等快活威風。溺信各邪神。則變成妖徒鬼卒。生前惹鬼
纏。死後被鬼捉。永遠在地獄受苦。何等羞辱愁煩。孰得孰失。請
自思之。天下凡間我們兄弟姊妹。可不醒哉、若終不醒。則眞生
賤矣。眞鬼迷矣。眞有福不知享矣。明明千年萬萬載在高天永
遠威風。如此大福。都不願享。情願大犯天條。與魔鬼同犯反天

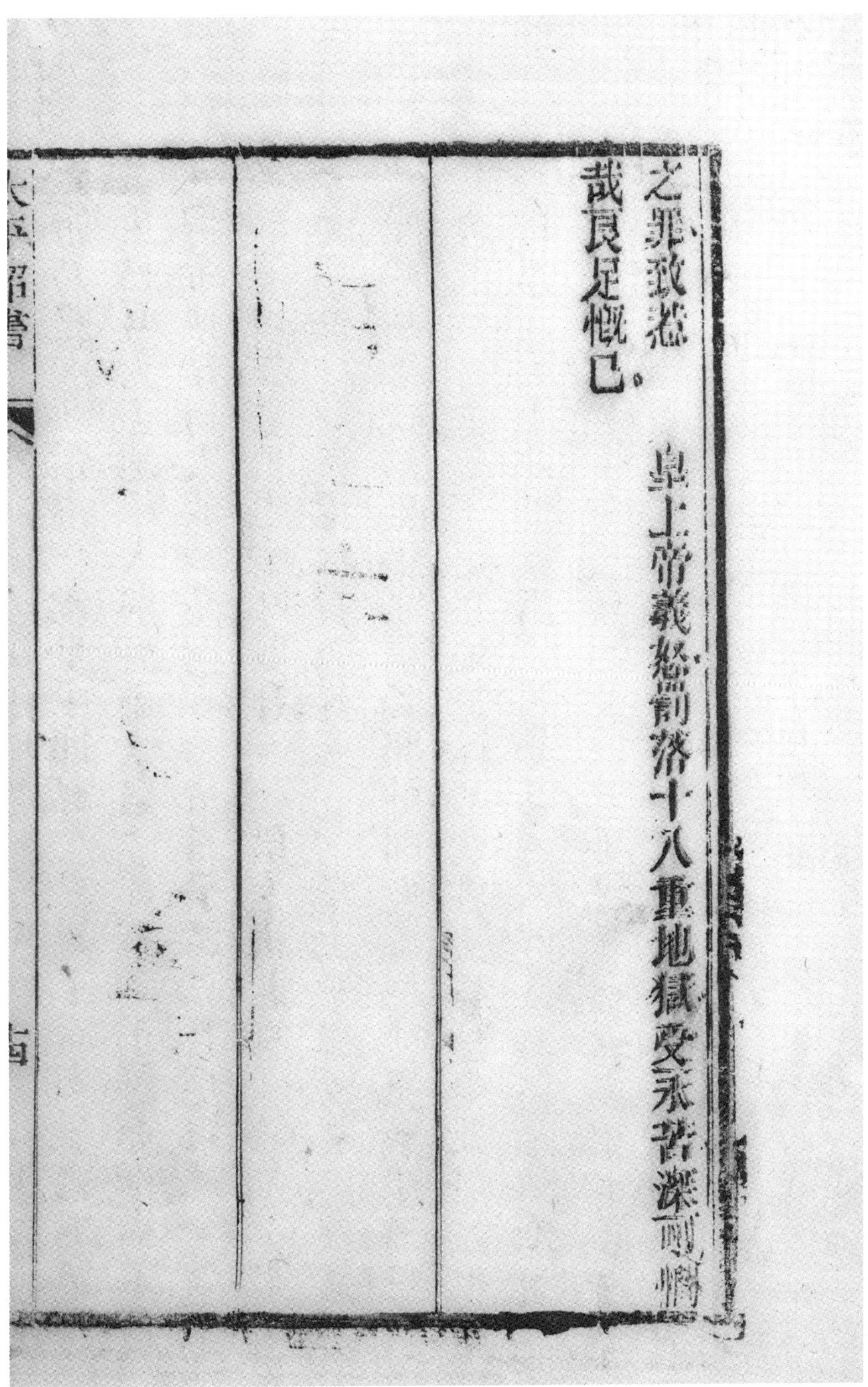

之罪致惹、皇上帝義怒罰落十八重地獄受永苦深可憫

哉良足慨已。

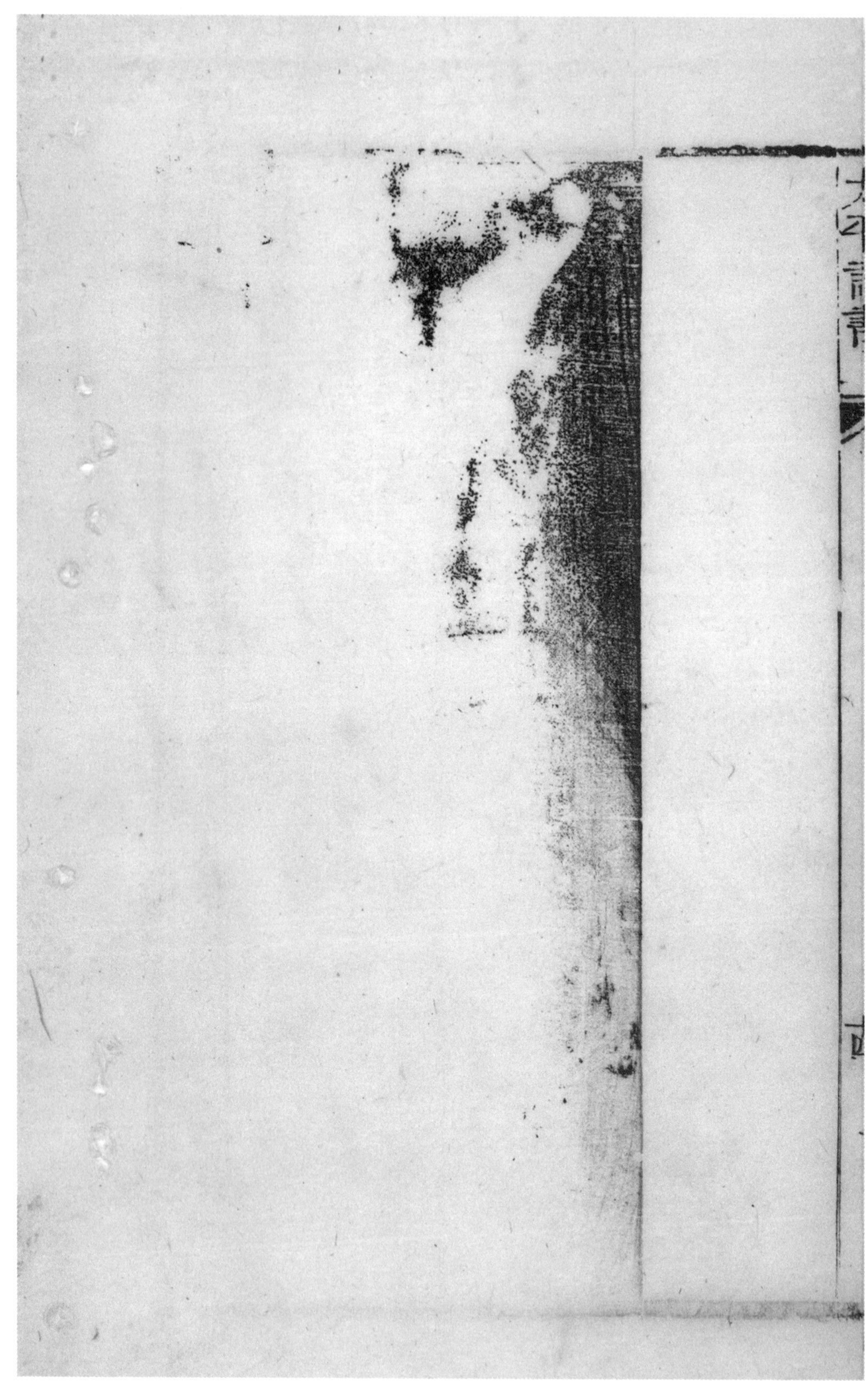

太平禮制

太平天國壬子二年(一八五二)刻本

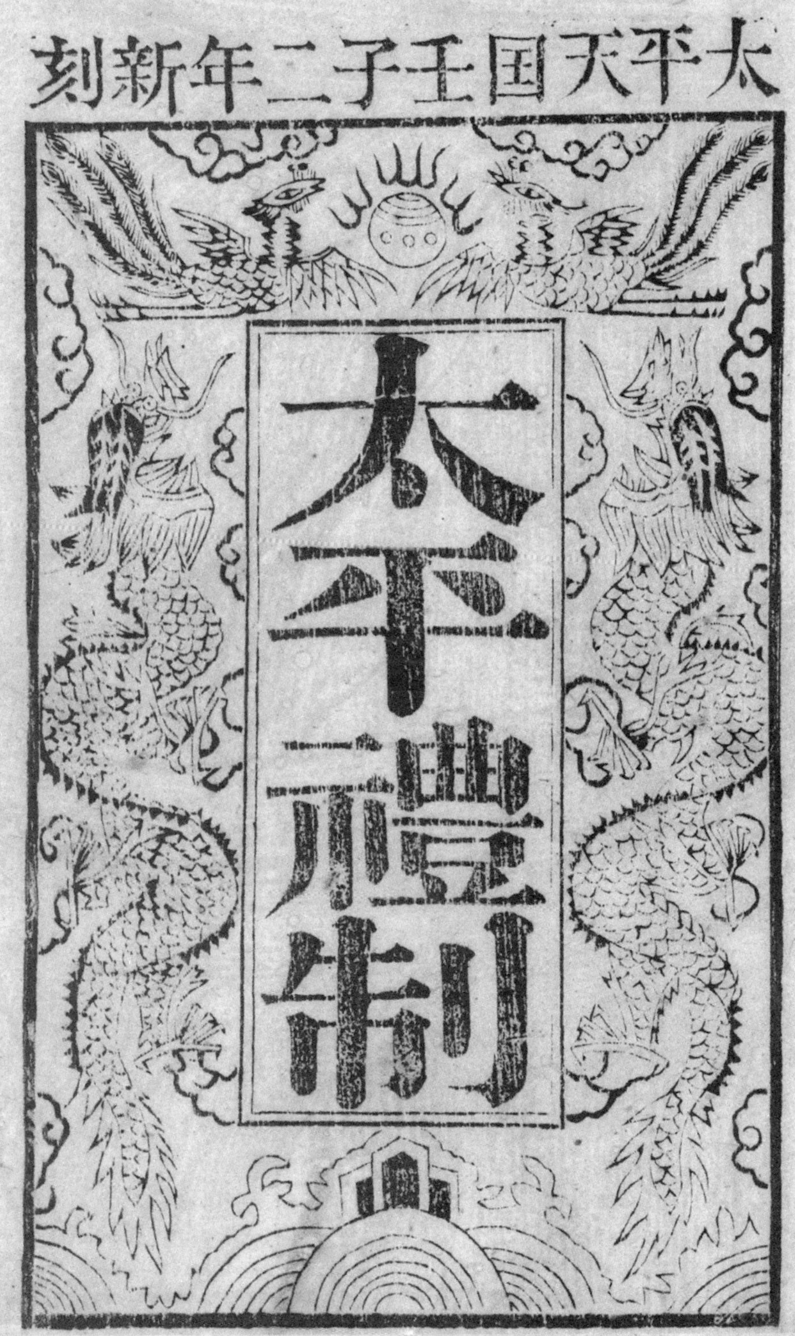
太平天国壬子二年新刻
太平禮制

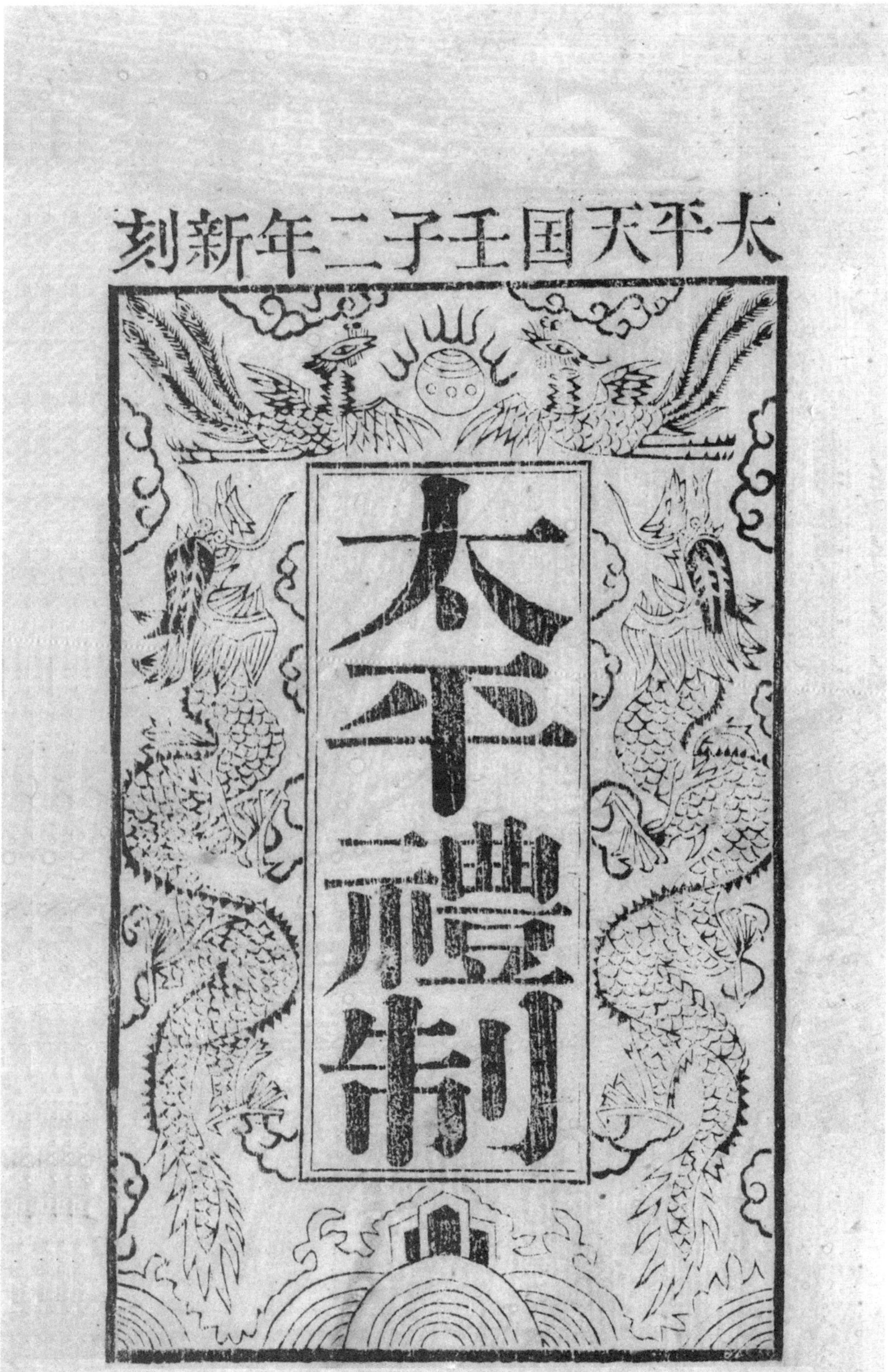

旨准頒行詔書總目

太平條規

頒行詔書

頒行曆書

三字經

幼學詩

旨准頒行共有十四部

天王詔令

王世子臣下呼稱　幼主萬歲

第三子臣下呼稱　王三殿下千歲

第四子臣下呼稱　王四殿下千歲

第五子臣下呼稱　王五殿下千歲

以下第六子至百子千子千子皆做此類推

王長女臣下呼稱　天長金

第二女臣下呼稱　天二金

第三女臣下呼稱　天三金

第四女臣下呼稱　天四金

以下第五女至百女千女皆倣此類推

東世子臣下呼稱　東嗣君千歲

第二子臣下呼稱　東二殿下萬福

第三子臣下呼稱　東三殿下萬福

以下第四子至百子千子皆倣此類推

東長女臣下呼稱　東長金

第二女臣下呼稱　東二金

第三女臣下呼稱　東三金

以下第四女至百女千女皆倣此類推

西世子臣下呼稱　西嗣君千歲

第二子臣下呼稱　西二殿下萬福

第三子臣下呼稱　西三殿下萬福

以下第四子至百子千子皆倣此類推

西長女臣下呼稱　西長金

第二女臣下呼稱　西二金

第三女臣下呼稱　西三金

以下第四女至百女千女皆倣此類推

南世子呼稱　南嗣君千歲

北世子呼稱　北嗣君千歲

翼世子呼稱　翼嗣君千歲

南女呼稱　南金

北女呼稱　北金

翼女呼稱

皆與東西一式。　　　　翼金

丞相至軍帥。皆稱大人。如丞相則稱丞相大人。檢點則稱檢點大人。以下類推

師帥至兩司馬。皆稱善人。如師帥、則稱師帥善人、旅帥則稱旅帥善人。以下類推。

丞相子至軍帥子。皆稱公子。但同稱公子、亦有些別。如丞相子。稱丞公子。檢點子。稱檢公子。指揮子。稱指公子。將

軍子。稱將公子。侍臣子。稱侍公子。侍衛子、稱衛公子。總
制子，稱總公子。以下類推。
師帥子。至兩司馬子。皆稱將子。但同稱將子。亦有些別。如
師帥子。稱師將子。旅帥子。稱旅將子。以下類推。
丞相女。至軍帥女。皆稱玉。但同稱玉。亦有些別。如丞相女
稱丞玉，檢點女稱檢玉。以下類推。
師帥女，至兩司馬女。皆稱雪。但同稱雪。亦有些別，如師帥
女。稱師雪。旅帥女。稱旅雪。以下類推。

王世子及東西南北翼各世子皆是管理世間者也故均稱世子、

宮城女及東西南北翼各女皆是貴如金者也故均稱金。金貴也色美而不變者也。

丞相至軍師皆是公義之人故均稱其子曰公子又皆是虔潔之人故均稱其女曰玉玉潔也色潤而可寶者也。

師帥至兩司馬皆是典兵之人故均稱其子曰將子又皆是清淨之人故均稱其女曰雪雪清也色白而可愛者

也。

女丞相、女檢點。女指揮。女將軍、皆稱貞人婦人以貞節爲貴者也。

軍師妻呼稱王娘。丞相妻呼稱貴嬪。檢點妻呼稱貴姒。指揮妻呼稱貴姬將軍妻呼稱貴嬙、

欽命總制妻呼稱貴嫗。監軍妻呼稱貴姁。軍帥妻呼稱貴媚。

師帥妻。呼稱貴嫻。旅帥妻。呼稱貴婕。卒長妻呼稱貴妯。兩

司馬妻、呼稱貴娌。丞相妻至軍帥妻加稱貞人。師帥妻至兩司馬妻加稱夫人。

朕仁發兄仁達兄稱国兄、嫂稱国嫂。慶善伯纘奎伯元玠伯輩稱国伯。慶軒綿衍叔輩一體同稱国叔。仁正兄仁賓稱国宗兄。元清輔清四福章賓輩一體同稱国宗兄。貴妹夫及后宮父母伯叔兄弟輩、一體同稱国親。細分之、后宮父稱国丈。后宮母稱国外母。后宮伯叔稱国外伯。国外叔。后宮兄弟稱国舅。

朕岳丈天下人大同稱国丈岳母天下人亦大同稱国岳母国岳與国岳兩相稱。自因其長次則稱爲国親兄。国親弟。千歲岳丈。天下人大同稱某千歲貴丈。岳母天下人亦大同稱某千歲貴岳母。

貴岳與貴岳兩相稱。自因其等職譬如七千歲貴岳見九千歲貴岳則稱東貴親兄又譬如七千歲貴岳會六千歲五千歲貴岳。則稱北貴親弟翼貴親弟如此爲兄弟相稱也。

国岳丈、與九千歲。七千歲。六千歲。五千歲。之貴岳會見八千歲貴岳兩相稱国自因其長次。同稱親家兄親家弟也、

貴丈見国岳。則稱某国岳。

国岳會貴岳。亦因其等職。譬如會九千歲貴岳則稱東貴弟。會七千歲貴岳。稱南貴弟。如此則国岳爲兄。貴岳爲弟也。

国岳母與国岳母兩相稱。自因其長次。則稱国親嫂。国親

嬸

貴岳母與貴岳母兩相稱。自因其等職。譬如七千歲。貴岳母。見九千歲貴岳母。則稱東貴親嫂。又譬如七千歲。貴岳母會六千歲。五千歲貴岳母。則稱北貴親嬸。與貴親嬸。如此。則爲嫂嬸相稱也。

国岳母與九千歲。七千歲。六千歲。五千歲。貴岳母會見八千歲。貴岳母兩相稱。自因其長次。同稱親家嫂。親家嬸也。貴岳母見国岳母。則稱某国岳母国岳母會貴岳母亦因其尊職譬如會九千歲貴岳母則稱東貴嬸、會七千歲。貴岳母。則稱南貴嬸。會六千歲貴岳母。則稱北貴嬸。會五千歲貴岳母則稱翼貴嬸如此

国岳母爲嫂。貴岳母爲嬸也。各宜凛遵、欽此。

太平條規

太平天國壬子二年（一八五二）刻本

太平天国壬子二年新刻

太平條規

定營規條十要

一要恪遵　天令

二要熟識天條讚美朝晚禮拜

感謝規矩及所頒行詔諭

三要鍊好心腸不得吹烟飲酒

公正和儺毋得包弊徇情順

下逆上

四要同心合力各遵有司約束

不得隱藏兵數及匿金銀器

餙

五要別男營女營不得授受相

親

六要諳熟日夜點兵鳴鑼吹角擂鼓號令

七要無幹不得過營越伍攪誤公事

八要學習爲官稱呼問答禮制

九要各整軍裝鎗砲以備急用

條規

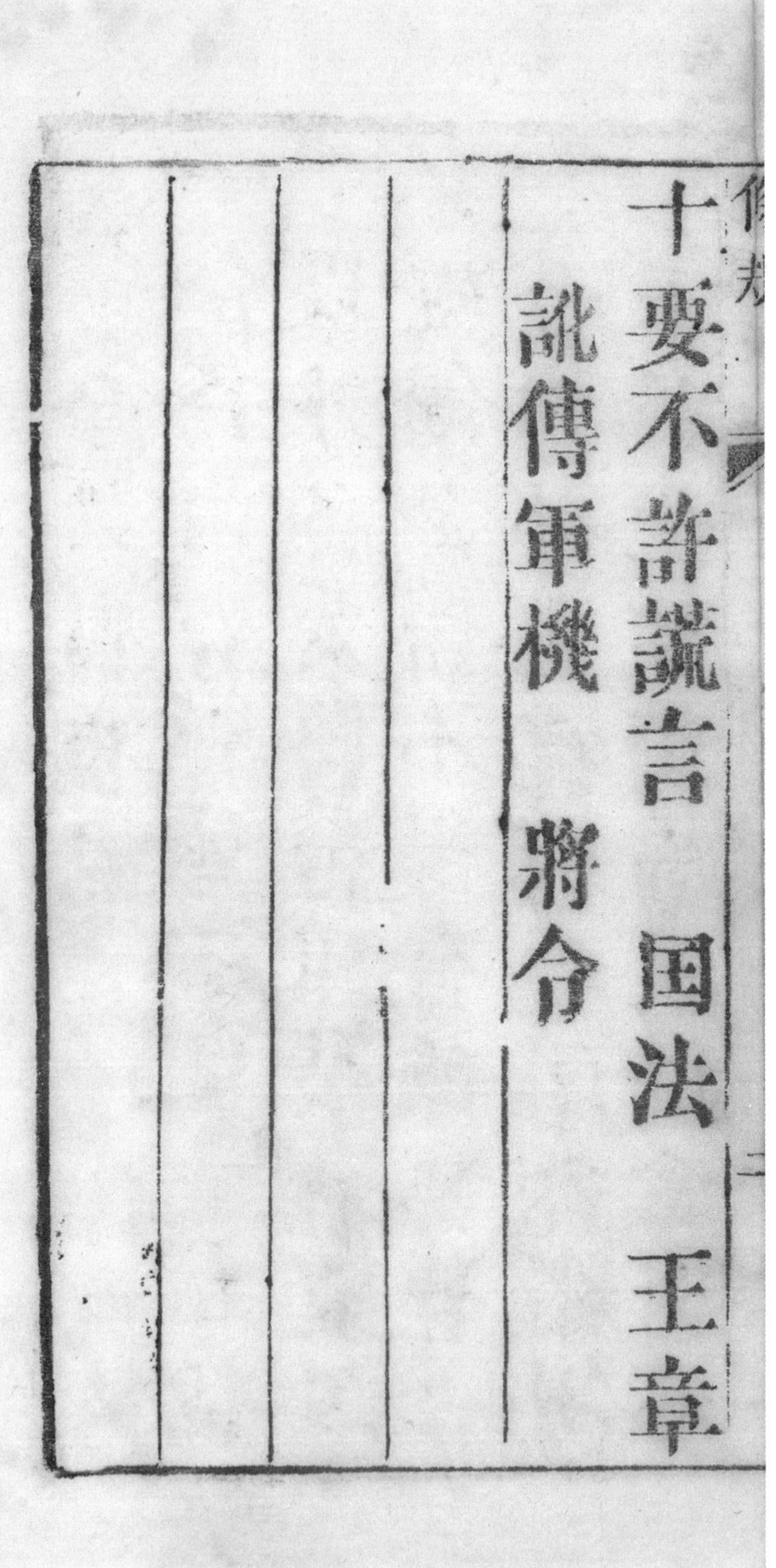

十要不許謊言　国法　王章
訛傳軍機　將令

行營規矩

一合各內外將兵凡自十五歲以外各要佩帶軍裝糧食及碗鍋油鹽不得有鎗無桿

一合內外强健將兵不得僭分干名坐轎騎馬及亂拿外小

三令內外官兵各迴避道傍呼
萬歲　萬福　千歲不得
雜入　御輿宮妃馬轎中間
四令號角喧傳急趕前禁地聽
令殺妖不得躲避偷安

五令軍兵男婦不得入鄉造飯
取食毁壞民房擄掠財物及
撮操藥材舖戶併州府縣司
衙門
六令不許亂挺賣茶水賣粥飯
外小爲挑夫及嘴昧吞騙軍

守兄弟行李

七令不許在途中舖戶堆燒烟

驕躭隨行程務要前後聯絡

不得脫徒

八令不得焚燒民房及出恭在

路并民房

九合不得枉殺老弱無力挑夫

十合各遵主將有司號合分發

毋得任性自便推前越後

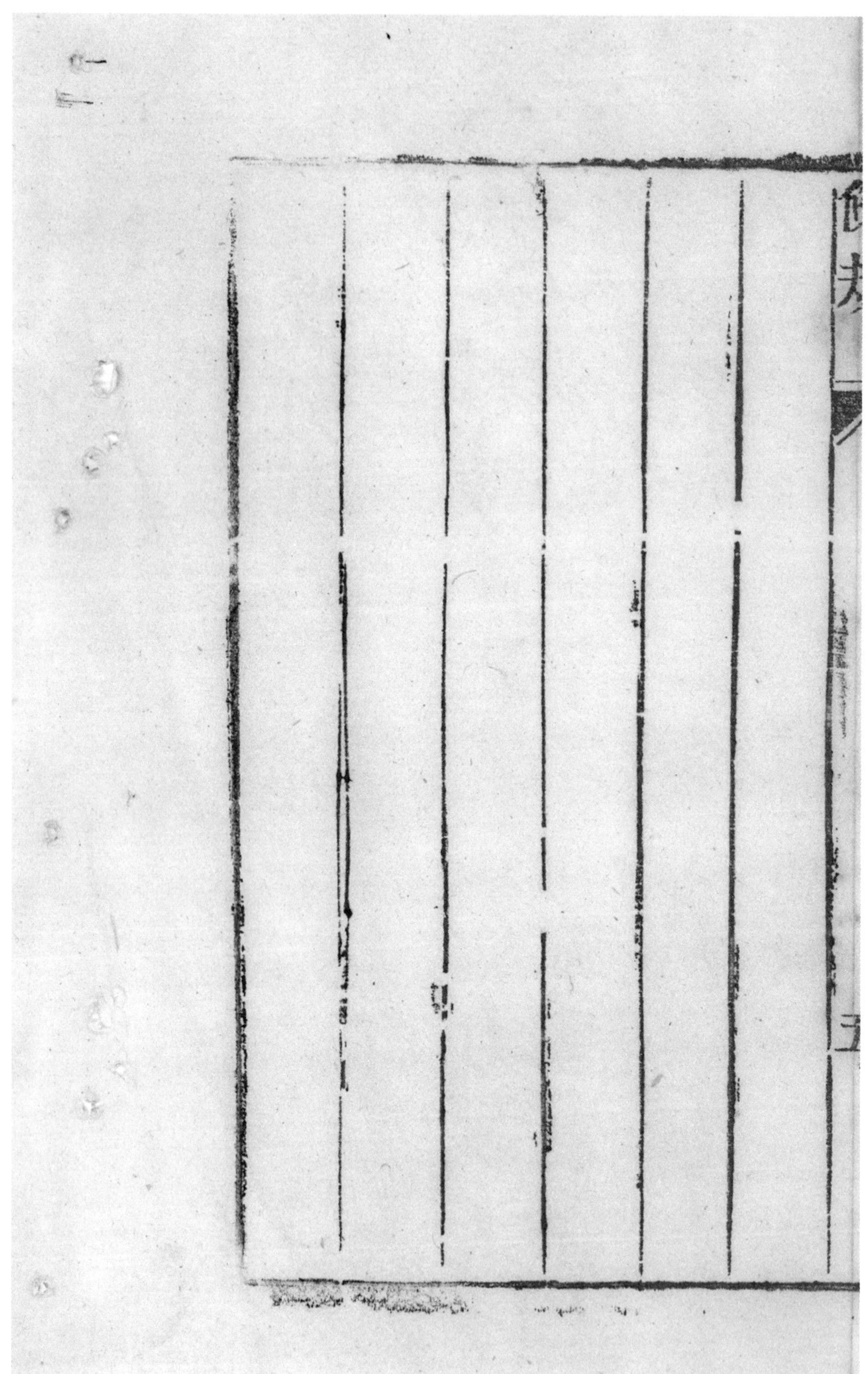

太平軍目

太平天國壬子二年（一八五二）刻本

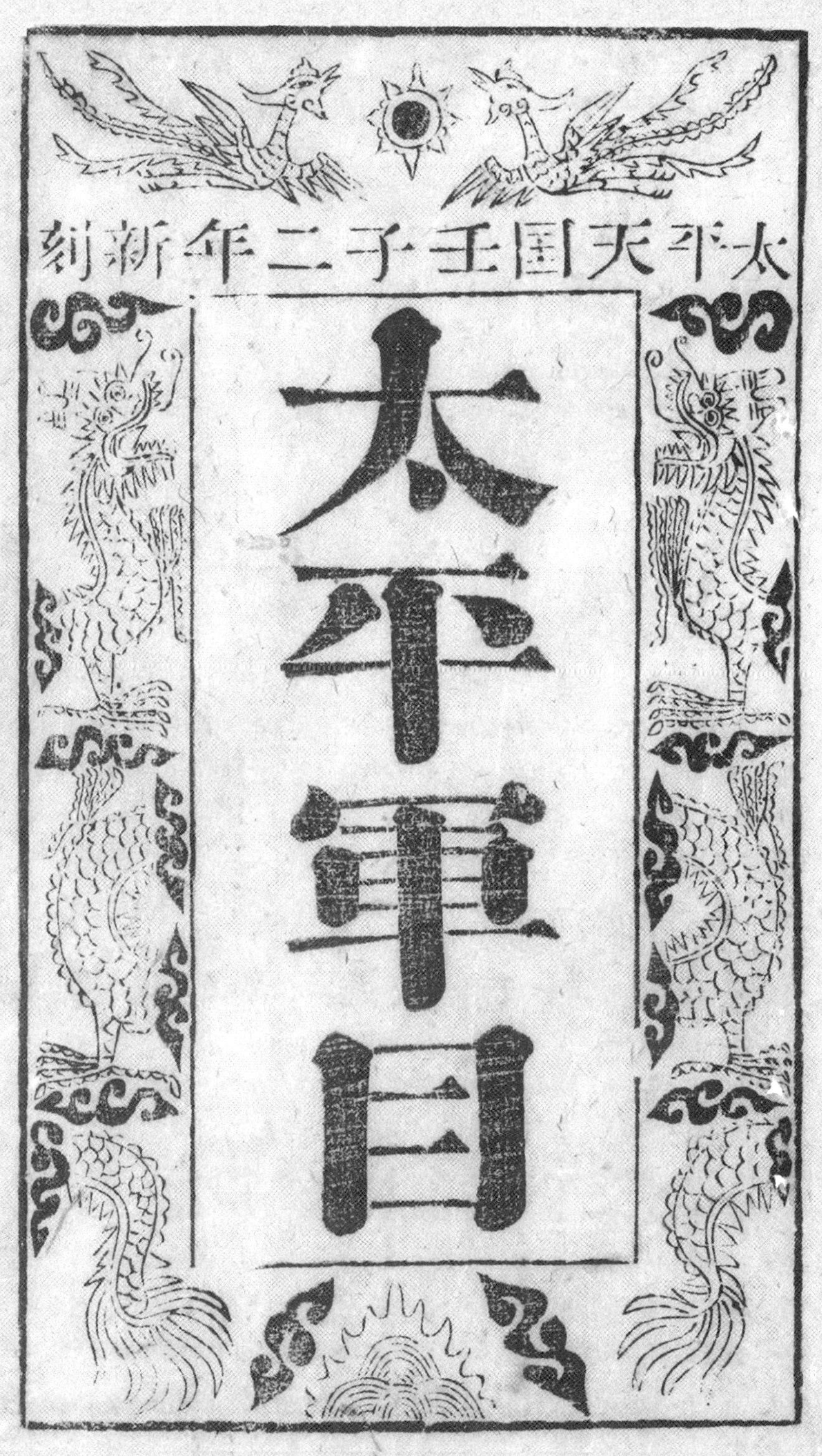
太平天囯壬子二年新刻
太平軍目

旨准頒行詔書總目

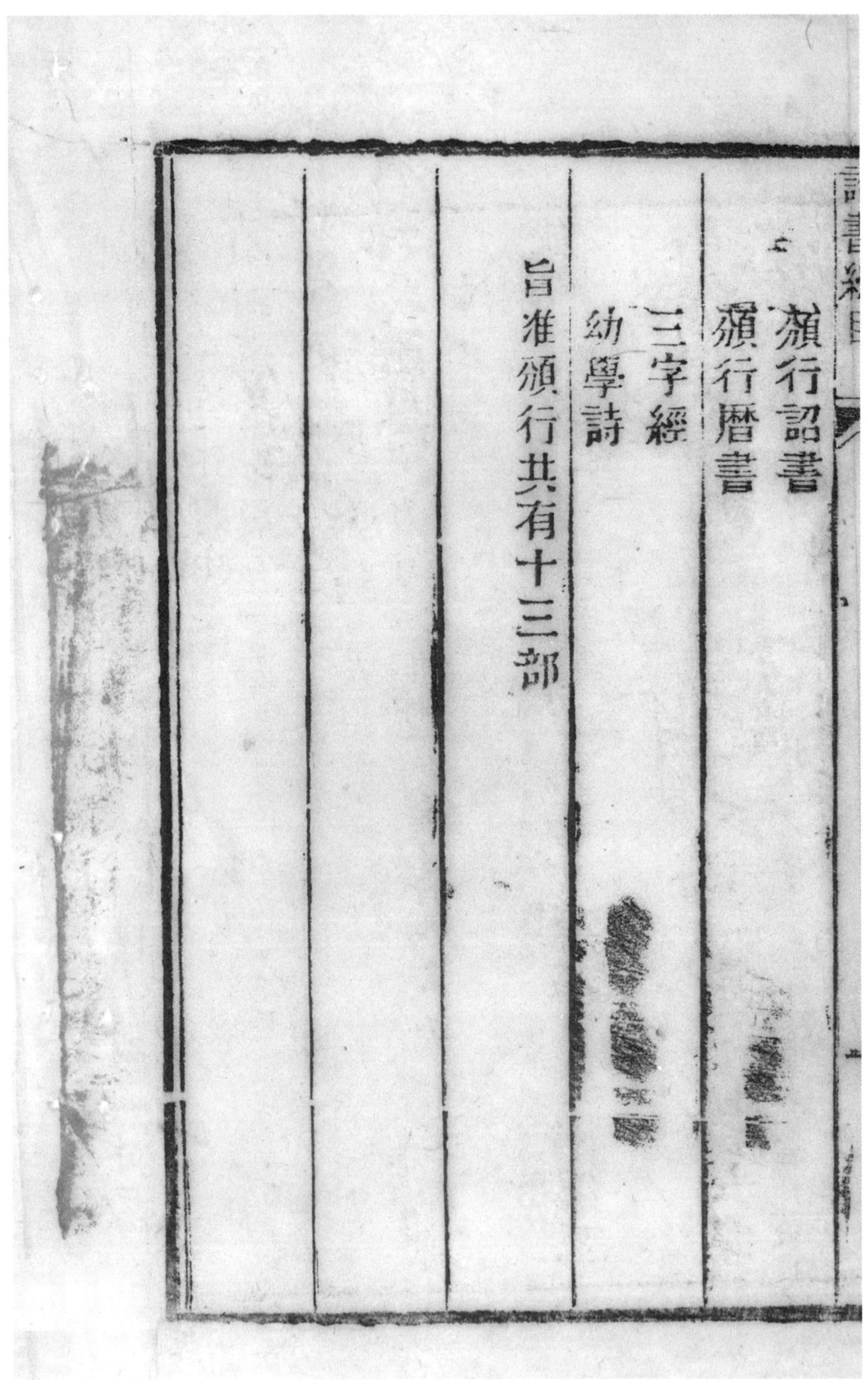

詔書總目

頒行詔書

頒行曆書

三字經

幼學詩

旨准頒行共有十三部

伍長管四人

兩司馬管五個伍長共管二十五人旗長濶俱二尺

五寸

卒長管四個兩司馬共管一百零四人旗長濶俱三

尺

旅帥管五個卒長共管五百二十五人旗長濶俱三

尺五寸

師帥管五個旅帥共管二千六百二十五人旗長濶

俱四尺

軍帥管五個師帥共管一萬三千一百二十五人旗

長濶俱四尺五寸

監軍旗長濶俱五尺

總制旗長濶俱五尺五寸

日干侍衛旗長濶俱五尺五寸

節氣侍衛旗長濶俱五尺五寸

將軍旗長濶俱六尺

月令侍衛旗長濶俱六尺

指揮旗長濶俱六尺五寸

檢點旗長濶俱七尺

丞相旗長濶俱七尺五寸　丞相以下皆三角旗

翼王旗長濶俱八尺內寫太平左軍主將翼王石

副軍師二旗長濶俱八尺五

正軍師二旗長濶俱九尺

軍師以下皆四方旗

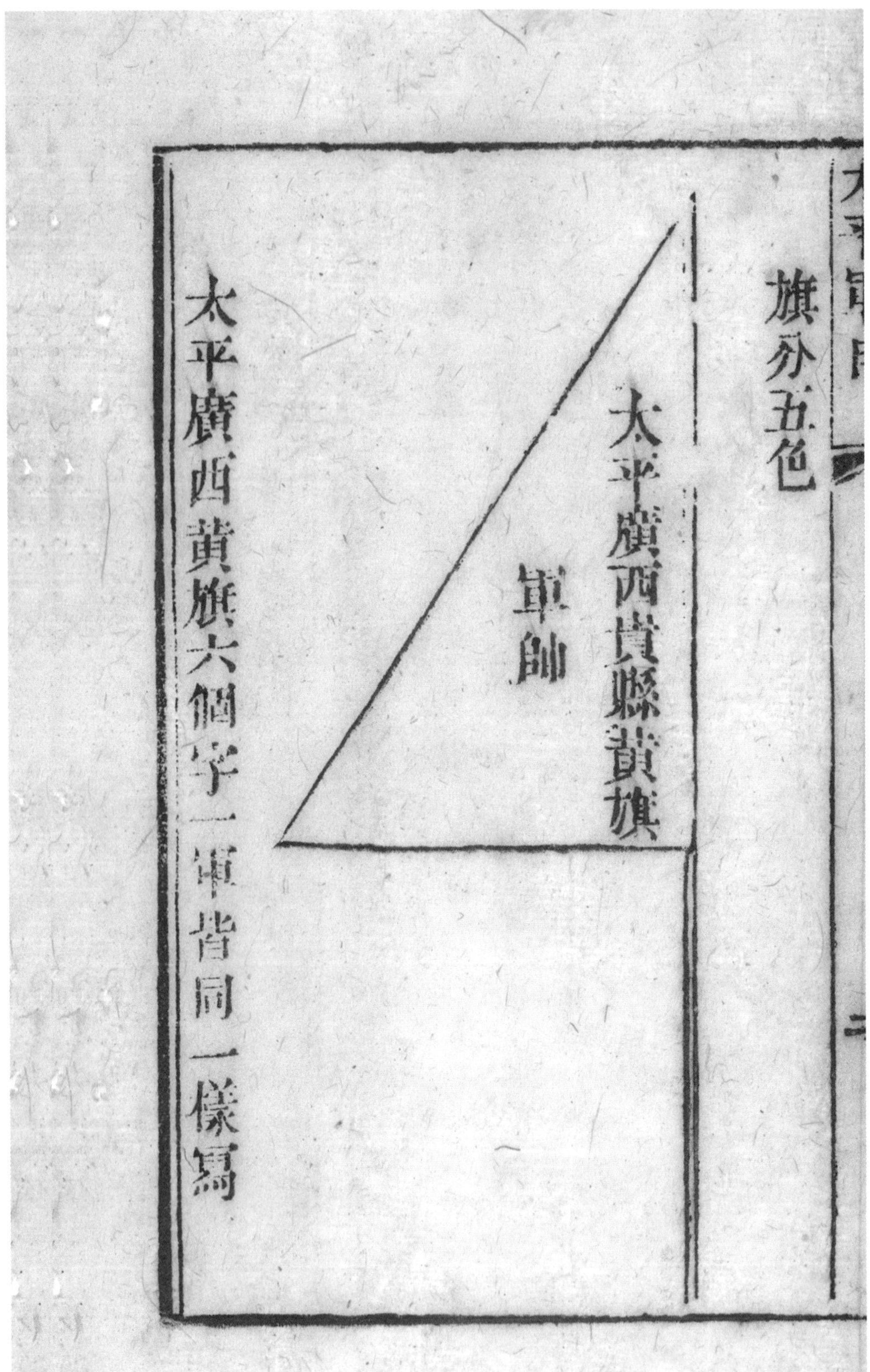

旗分五色

太平廣西貴縣黃旗

軍帥

太平廣西黃旗六個字一軍皆同一樣寫

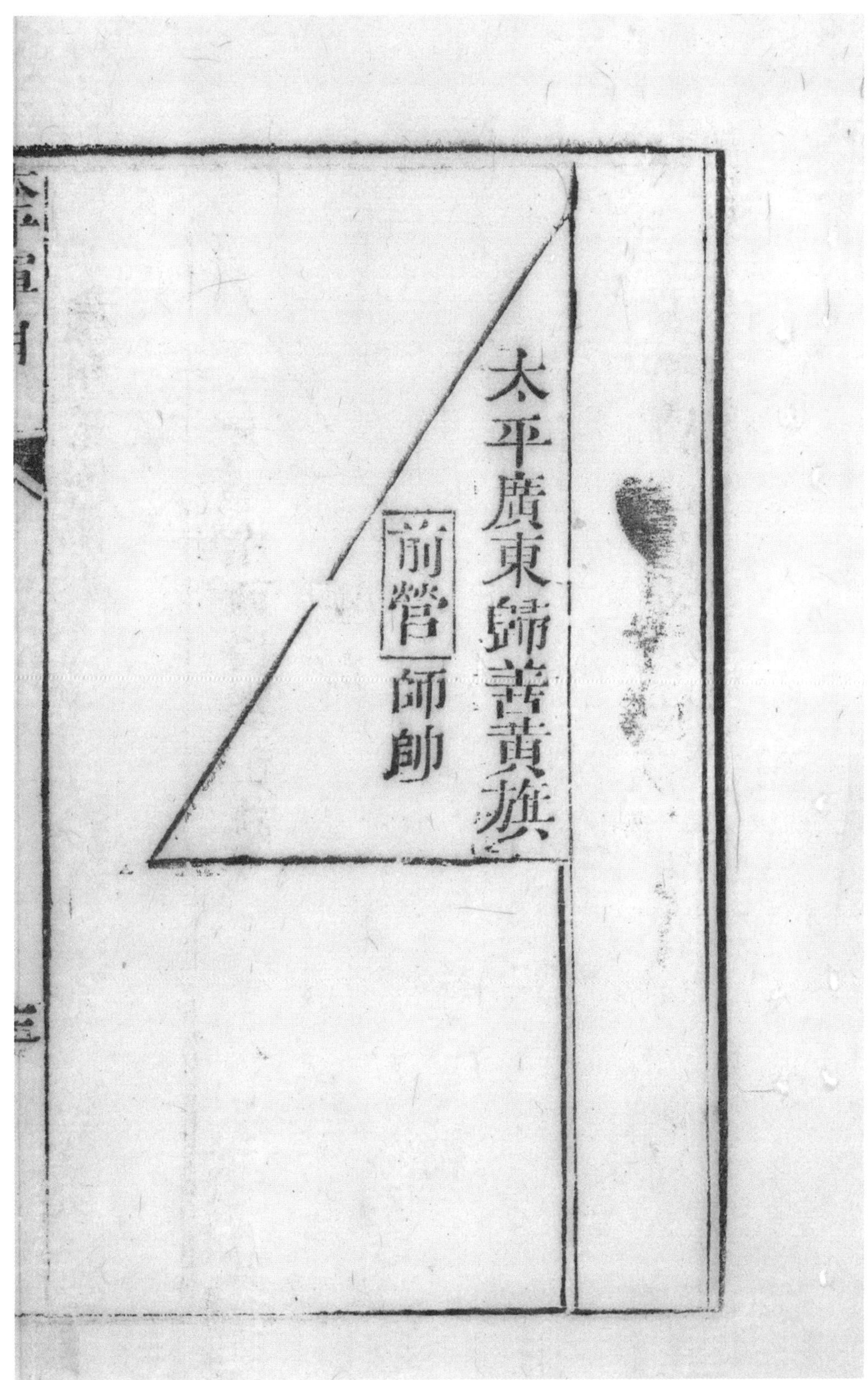
太平廣東歸善黃旗
前營
師帥

太平廣西平南黃旗
後營師帥
太平廣西桂平黃旗
左營師帥
太平廣西蒼梧黃旗
右營師帥
太平廣西武宣黃旗
中營師帥
以上共五師帥

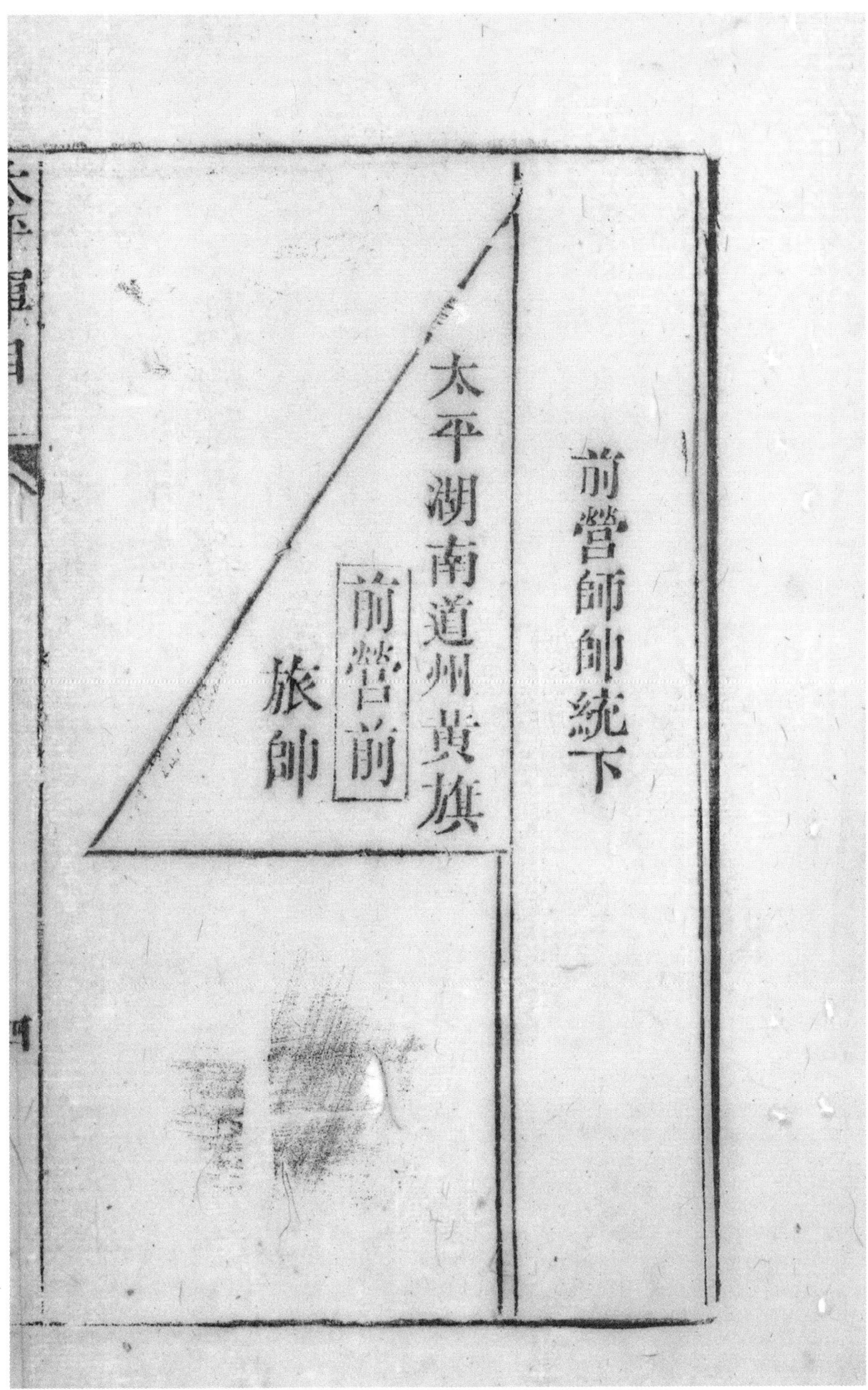
前營師帥統下

太平湖南道州黃旗

前營前

旅帥

前營後 旅帥
前營左 旅帥
前營右 旅帥
前營中 旅帥

後營師帥統下

後營前 旅帥
後營後 旅帥
後營左 旅帥
後營右 旅帥
後營中 旅帥

左營師帥統下

左營前 旅帥
左營後 旅帥
左營左 旅帥
左營右 旅帥
左營中 旅帥

右營師帥統下

右營前旅帥　右營後旅帥　右營左旅帥　右營右旅帥　右營中旅帥

中營師帥統下

中營前旅帥　中營後旅帥　中營左旅帥　中營右旅帥　中營中旅帥

以上共二十五旅帥

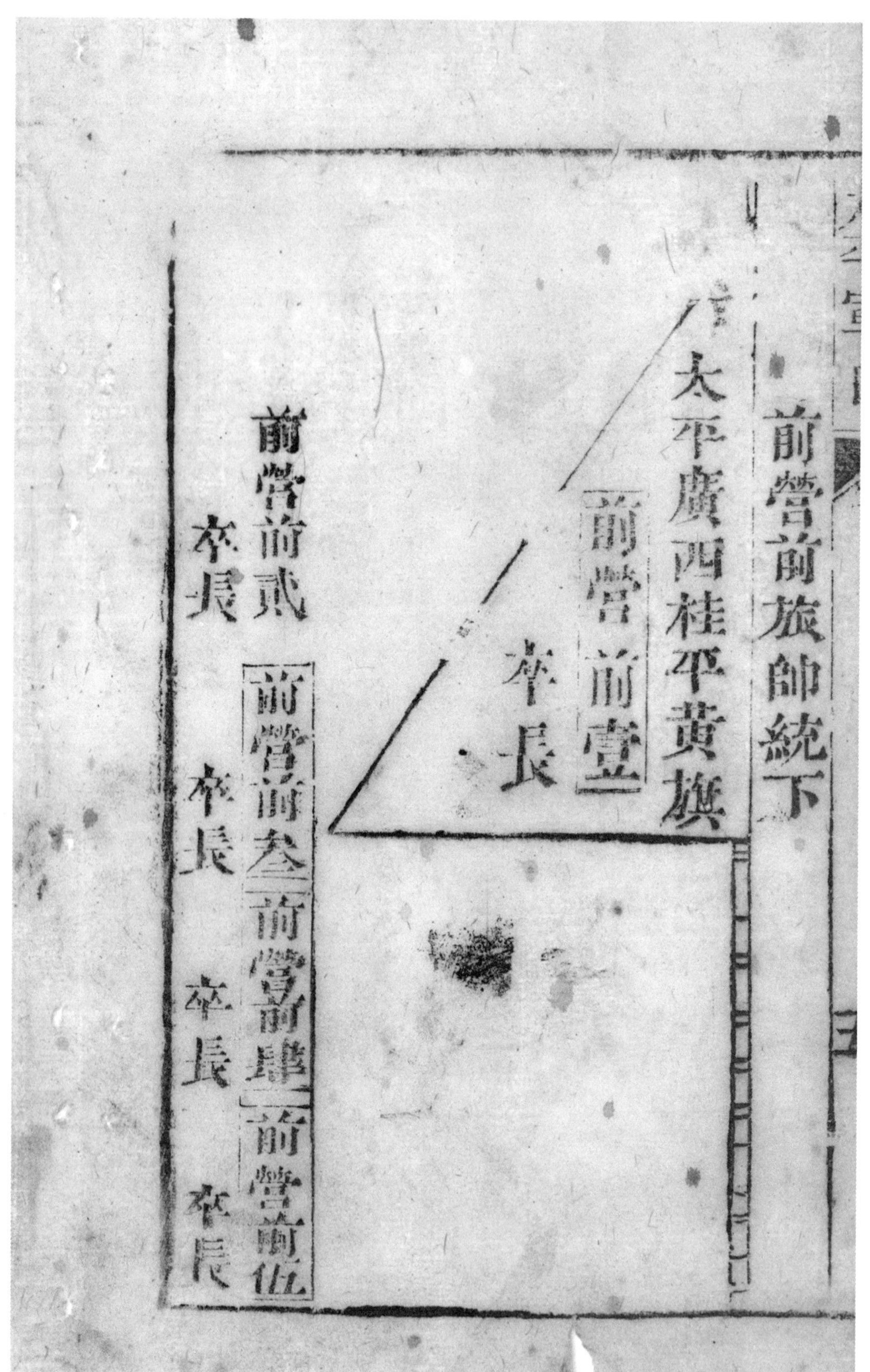
前營前旅帥統下
太平廣西桂平黄旗
前營前壹
卒長
前營前貳
卒長
前營前叁
卒長
前營前肆
卒長
前營前伍
卒長

前營後旅帥統下

前營後壹	前營後貳	前營後叁	前營後肆	前營後伍
卒長	卒長	卒長	卒長	卒長

前營左旅帥統下

前營左壹	前營左貳	前營左叁	前營左肆	前營左伍
卒長	卒長	卒長	卒長	卒長

前營右旅帥統下

前營右壹	前營右貳	前營右叁	前營右肆	前營右伍
卒長	卒長	卒長	卒長	卒長

前營中旅帥統下

前營中壹　前營中貳　前營中叁　前營中肆　前營中伍

卒長　卒長　卒長　卒長　卒長

後營前旅帥統下

後營前壹　後營前貳　後營前叁　後營前肆　後營前伍

卒長　卒長　卒長　卒長　卒長

後營後旅帥統下

後營後壹　後營後貳　後營後叁　後營後肆　後營後伍

卒長　卒長　卒長　卒長　卒長

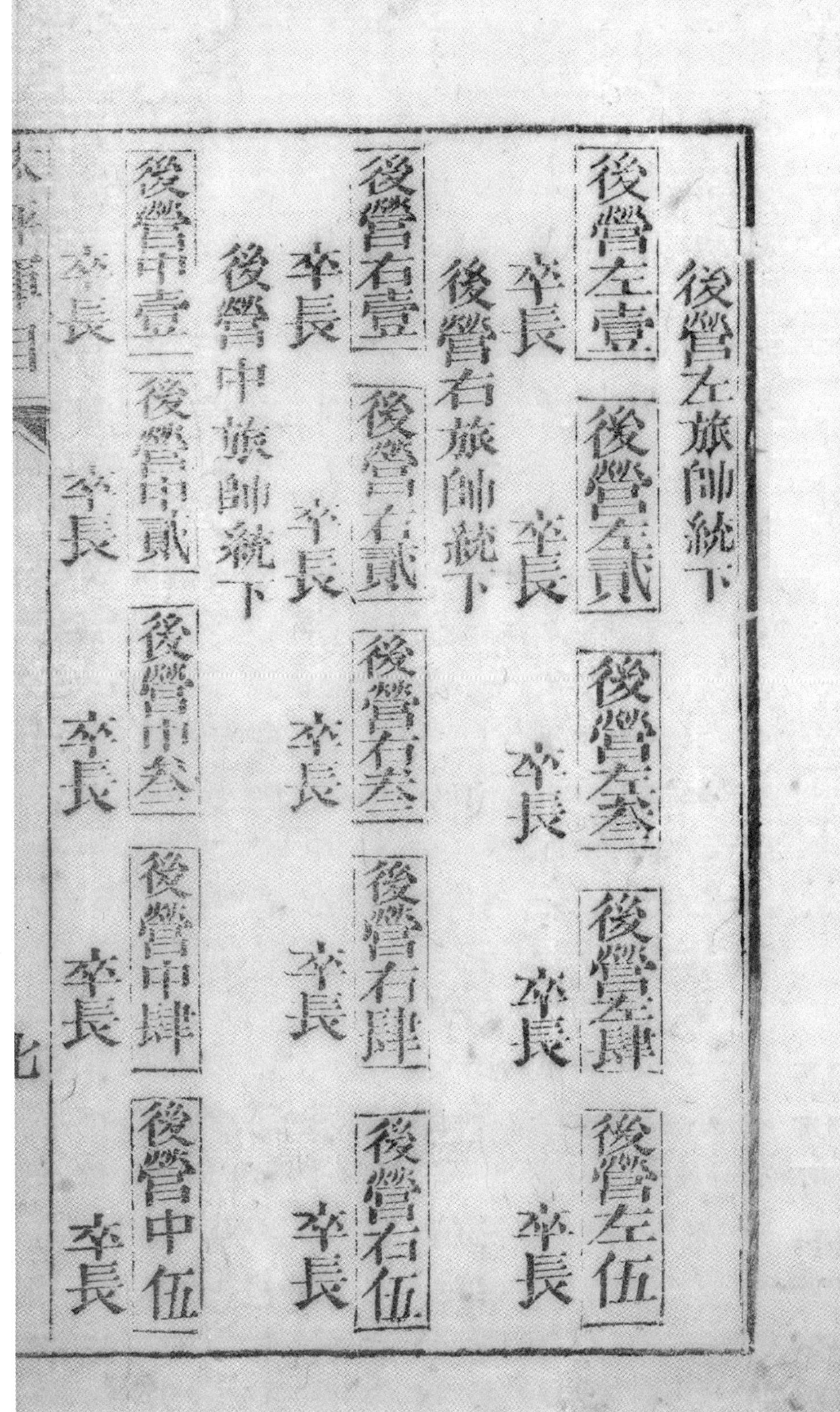

後營左旅帥統下

後營左壹　卒長

後營左貳　卒長

後營左叁　卒長

後營左肆　卒長

後營左伍　卒長

後營右旅帥統下

後營右壹　卒長

後營右貳　卒長

後營右叁　卒長

後營右肆　卒長

後營右伍　卒長

後營中旅帥統下

後營中壹　卒長

後營中貳　卒長

後營中叁　卒長

後營中肆　卒長

後營中伍　卒長

左營前旅帥統下

左營前壹 卒長

左營前貳 卒長

左營前叁 卒長

左營前肆 卒長

左營前伍 卒長

左營後旅帥統下

左營後壹 卒長

左營後貳 卒長

左營後叁 卒長

左營後肆 卒長

左營後伍 卒長

左營左旅帥統下

左營左壹 卒長

左營左貳 卒長

左營左叁 卒長

左營左肆 卒長

左營左伍 卒長

左營右旅帥統下

左營右壹　左營右貳　左營右叁　左營右肆　左營右伍

卒長　卒長　卒長　卒長　卒長

左營中旅帥統下

左營中壹　左營中貳　左營中叁　左營中肆　左營中伍

卒長　卒長　卒長　卒長　卒長

左營前旅帥統下

右營前壹　右營前貳　右營前叁　右營前肆　右營前伍

卒長　卒長　卒長　卒長　卒長

右營後旅帥統下

右營後壹 卒長　右營後貳 卒長　右營後叁 卒長　右營後肆 卒長　右營後伍 卒長

右營左旅帥統下

右營左壹 卒長　右營左貳 卒長　右營左叁 卒長　右營左肆 卒長　右營左伍 卒長

右營右旅帥統下

右營右壹 卒長　右營右貳 卒長　右營右叁 卒長　右營右肆 卒長　右營右伍 卒長

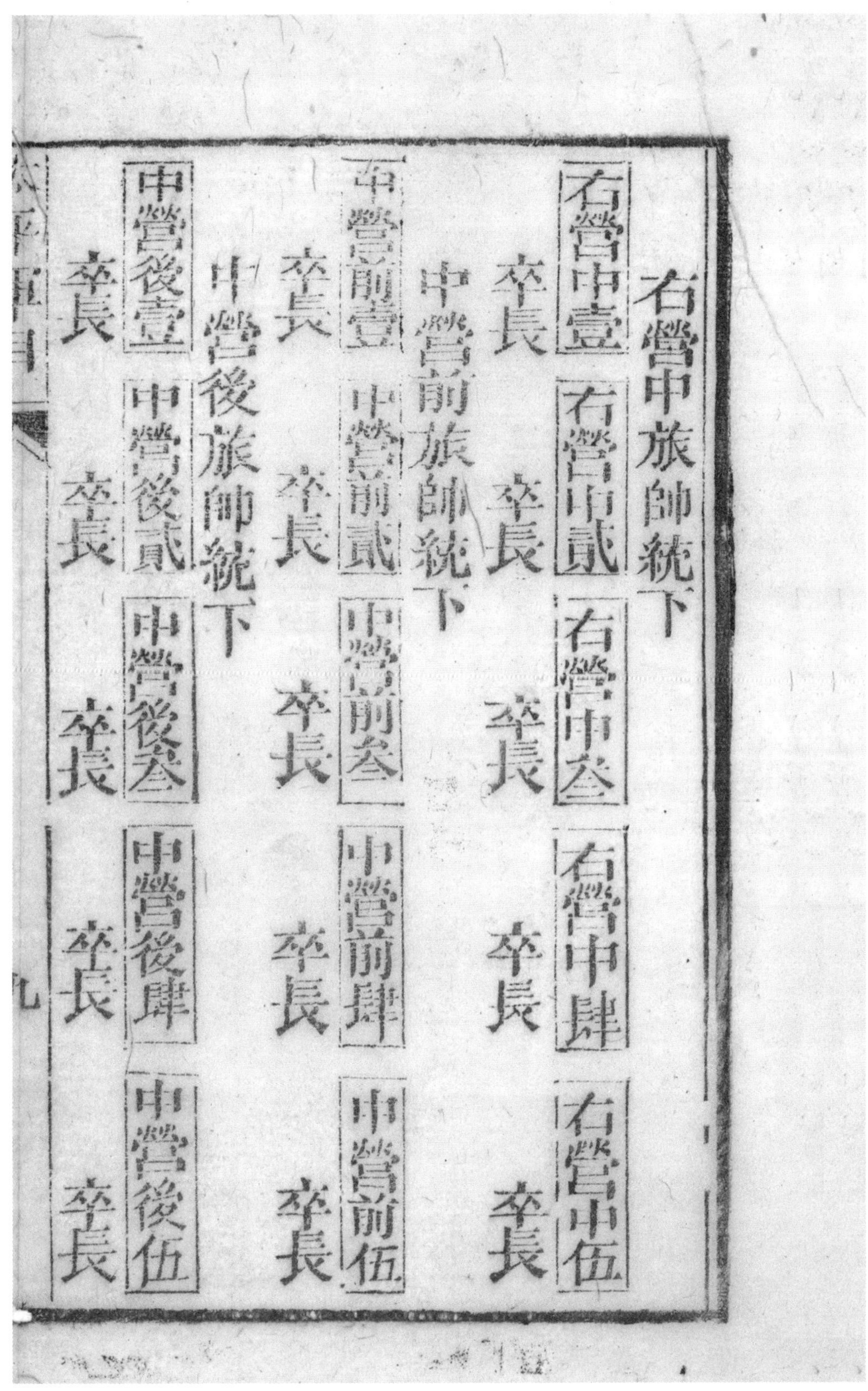
右營中旅帥統下
右營中壹 卒長
右營中貳 卒長
右營中叁 卒長
右營中肆 卒長
右營中伍 卒長
中營前旅帥統下
中營前壹 卒長
中營前貳 卒長
中營前叁 卒長
中營前肆 卒長
中營前伍 卒長
中營後旅帥統下
中營後壹 卒長
中營後貳 卒長
中營後叁 卒長
中營後肆 卒長
中營後伍 卒長
九

中營左旅帥統下

中營左壹 中營左貳 中營左叁 中營左肆 中營左伍

卒長 卒長 卒長 卒長 卒長

中營右旅帥統下

中營右壹 中營右貳 中營右叁 中營右肆 中營右伍

卒長 卒長 卒長 卒長 卒長

中營中旅帥統下

中營中壹 中營中貳 中營中叁 中營中肆 中營中伍

卒長 卒長 卒長 卒長 卒長

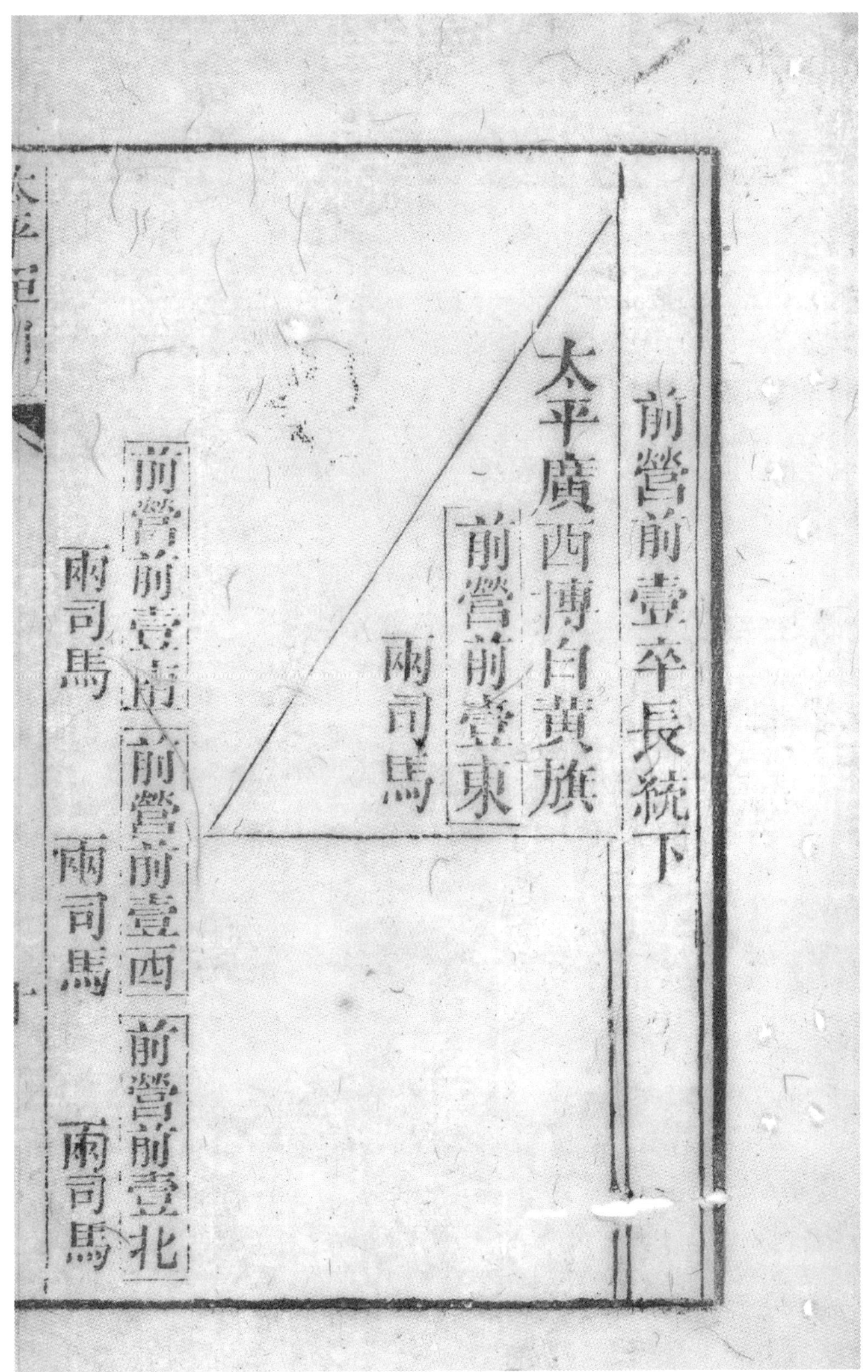
前營前壹卒長統下
太平廣西博白黄旗
前營前壹東
兩司馬
前營前壹南
兩司馬
前營前壹西
兩司馬
前營前壹北
兩司馬

前營前貳卒長統下

前營前貳東　兩司馬

前營前貳南　兩司馬

前營前貳西　兩司馬

前營前貳北　兩司馬

前營前叁卒長統下

前營前叁東　兩司馬

前營前叁南　兩司馬

前營前叁西　兩司馬

前營前叁北　兩司馬

前營前肆卒長統下

前營前肆東　兩司馬

前營前肆南　兩司馬

前營前肆西　兩司馬

前營前肆北　兩司馬

前營前伍卒長統下

前營前伍東　兩司馬

前營前伍南　兩司馬

前營前伍西　兩司馬

前營前伍北　兩司馬

前營後壹卒長統下

前營後壹東　兩司馬

前營後壹南　兩司馬

前營後壹西　兩司馬

前營後壹北　兩司馬

前營後貳卒長統下

前營後貳東　兩司馬

前營後貳南　兩司馬

前營後貳西　兩司馬

前營後貳北　兩司馬

前營後叁卒長統下

前營後叁東 兩司馬

前營後叁南 兩司馬

前營後叁西 兩司馬

前營後叁北 兩司馬

前營後肆卒長統下

前營後肆東 兩司馬

前營後肆南 兩司馬

前營後肆西 兩司馬

前營後肆北 兩司馬

前營後伍卒長統下

前營後伍東 兩司馬

前營後伍南 兩司馬

前營後伍西 兩司馬

前營後伍北 兩司馬

前營左壹卒長統下

前營左壹東　前營左壹南　前營左壹西　前營左壹北

兩司馬　兩司馬　兩司馬　兩司馬

前營左貳卒長統下

前營左貳東　前營左貳南　前營左貳西　前營左貳北

兩司馬　兩司馬　兩司馬　兩司馬

前營左叁卒長統下

前營左叁東　前營左叁南　前營左叁西　前營左叁北

兩司馬　兩司馬　兩司馬　兩司馬

前營左肆卒長統下

前營左肆東	前營左肆南	前營左肆西	前營左肆北
兩司馬	兩司馬	兩司馬	兩司馬

前營左伍卒長統下

前營左伍東	前營左伍南	前營左伍西	前營左伍北
兩司馬	兩司馬	兩司馬	兩司馬

前營右壹卒長統下

前營右壹東	前營右壹南	前營右壹西	前營右壹北
兩司馬	兩司馬	兩司馬	兩司馬

前營右貳卒長統下

前營右貳東　前營右貳南　前營右貳西　前營右貳北

兩司馬　兩司馬　兩司馬　兩司馬

前營右叁卒長統下

前營右叁東　前營右叁南　前營右叁西　前營右叁北

兩司馬　兩司馬　兩司馬　兩司馬

前營右肆卒長統下

前營右肆東　前營右肆南　前營右肆西　前營右肆北

兩司馬　兩司馬　兩司馬　兩司馬

前營右伍卒長統下

前營右伍東　前營右伍南　前營右伍西　前營右伍北

兩司馬　兩司馬　兩司馬　兩司馬

前營中壹卒長統下

前營中壹東　前營中壹南　前營中壹西　前營中壹北

兩司馬　兩司馬　兩司馬　兩司馬

前營中貳卒長統下

前營中貳東　前營中貳南　前營中貳西　前營中貳北

兩司馬　兩司馬　兩司馬　兩司馬

前營中叁卒長統下

前營中叁東 兩司馬
前營中叁南 兩司馬
前營中叁西 兩司馬
前營中叁北 兩司馬

前營中肆卒長統下

前營中肆東 兩司馬
前營中肆南 兩司馬
前營中肆西 兩司馬
前營中肆北 兩司馬

前營中伍卒長統下

前營中伍東 兩司馬
前營中伍南 兩司馬
前營中伍西 兩司馬
前營中伍北 兩司馬

後營前壹卒長統下

後營前壹東 後營前壹南 後營前壹西 後營前壹北

兩司馬 兩司馬 兩司馬 兩司馬

後營前貳卒長統下

後營前貳東 後營前貳南 後營前貳西 後營前貳北

兩司馬 兩司馬 兩司馬 兩司馬

後營前叄卒長統下

後營前叄東 後營前叄南 後營前叄西 後營前叄北

兩司馬 兩司馬 兩司馬 兩司馬

後營前肆卒長統下

後營前肆東　兩司馬

後營前肆南　兩司馬

後營前肆西　兩司馬

後營前肆北　兩司馬

後營前伍卒長統下

後營前伍東　兩司馬

後營前伍南　兩司馬

後營前伍西　兩司馬

後營前伍北　兩司馬

後營後壹卒長統下

後營後壹東　兩司馬

後營後壹南　兩司馬

後營後壹西　兩司馬

後營後壹北　兩司馬

後營後貳卒長統下

後營後貳東　後營後貳南　後營後貳西　後營後貳北

兩司馬　兩司馬　兩司馬　兩司馬

後營後叁卒長統下

後營後叁東　後營後叁南　後營後叁西　後營後叁北

兩司馬　兩司馬　兩司馬　兩司馬

後營後肆卒長統下

後營後肆東　後營後肆南　後營後肆西　後營後肆北

兩司馬　兩司馬　兩司馬　兩司馬

後營後伍卒長統下

後營後伍東 兩司馬
後營後伍南 兩司馬
後營後伍西 兩司馬
後營後伍北 兩司馬

後營左壹卒長統下

後營左壹東 兩司馬
後營左壹南 兩司馬
後營左壹西 兩司馬
後營左壹北 兩司馬

後營左貳卒長統下

後營左貳東 兩司馬
後營左貳南 兩司馬
後營左貳西 兩司馬
後營左貳北 兩司馬

後營左叁卒長統下

後營左叁東　後營左叁南　後營左叁西　後營左叁北

兩司馬　兩司馬　兩司馬　兩司馬

後營左肆卒長統下

後營左肆東　後營左肆南　後營左肆西　後營左肆北

兩司馬　兩司馬　兩司馬　兩司馬

後營左伍卒長統下

後營左伍東　後營左伍南　後營左伍西　後營左伍北

兩司馬　兩司馬　兩司馬　兩司馬

後營右壹卒長統下

後營右壹東

兩司馬

後營右壹南

兩司馬

後營右壹西

兩司馬

後營右壹北

兩司馬

後營右貳卒長統下

後營右貳東

兩司馬

後營右貳南

兩司馬

後營右貳西

兩司馬

後營右貳北

兩司馬

後營右叄卒長統下

後營右叄東

兩司馬

後營右叄南

兩司馬

後營右叄西

兩司馬

後營右叄北

兩司馬

後營右肆卒長統下

後營右肆東　後營右肆南　後營右肆西　後營右肆北

兩司馬　兩司馬　兩司馬　兩司馬

後營右伍卒長統下

後營右伍東　後營右伍南　後營右伍西　後營右伍北

兩司馬　兩司馬　兩司馬　兩司馬

後營中壹卒長統下

後營中壹東　後營中壹南　後營中壹西　後營中壹北

兩司馬　兩司馬　兩司馬　兩司馬

後營中貳卒長統下

後營中貳東　後營中貳南　後營中貳西　後營中貳北

兩司馬　兩司馬　兩司馬　兩司馬

後營中叄卒長統下

後營中叄東　後營中叄南　後營中叄西　後營中叄北

兩司馬　兩司馬　兩司馬　兩司馬

後營中肆卒長統下

後營中肆東　後營中肆南　後營中肆西　後營中肆北

兩司馬　兩司馬　兩司馬　兩司馬

後營中伍卒長統下

後營中伍東　後營中伍南　後營中伍西　後營中伍北

兩司馬　兩司馬　兩司馬　兩司馬

左營前壹卒長統下

左營前壹東　左營前壹南　左營前壹西　左營前壹北

兩司馬　兩司馬　兩司馬　兩司馬

左營前貳卒長統下

左營前貳東　左營前貳南　左營前貳西　左營前貳北

兩司馬　兩司馬　兩司馬　兩司馬

左營前叁卒長統下

左營前叁東　兩司馬

左營前叁南　兩司馬

左營前叁西　兩司馬

左營前叁北　兩司馬

左營前肆卒長統下

左營前肆東　兩司馬

左營前肆南　兩司馬

左營前肆西　兩司馬

左營前肆北　兩司馬

左營前伍卒長統下

左營前伍東　兩司馬

左營前伍南　兩司馬

左營前伍西　兩司馬

左營前伍北　兩司馬

左營後壹卒長統下

左營後壹東 兩司馬
左營後壹南 兩司馬
左營後壹西 兩司馬
左營後壹北 兩司馬

左營後貳卒長統下

左營後貳東 兩司馬
左營後貳南 兩司馬
左營後貳西 兩司馬
左營後貳北 兩司馬

左營後叁卒長統下

左營後叁東 兩司馬
左營後叁南 兩司馬
左營後叁西 兩司馬
左營後叁北 兩司馬

左營後肆卒長統下

左營後肆東　左營後肆南　左營後肆西　左營後肆北

兩司馬　兩司馬　兩司馬　兩司馬

左營後伍卒長統下

左營後伍東　左營後伍南　左營後伍西　左營後伍北

兩司馬　兩司馬　兩司馬　兩司馬

左營左壹卒長統下

左營左壹東　左營左壹南　左營左壹西　左營左壹北

兩司馬　兩司馬　兩司馬　兩司馬

左營左貳卒長統下

左營左貳東　左營左貳南　左營左貳西　左營左貳北

兩司馬　兩司馬　兩司馬　兩司馬

左營左叁卒長統下

左營左叁東　左營左叁南　左營左叁西　左營左叁北

兩司馬　兩司馬　兩司馬　兩司馬

左營左肆卒長統下

左營左肆東　左營左肆南　左營左肆西　左營左肆北

兩司馬　兩司馬　兩司馬　兩司馬

左營左伍卒長統下

左營左伍東　左營左伍南　左營左伍西　左營左伍北

兩司馬　兩司馬　兩司馬　兩司馬

左營右壹卒長統下

左營右壹東　左營右壹南　左營右壹西　左營右壹北

兩司馬　兩司馬　兩司馬　兩司馬

左營右貳卒長統下

左營右貳東　左營右貳南　左營右貳西　左營右貳北

兩司馬　兩司馬　兩司馬　兩司馬

左營右叁卒長統下

左營右叁東　左營右叁南　左營右叁西　左營右叁北

兩司馬　兩司馬　兩司馬　兩司馬

左營右肆卒長統下

左營右肆東　左營右肆南　左營右肆西　左營右肆北

兩司馬　兩司馬　兩司馬　兩司馬

左營右伍卒長統下

左營右伍東　左營右伍南　左營右伍西　左營右伍北

兩司馬　兩司馬　兩司馬　兩司馬

左營中壹卒長統下

左營中壹東　左營中壹南　左營中壹西　左營中壹北

兩司馬　兩司馬　兩司馬　兩司馬

左營中貳卒長統下

左營中貳東　左營中貳南　左營中貳西　左營中貳北

兩司馬　兩司馬　兩司馬　兩司馬

左營中叄卒長統下

左營中叄東　左營中叄南　左營中叄西　左營中叄北

兩司馬　兩司馬　兩司馬　兩司馬

左營中肆卒長統下

左營中肆東　兩司馬

左營中肆南　兩司馬

左營中肆西　兩司馬

左營中肆北　兩司馬

左營中伍卒長統下

左營中伍東　兩司馬

左營中伍南　兩司馬

左營中伍西　兩司馬

左營中伍北　兩司馬

右營前壹卒長統下

右營前壹東　兩司馬

右營前壹南　兩司馬

右營前壹西　兩司馬

右營前壹北　兩司馬

右營前貳卒長統下

右營前貳東　兩司馬

右營前貳南　兩司馬

右營前貳西　兩司馬

右營前貳北　兩司馬

右營前叁卒長統下

右營前叁東　兩司馬

右營前叁南　兩司馬

右營前叁西　兩司馬

右營前叁北　兩司馬

右營前肆卒長統下

右營前肆東　兩司馬

右營前肆南　兩司馬

右營前肆西　兩司馬

右營前肆北　兩司馬

右營前伍卒長統下

右營前伍東　右營前伍南　右營前伍西　右營前伍北

兩司馬　兩司馬　兩司馬　兩司馬

右營後壹卒長統下

右營後壹東　右營後壹南　右營後壹西　右營後壹北

兩司馬　兩司馬　兩司馬　兩司馬

右營後貳卒長統下

右營後貳東　右營後貳南　右營後貳西　右營後貳北

兩司馬　兩司馬　兩司馬　兩司馬

右營後叁卒長統下

右營後叁東　右營後叁南　右營後叁西　右營後叁北

兩司兩　兩司馬　兩司馬　兩司馬

右營後肆卒長統下

右營後肆東　右營後肆南　右營後肆西　右營後肆北

兩司馬　兩司馬　兩司馬　兩司馬

右營後伍卒長統下

右營後伍東　右營後伍東　右營後伍西　右營後伍北

兩司馬　兩司馬　兩司馬　兩司馬

右營左壹卒長統下

右營左壹東	右營左壹南	右營左壹西	右營左壹北
兩司馬	兩司馬	兩司馬	兩司馬

右營左貳卒長統下

右營左貳東	右營左貳南	右營左貳西	右營左貳北
兩司馬	兩司馬	兩司馬	兩司馬

右營左叁卒長統下

右營左叁東	右營左叁南	右營左叁西	右營左叁北
兩司馬	兩司馬	兩司馬	兩司馬

右營左肆卒長統下

右營左肆東　右營左肆南　右營左肆西　右營左肆北

兩司馬　兩司馬　兩司馬　兩司馬

右營左伍卒長統下

右營左伍東　右營左伍南　右營左伍西　右營左伍北

兩司馬　兩司馬　兩司馬　兩司馬

右營右壹卒長統下

右營右壹東　右營右壹南　右營右壹西　右營右壹北

兩司馬　兩司馬　兩司馬　兩司馬

右營右貳卒長統下

右營右貳東　右營右貳南　右營左貳西　右營右貳北

兩司馬　兩司馬　兩司馬　兩司馬

右營右叁卒長統下

右營右叁東　右營右叁南　右營右叁西　右營右叁北

兩司馬　兩司馬　兩司馬　兩司馬

右營右肆卒長統下

右營右肆東　右營右肆南　右營右肆西　右營右肆北

兩司馬　兩司馬　兩司馬　兩司馬

右營右伍卒長統下

右營右伍東　右營右伍南　右營右伍西　右營右伍北

兩司馬　兩司馬　兩司馬　兩司馬

右營中壹卒長統下

右營中壹東　右營中壹南　右營中壹西　右營中壹北

兩司馬　兩司馬　兩司馬　兩司馬

右營中貳卒長統下

右營中貳東　右營中貳南　右營中貳西　右營中貳北

兩司馬　兩司馬　兩司馬　兩司馬

右營中叁卒長統下

右營中叁東　右營中叁南　右營中叁西　右營中叁北

兩司馬　兩司馬　兩司馬　兩司馬

右營中肆卒長統下

右營中肆東　右營中肆南　右營中肆西　右營中肆北

兩司馬　兩司馬　兩司馬　兩司馬

右營中伍卒長統下

右營中伍東　右營中伍南　右營中伍西　右營中伍北

兩司馬　兩司馬　兩司馬　兩司馬

中營前壹卒長統下

中營前壹東　中營前壹南　中營前壹西　中營前壹北

兩司馬　兩司馬　兩司馬　兩司馬

中營前貳卒長統下

中營前貳東　中營前貳南　中營前貳西　中營前貳北

兩司馬　兩司馬　兩司馬　兩司馬

中營前叁卒長統下

中營前叁東　中營前叁南　中營前叁西　中營前叁北

兩司馬　兩司馬　兩司馬　兩司馬

中營前肆卒長統下

中營前肆東　中營前肆南　中營前肆西　中營前肆北

兩司馬　兩司馬　兩司馬　兩司馬

中營前伍卒長統下

中營前伍東　中營前伍南　中營前伍西　中營前伍北

兩司馬　兩司馬　兩司馬　兩司馬

中營後壹卒長統下

中營後壹東　中營後壹南　中營後壹西　中營後壹北

兩司馬　兩司馬　兩司馬　兩司馬

中營後貳卒長統下

中營後貳東　兩司馬
中營後貳南　兩司馬
中營後貳西　兩司馬
中營後貳北　兩司馬

中營後叄卒長統下

中營後叄東　兩司馬
中營後叄南　兩司馬
中營後叄西　兩司馬
中營後叄北　兩司馬

中營後肆卒長統下

中營後肆東　兩司馬
中營後肆南　兩司馬
中營後肆西　兩司馬
中營後肆北　兩司馬

中營後伍卒長統下

中營後伍東 兩司馬

中營後伍南 兩司馬

中營後伍西 兩司馬

中營後伍北 兩司馬

中營左壹卒長統下

中營左壹東 兩司馬

中營左壹南 兩司馬

中營左壹西 兩司馬

中營左壹北 兩司馬

中營左貳卒長統下

中營左貳東 兩司馬

中營左貳南 兩司馬

中營左貳西 兩司馬

中營左貳北 兩司馬

中營左叁卒長統下

中營左叁東　中營左叁南　中營左叁西　中營左叁北

兩司馬　兩司馬　兩司馬　兩司馬

中營左肆卒長統下

中營左肆東　中營左肆南　中營左肆西　中營左肆北

兩司馬　兩司馬　兩司馬　兩司馬

中營左伍卒長統下

中營左伍東　中營左伍南　中營左伍西　中營左伍北

兩司馬　兩司馬　兩司馬　兩司馬

中營右壹卒長統下

中營右壹東 中營右壹南 中營右壹西 中營右壹北

兩司馬 兩司馬 兩司馬 兩司馬

中營右貳卒長統下

中營右貳東 中營右貳南 中營右貳西 中營右貳北

兩司馬 兩司馬 兩司馬 兩司馬

中營右叁卒長統下

中營右叁東 中營右叁南 中營右叁西 中營右叁北

兩司馬 兩司馬 兩司馬 兩司馬

中營右肆卒長統下

中營右肆東 兩司馬
中營右肆南 兩司馬
中營右肆西 兩司馬
中營右肆北 兩司馬

中營右伍卒長統下

中營右伍東 兩司馬
中營右伍南 兩司馬
中營右伍西 兩司馬
中營右伍北 兩司馬

中營中壹卒長統下

中營中壹東 兩司馬
中營中壹南 兩司馬
中營中壹西 兩司馬
中營中壹北 兩司馬

中營中貳卒長統下

中營中貳東　中營中貳南　中營中貳西　中營中貳北

兩司馬　兩司馬　兩司馬　兩司馬

中營中叁卒長統下

中營中叁東　中營中叁南　中營中叁西　中營中叁北

兩司馬　兩司馬　兩司馬　兩司馬

中營中肆卒長統下

中營中肆東　中營中肆南　中營中肆西　中營中肆北

兩司馬　兩司馬　兩司馬　兩司馬

以上共書
兩司馬

每軍共貳千伍百伍長皆倣此類設
一眼看見前營前壹東兩司伍長就知此伍長是前營兩司統下前營前壹東

中營中伍卒長統下

中營中伍東	中營中伍南	中營中伍西	中營中伍北
兩司馬	兩司馬	兩司馬	兩司馬

前營前壹東兩司馬統下

縫在衣前後横直五寸

前營前壹東	前營前壹東	前營前壹東	前營前壹東
剛强	勇敢	雄猛	果毅
伍長	伍長	伍長	伍長

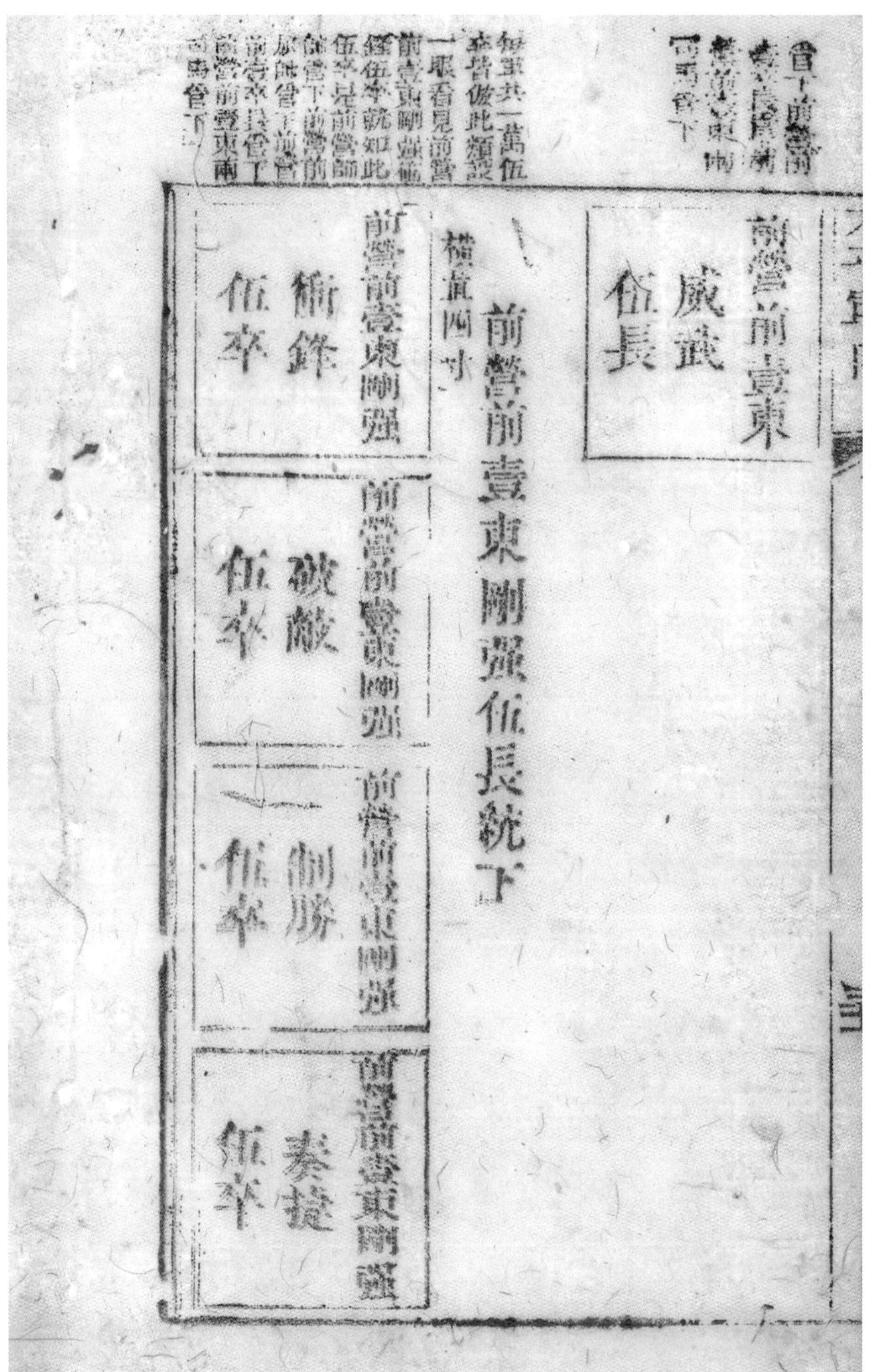

管下前營前壹東卒長剛強前壹東兩司馬管下

每軍共一萬伍卒皆倣此類設一眼看見前營前壹東剛強衝鋒伍卒就知此伍卒是前營師帥管下前營前旅帥管下前營前壹卒長管下前營前壹東兩司馬管下

前營前壹東
威武
伍長

前營前壹東剛強伍長統下

橫直四寸

前營前壹東剛強
衝鋒
伍卒

前營前壹東剛強
破敵
伍卒

前營前壹東剛強
制勝
伍卒

前營前壹東剛強
奏捷
伍卒

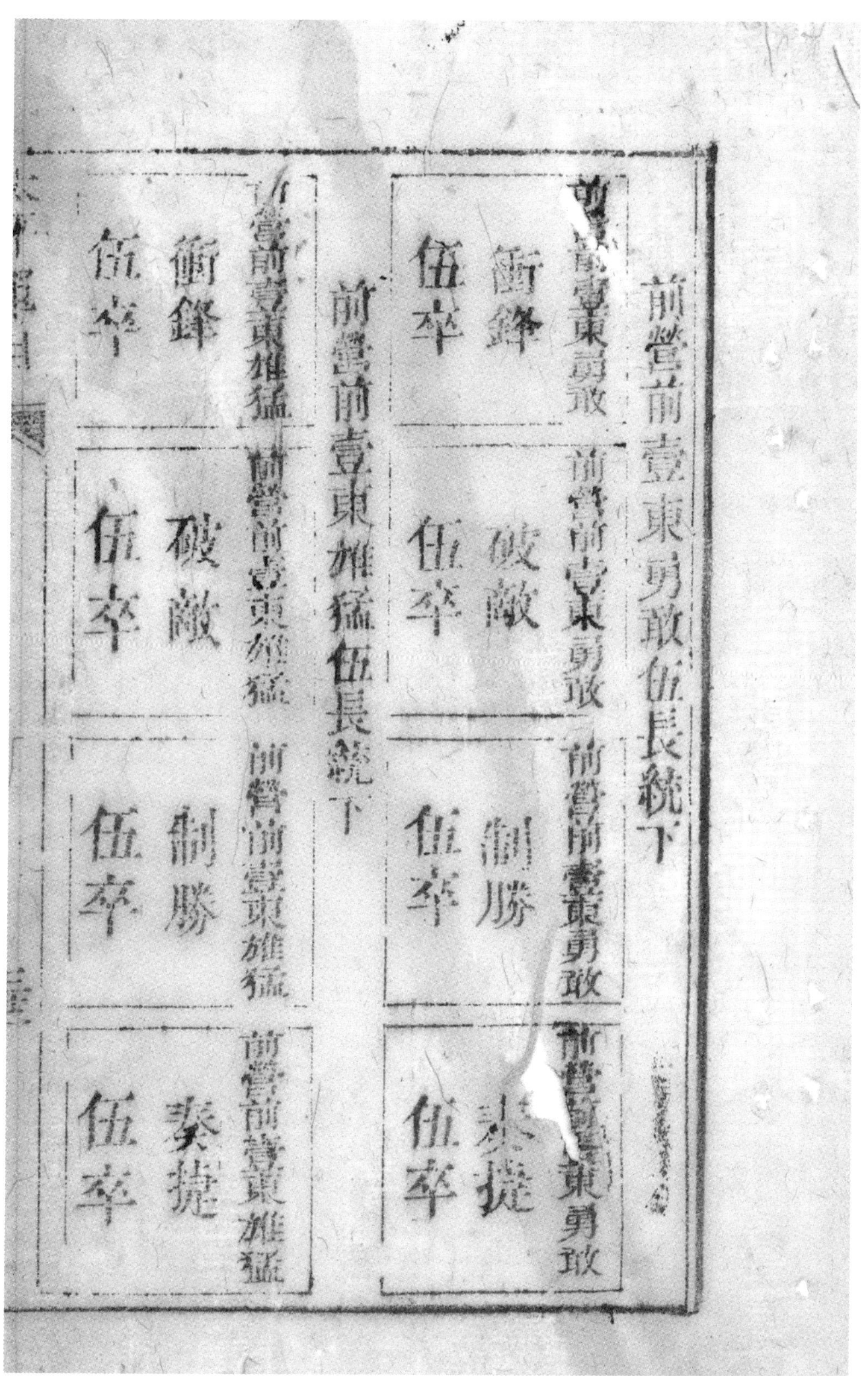

前營前壹東勇敢伍長統下

前營前壹東勇敢
衝鋒
伍卒

前營前壹東勇敢
破敵
伍卒

前營前壹東勇敢
制勝
伍卒

前營前壹東勇敢
奏捷
伍卒

前營前壹東雄猛伍長統下

前營前壹東雄猛
衝鋒
伍卒

前營前壹東雄猛
破敵
伍卒

前營前壹東雄猛
制勝
伍卒

前營前壹東雄猛
奏捷
伍卒

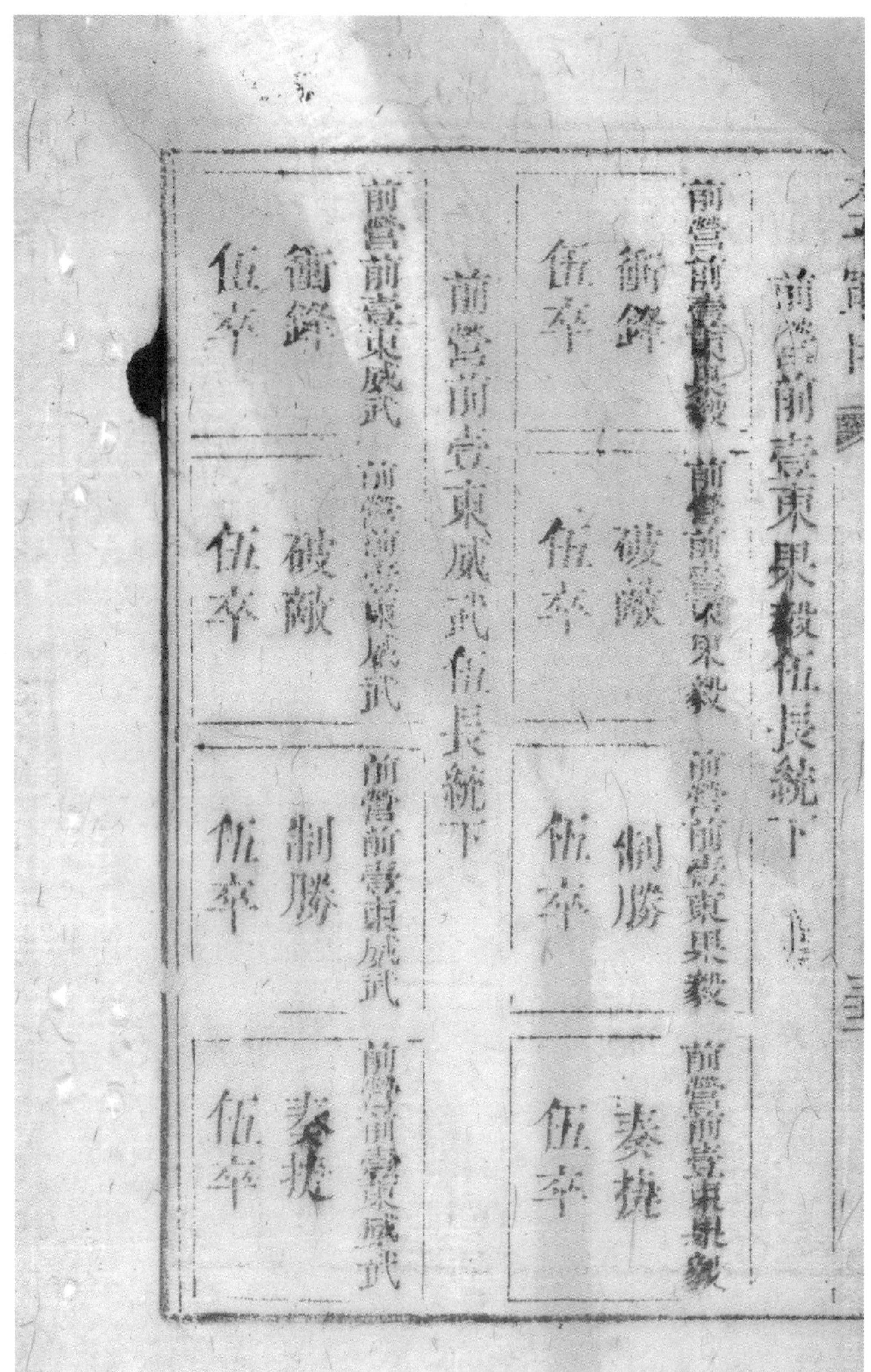
前營前壹東果毅伍長統下

前營前壹東果毅
銜鋒
伍卒

前營前壹東果毅
破敵
伍卒

前營前壹東果毅
制勝
伍卒

前營前壹東果毅
奏捷
伍卒

前營前壹東威武伍長統下

前營前壹東威武
銜鋒
伍卒

前營前壹東威武
破敵
伍卒

前營前壹東威武
制勝
伍卒

前營前壹東威武
奏捷
伍卒

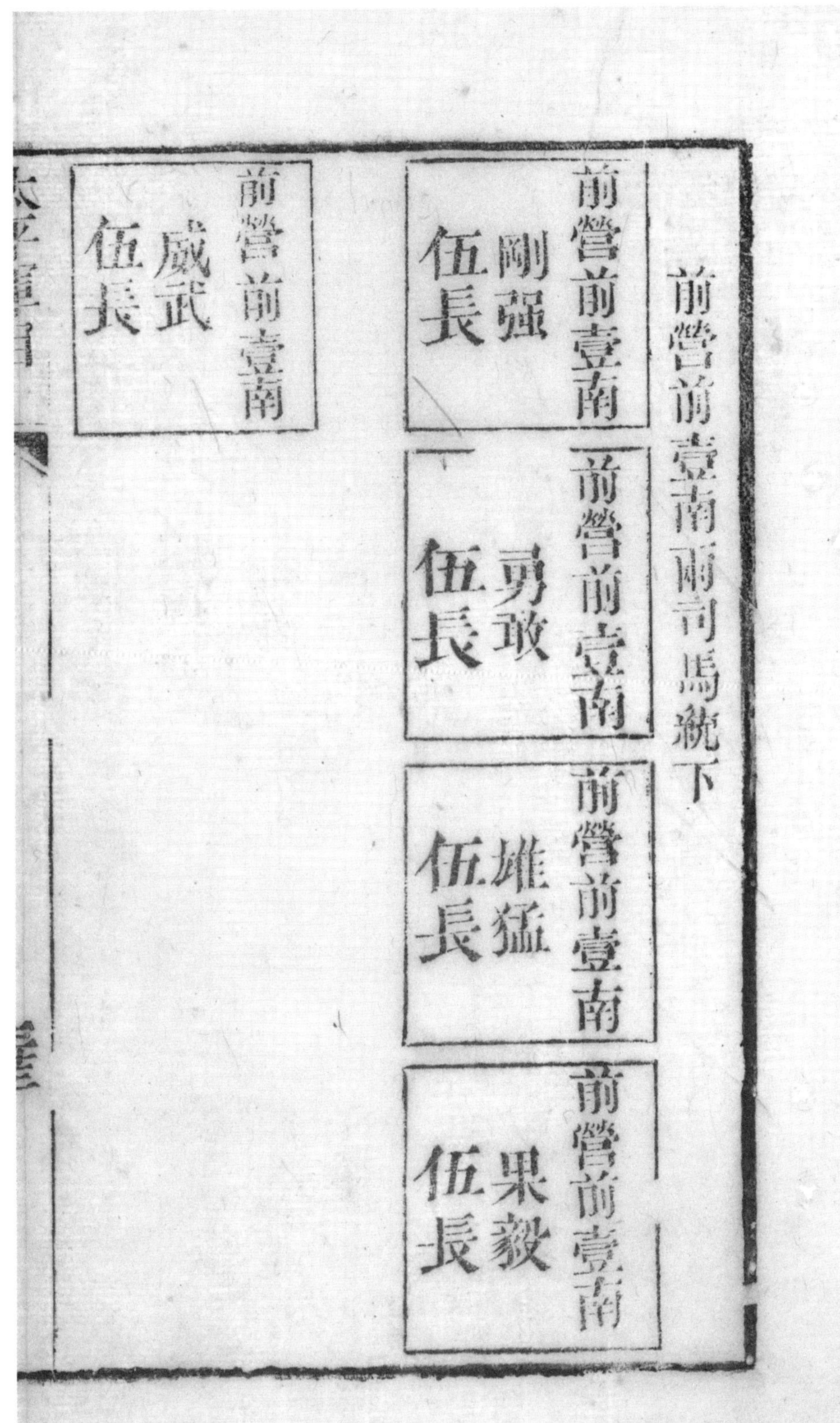

前營前壹南兩司馬統下

前營前壹南
剛強
伍長

前營前壹南
勇敢
伍長

前營前壹南
雄猛
伍長

前營前壹南
果毅
伍長

前營前壹南
威武
伍長

前營前壹南剛强伍長統下

前營前壹南剛强 衝鋒 伍卒

前營前壹南剛强 破敵 伍卒

前營前壹南剛强 制勝 伍卒

前營前壹南剛强 奏捷 伍卒

前營前壹南勇敢伍長統下

前營前壹南勇敢 衝鋒 伍卒

前營前壹南勇敢 破敵 伍卒

前營前壹南勇敢 制勝 伍卒

前營前壹南勇敢 奏捷 伍卒

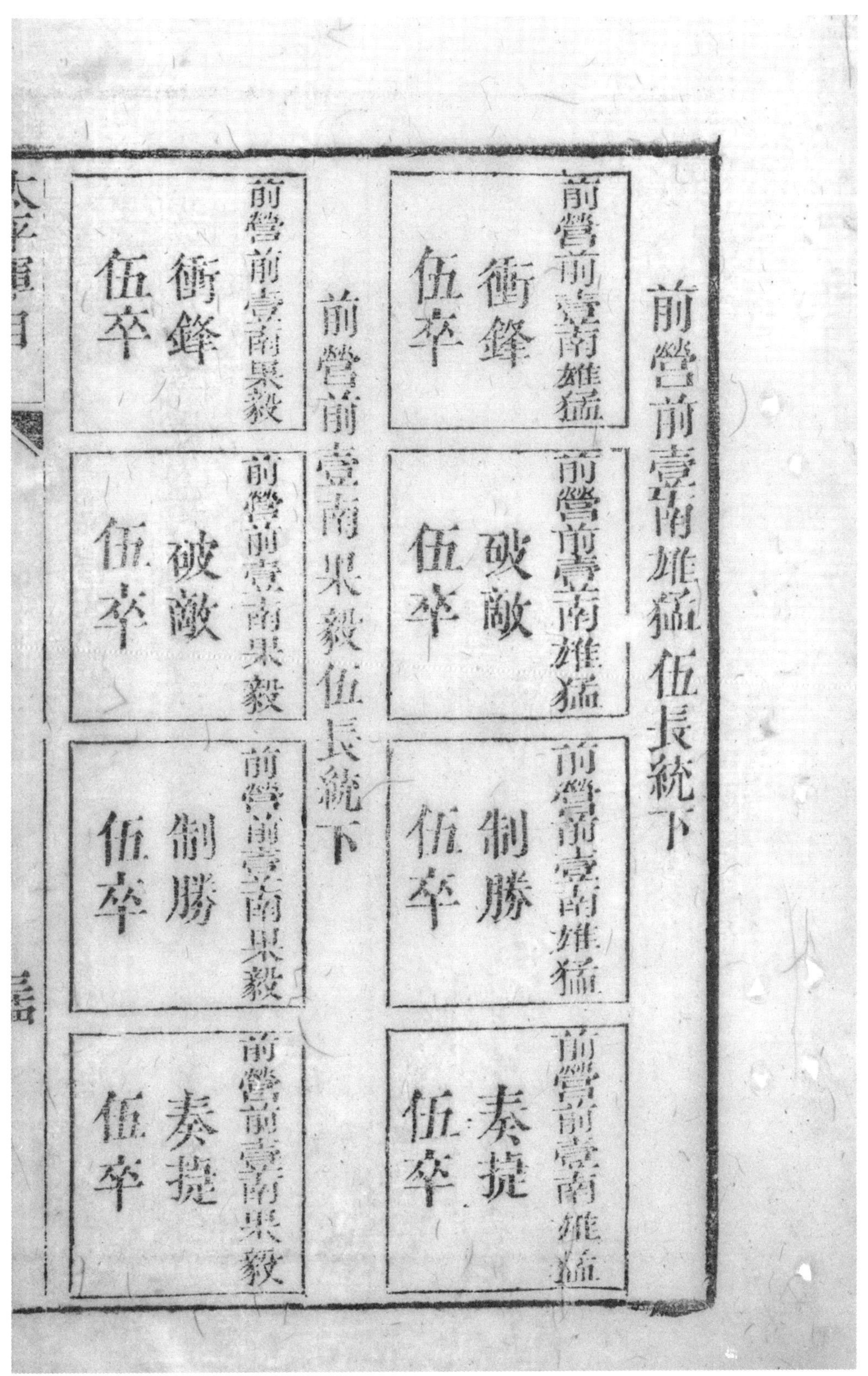

前營前壹南雄猛伍長統下

前營前壹南雄猛
衝鋒
伍卒

前營前壹南雄猛
破敵
伍卒

前營前壹南雄猛
制勝
伍卒

前營前壹南雄猛
奏捷
伍卒

前營前壹南果毅伍長統下

前營前壹南果毅
衝鋒
伍卒

前營前壹南果毅
破敵
伍卒

前營前壹南果毅
制勝
伍卒

前營前壹南果毅
奏捷
伍卒

太平軍目

前營前壹南威武伍長統下

前營前壹南威武	前營前壹南威武	前營前壹南威武	前營前壹南威武
衝鋒	破敵	制勝	奏捷
伍卒	伍卒	伍卒	伍卒

以下前營前壹西兩司馬至中營中伍北兩司馬一切伍長伍卒皆倣此類設

此單舉廣西平南黃旗以示例餘外各處各等各色皆倣此類設

右軍六百五十六條旗

天父下凡詔書（第一部）

太平天國壬子二年（一八五二）刻本

太平天国壬子二年新刻

天父下凡詔書

旨准頒行詔書總目

太平條規

頒行詔書

頒行曆書

三字經

幼學詩

旨准頒行共有十四部

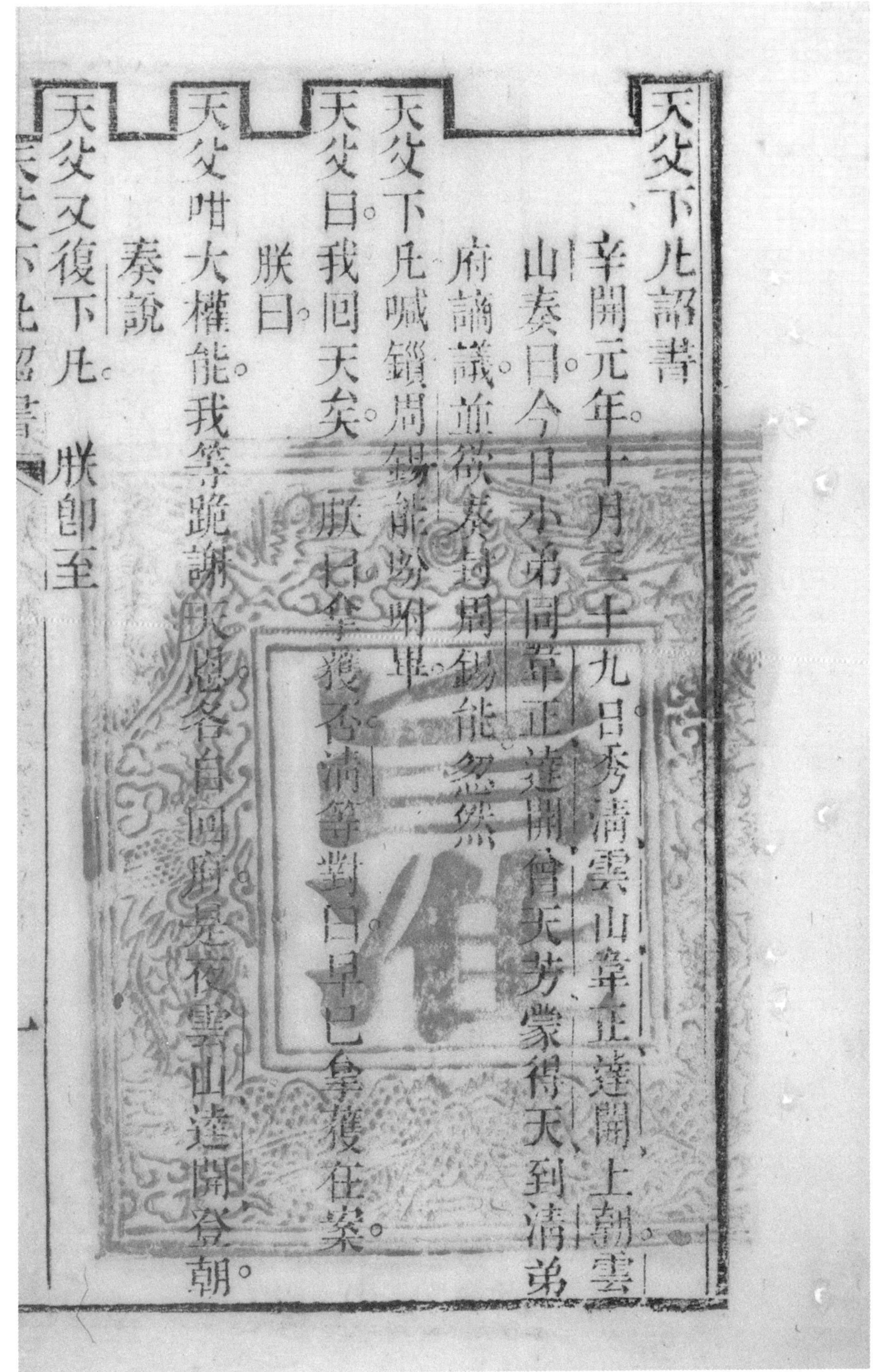
天父下凡詔書

辛開元年十月二十九日。秀清、雲山、韋正、達開、上朝。雲山奏曰。今日小弟同韋正、達開、曾天芳、蒙得天到清弟府論議。並欲奏封周錫能。忽然
天父下凡。喊鎖周錫能協附畢。
天父曰。我回天矣。朕曰卿等獲否。清等對曰。早已拏獲在案。
朕曰。
天父咁大權能。我等跪謝天恩。各自回府。是夜雲山、達開登朝。
奏說
天父又復下凡。朕即至

天父面前。

天父即命吊周錫能。審畢。

天父曰。我回天矣。朕亦自回殿。朕命韋正等。記錄

天父下凡。詔旨韋正等轉命蒙得天曾天芳記錄十一月初四

日。朕披閱蒙得天曾天芳等記錄云。小臣曾天芳蒙

得天同承命。記錄

天父上主皇上帝下凡詔書、十月二十九日、馮南王韋北王石

翼王、同小臣曾天芳蒙得天、齊到楊東王殿前請安。並

會議

天父上主皇上帝江山太平言不數語忽然

天父下凡、
天父審吩咐各千歲等曰。今有周錫能反骨偏心。串同妖人回
朝內應謀反。爾等知麼。衆等對曰不知。
天父曰。爾等立即發令擒拿他三人押候我
天父自有分斷。衆等對曰遵令。
天父曰、爾等各要靈變閉審我回天矣。
天父回天後。小臣曾天芳蒙得天與七千歲、六千歲、五千歲、將
天父聖旨回稟東王九千歲。九千歲聞言憤怒。即令猛將擒拿
反骨妖人周錫能並串同妖人朱八、陳五、三人押候在
監。後復奏知

天父勞心復又下凡。

天王。是晚北王吊審無供。賴得

天父令楊潤清楊輔清二位国宗兄。到各王府傳知各千歲上

朝奏接

天王。即時各千歲同侍衛衆官員及小臣護衛

天王到

天父面前。

天王統率衆臣跪伏問曰

天父下凡。

天父吩咐

天王曰。秀全今日是我

天父做事。若是凡人做事難矣。今有周錫能反心。昨日串同妖人回朝。欲做好大的事。爾知麼。

天王對曰。清胞等亦既說知。今日做事。幸賴

天父權能。不然難矣。言罷。

天父吩咐。蒙得天曰。爾去吊周錫能來。得天對曰。遵命。蒙得天帶周錫能。到

天父面前。

天父曰。周錫能爾當前去何方來。錫能對曰。當前自慶求東王。及各王。奏

主。恩准小子周錫能。同博白。團集兄弟姊妹也。

天父曰。爾同誰人去。周錫能對曰。小子同黃超連去。

天父曰。周錫能。今東殿講話是誰。周錫能曰。是

天父上主皇上帝。

天父曰。日頭又是誰。錫能對曰。日頭是我

主天王。天下萬國之眞主也。

天父曰。日頭照得幾濶。錫能對曰。照得普天下。

天父曰。照得見爾麼。錫能對曰。照得見。

天父曰。現今是何人做事。錫能對曰。是

天父上主皇上帝做事也。

天父曰。周錫能爾知

天父無所不能無所不在。無所不知麼錫能對曰。知得

天父。無所不能。無所不在。無所不知也。

天父曰今。凡間中国年數久矣未曾敬我爾知麼。錫能對曰。中

　国人瞞昧

天父恩德。丟空未曾敬拜。

天父久矣。

天父曰。爾知。

天父量如何錫能對曰。知得

天父有海底之量。

天父曰爾知得

天父能救人麽錫能對曰自屢知蒙

天父亦救過小子矣

天父曰爾知得我屢次救過爾爾行錯之事就不可瞞天直說

我

天父聽也錫能瞞天對曰小子情實無二心待天實爲同鄉團

集兒弟姊妹也

天父曰天就是我二心不二心我盡知爾說真心同鄉團接兒

弟姊妹今帶有多少人來錫能對曰小子現帶有一百

九十餘人來

天父曰爾所帶之兄弟何時在博白起腳如何設計行程錫能對曰小子頭一好得天父化醒朱錫錕梁十六同小子謫議假辦帶妖壯十月初十日在博白起腳至本月二十一日到

天父曰據爾自說帶有一百九十餘人緣何獨爾三人到來今爾所帶之兄弟現在何處錫能對曰事因假辦妖壯曲從帶兵現投入新墟妖營既有七八天矣

天父曰周錫能爾回朝時對爾千歲講如何說話周錫能對曰小子回朝時對千歲所說事情無欺獨是小子說回來三四日之話無合我未推算日期今小子在

天父面前不敢亂講。細推算回來日期。已有七八天矣。

天父曰。周錫能。爾所帶有百餘人。入到妖營。爾知得他是乜妖頭。錫能對曰。那妖頭姓賽。是咸豐妖之舅叔也。

天父曰。爾見他同講如何說話。錫能對曰。小子見他妖頭無有謫議。如何說話也。

天父曰。周錫能。爾既投進妖營。今又如何出關前來回朝。錫能對曰。小子對他妖頭說出關把路。佩劍關刀白馬。並帶朱錫琨、凡叔、是朱八、與小子外甥陳五。共三人。直向聖營逃入天朝。奏知千歲知情。不至慮望。再者還有小子所帶百餘人。現在新墟妖營。要待小子先來報知。然後方可齊來不至有謊。小子真心情形如此。

天父曰。周錫能。就將爾供詞恐來有謊。難道爾千歲就不認得爾乎。爾又信爾千歲不過乎。周錫能其時無詞可對。

天父曰。周錫能。爾這瞞天之計。爾好好從頭直說。爾瞞不得我。

天父也周錫能自料其奸謀事重。不敢直承。恐罪無寬。仍瞞天對曰。小子實因真心回朝。路道難通。廹假就妖。變作妖壯。瞞路回朝情實。小子餘無別心。求

天父開恩赦罪。

天父曰。周錫能。爾真不知我量大乎。從前中国不敬我咁久。我都容得他。難道爾有些錯我就容不得爾麼。周錫能仍

不敢直說。

天父曰。周錫能爾是我

天父上帝生爾養爾。切不好枉費我生養功勞。周錫能爾自出

至入事術行爲如何。

天父盡知。爾不好屢屢瞞天。爾既知眞是天做事。知得

皇上帝有無所不知之能。又知得日頭能照得普天下。今

天父皇上帝在此。爾

至天王日頭又在此。爾仍藏奸心。爾直說我亦知。爾不直

說我亦盡知。爾好好一總直說我

天父聽。爾若不認。要我

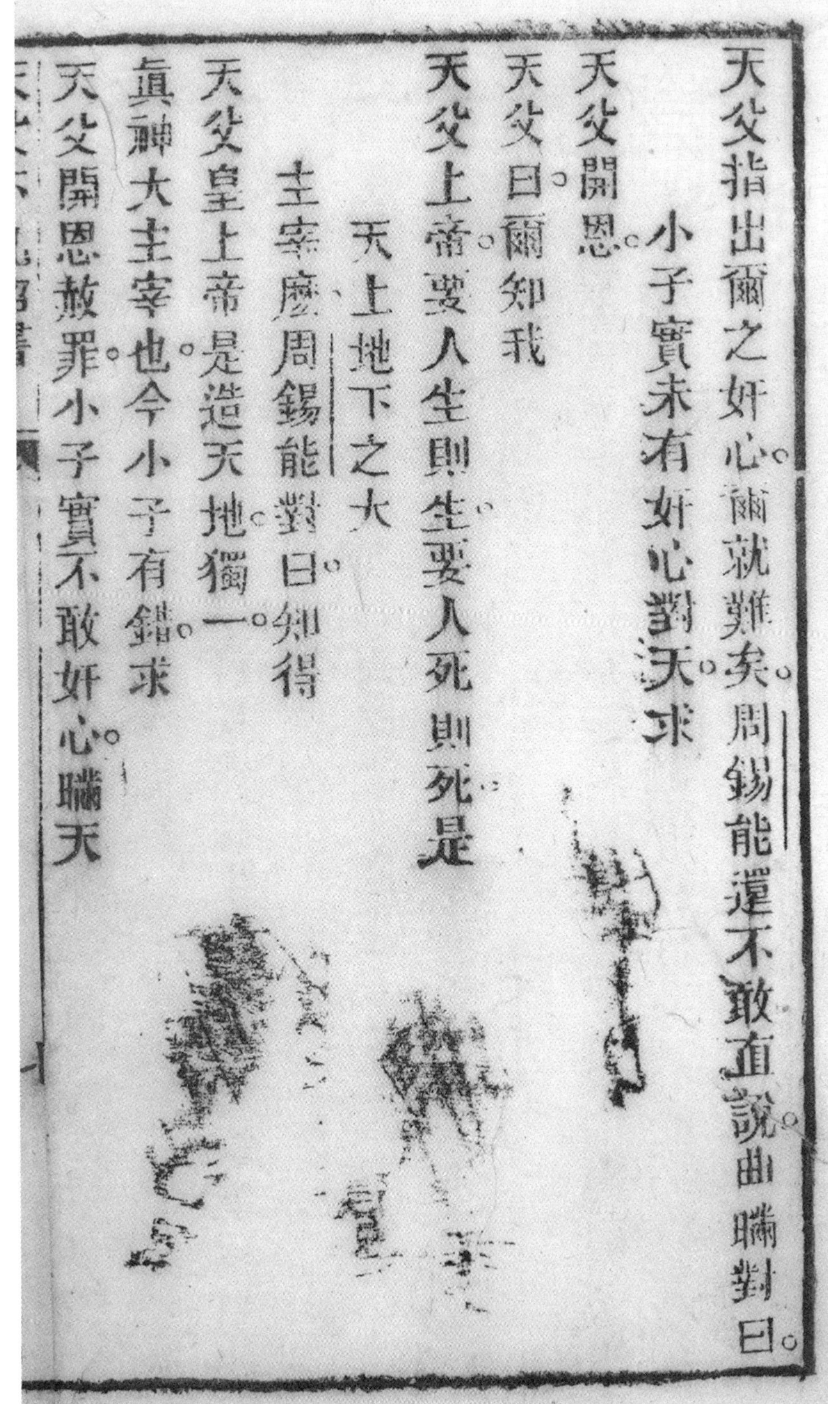

天父指出爾之奸心。爾就難矣。周錫能還不敢直說出瞞對曰。
小子實未有奸心對天求
天父開恩。
天父曰。爾知我
天父上帝要人生則生。要人死則死。是
天上地下之大
主宰麽。周錫能對曰。知得
天父皇上帝是造天地獨一。
眞神大主宰也。今小子有錯。求
天父開恩赦罪。小子實不敢奸心瞞天

天父顯指周錫能曰。周錫能爾無奸心瞞天。爾自帶二人同伴同朝立意如何。錫能仍瞞天對曰。小子同伴二人。他說願隨小子同朝。敬拜

天父上帝也。

天父又指周錫能曰。周錫能爾果帶他同朝敬拜

上帝。緣何昨晚爾二人同朱錫琨。黄文安。夜靜時。四人講如何說話。爾還瞞我

天父不知麼。爾果願知錯直認。我自救爾。若要我一總指出。爾就難矣。時周錫能不得不直供。對曰小子出外錯從妖人。被其誘惑。曲從妖計回來。以爲妖魔內攻外應。此事

天父開恩。不是小子立心所爲求

天父又指周錫能曰爾說如此奸心謀反事情。不是爾立心所爲。緣何爾回朝未滿一日。爾就帶人去往探天朝城樓所講如何說話。周錫能心愧對曰。小子自心未醒。得去四城樓觀探情形。其時小子既得謫度此城易攻之話。此是小子被妖魔迷懞。實無本心行奸求

天父開恩赦罪。

天父顯指周錫能曰。爾說實無本心行奸。緣何爾一回朝時。就去見爾妻兒密中吩咐爾妻那些如何說話。其時

天父皇上帝伸出無所不知之能。周錫能伏聞
天父皇上帝。指出疊次眞情。自知奸心難隱。果是天眼恢恢。
眞神難欺。自訴出眞情曰。小子周錫能被妖魔迷懞心腸。果的
受其妖頭所惑。串同計較回朝。誘惑軍心。較通外攻內
應。方可領妖級賞大功。小子立心行錯謀反逆天。奸心
如此。求
天父格外開恩赦罪。
天父曰。仍有朱八又有何意。周錫能隱諱朱八對曰。他無何意。
天父曰。周錫能爾同
天父過親。或是同他過親同爾

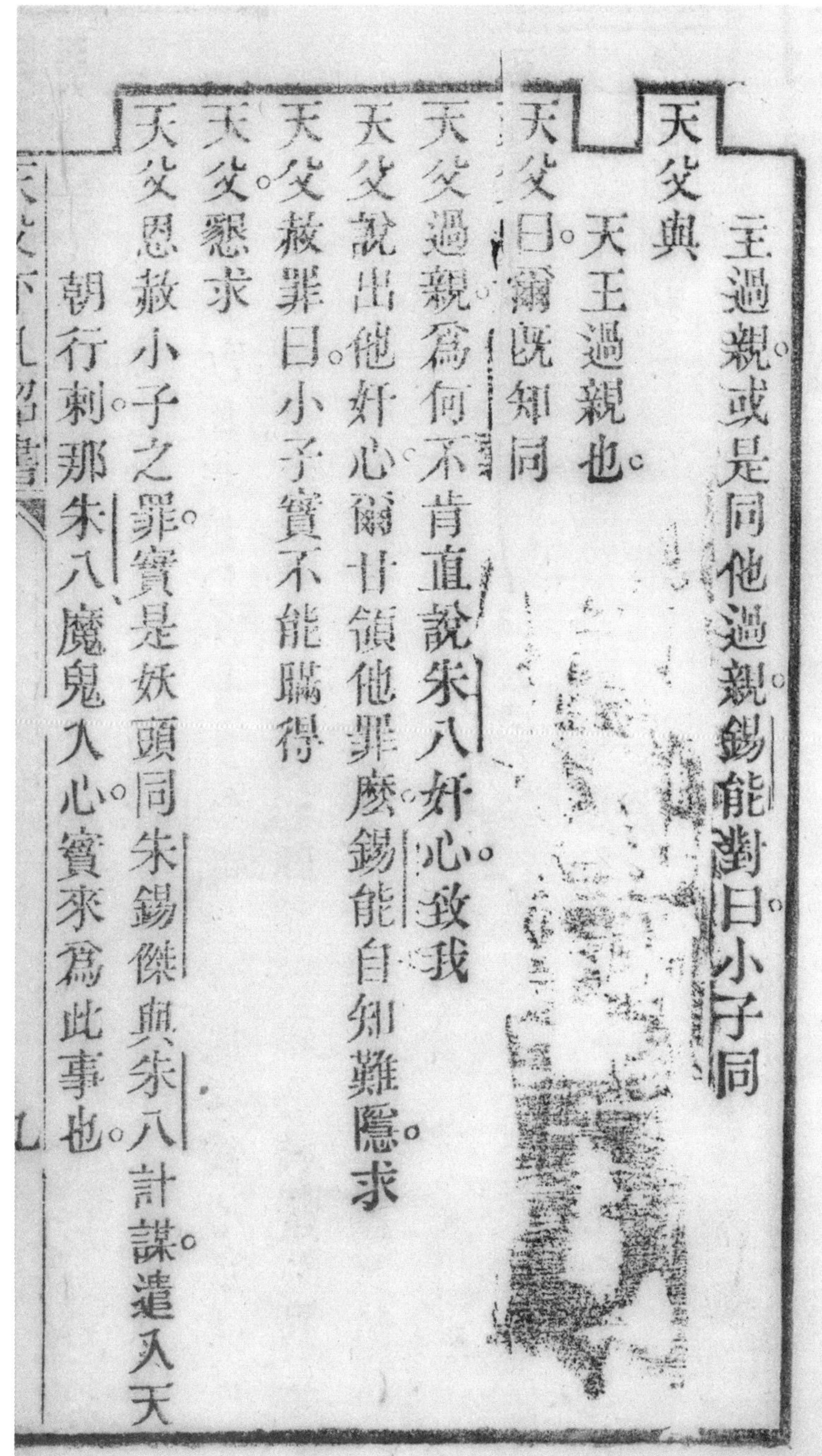

王過親。或是同他過親。錫能對曰。小子同

天父與

天王過親也。

天父曰。爾既知同

天父過親。爲何不肯直說朱八奸心。致我

天父說出他奸心。爾甘領他罪麽。錫能自知難隱。求

天父赦罪曰。小子寶不能瞞得

天父。懇求

天父恩赦小子之罪。寶是妖頭同朱錫傑與朱八計謀遣入天

朝行刺那朱八魔鬼入心。寶來爲此事也。

天父吩咐小臣曾天芳令人傳朱錫琨、黃文安到來。小臣曾天芳對曰。遵命片刻朱錫琨、黃文安到前跪問曰。

天父下凡。

天父曰。朱錫琨、昨夜更候。周錫能同朱八、與爾講有何話。朱錫琨曰。昨夜周錫能同朱八誘惑小子去投妖包有封賞。小子則憤怒說他。此事斷不是我所爲也。至今早小子適逢承命往水閘軍營造册。意欲今晚回來。然後稟報。不覺至懆勞。

天父下凡。小子知罪。求

天父格外開恩。

天父責罵朱錫琨曰。爾聞說此情理。該即刻稟報爾千歲奏知

爾

主天王。則爲是也。我何爲傳爾到來爾方訴出。

天父即令杖他一百。

天父又責朱錫琨曰。爾身現居監軍。不知緩急之事。又令再杖一百。

天父問黃文安曰。黃文安、爾昨晚周錫能與爾說有何話。黃文安對曰。小子問周錫能如何設身回來。周錫能與小子說曰。他是假辦妖肚。投入新墟妖營。今在妖營脫身回來。小子又問他那些還有多少妖兵。周錫能與小子說

曰。那妖兵不多。約後日初三來開仗。小子又問他。既在那妖營回來。有知得那妖頭有如何詭計麽。周錫能曰。那妖魔無有詭計可設。但知得那妖頭。今欲用人投營。誘惑我們軍心。又說他前投在妖營時。受了妖封六品頂戴。又說妖計不願與聖兵對戰。欲以銀錢買和小子所得周錫能之話如此。

天父責黃文安曰。爾知此情緣何不即刻稟報爾千歲。黃文安對曰。小子知罪。求

天父格外開恩。小子一時昧錯。以爲他們言。不覺推其奸意。

天父責黃文安曰。爾現奉

天命巡查。身居何職。該杖一百。杖畢。

天父恩諭黃文安曰。爾自今以後。有事俱要推明。時加格外靈

變。黃文安對曰。小子蒙

天父開恩化心。小子下次不敢怠惰。

天父教導。

天父命北王出東王殿前。曉諭兵將。北王承

天父命大聲唱道。眾兵將。今我們托賴

天父皇上帝權能。破殘妖魔鬼計。指出闊錫能反骨偏心。謀反

對天。眾兵將同心踴躍。立志頂天。天天做事。天擔當。齊要

放膽。時刻要記念

天父權能恩德。每事要加時長靈變。衆兵將同心唱讚

天父皇上帝無所不知。無所不在也。

天父皇上帝嗟謂周錫能曰。錫能我

天父上帝指出爾所較計謀反逆天。不指差爾。亦不寬屆爾也。

依爾自己供詞亦無差也。周錫能自悔對曰。

天父所指小子之錯無差矣。並小子自供謀反逆天情由。亦無差矣。周錫能自知錯入法紀。罪無可寬。悔之晚矣。斯時

皇上帝聖兵。合軍兵將。其怒切齒。伏求

天父上帝下令。即將謀反。妖魔凌剮。焚灰。

天父諭衆小曰。爾衆小放膽。不妨。同心踴躍。立志頂天。我自有

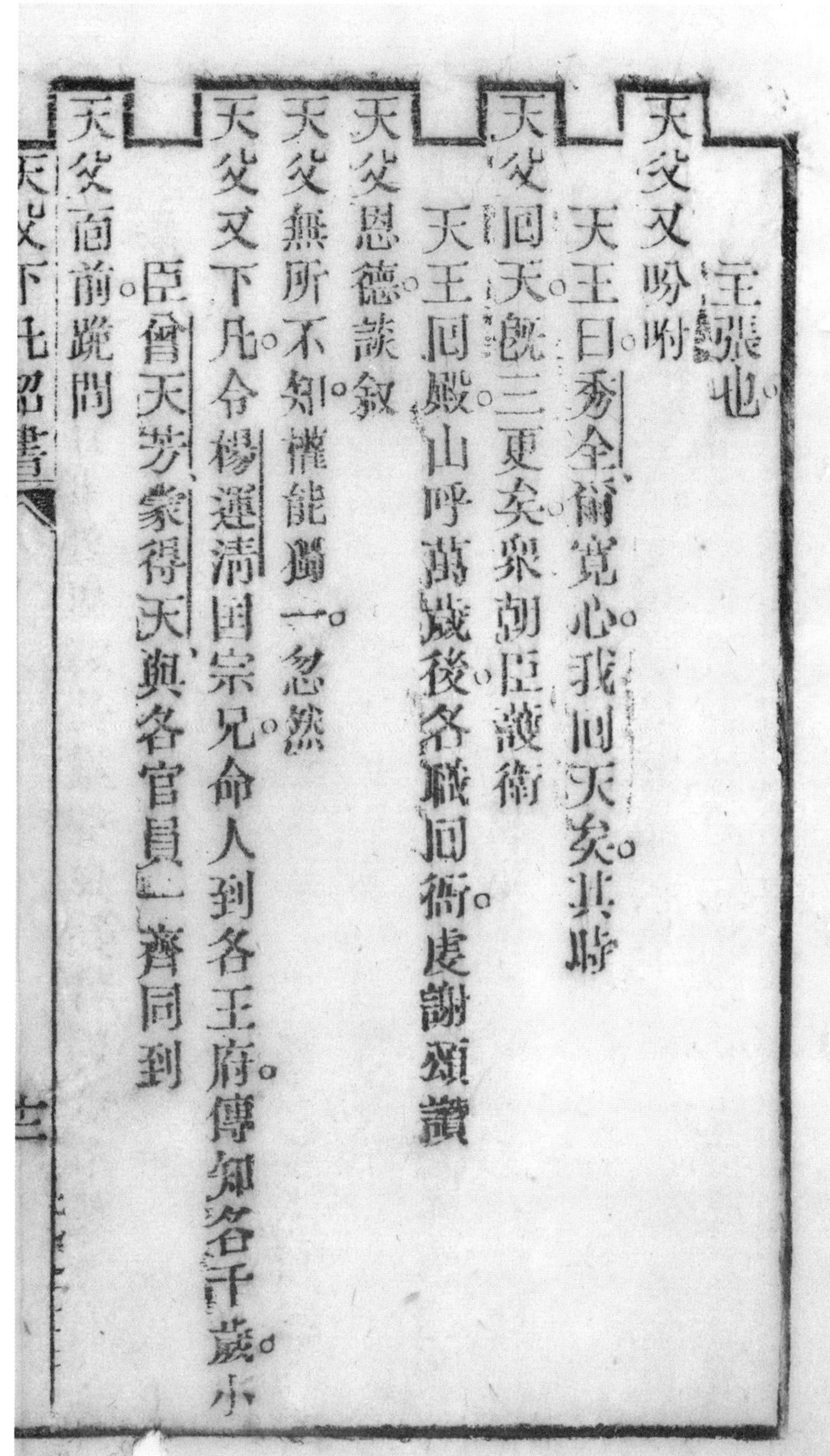

天父又吩咐主張也。

天王曰。秀全爾寬心。我回天矣。其時

天父回天。既三更矣。衆朝臣護衛

天王回殿。山呼萬歲後。各職回衙。處謝頌讚

天父恩德。談叙

天父無所不知。權能獨一。忽然

天父又下凡。令楊運清回宗兄命人到各王府。傳知各千歲。小臣曾天芳、蒙得天與各官員一齊同到

天父面前跪問

天父如此勞心下凡。

天父吩附南王、北王、翼王、及各官員等曰。我今晚破碎妖魔鬼
計並誅滅變怪妖魔。爾衆小再加時時靈變每事有我
作主不妨。衆等對曰小子知得

天父權能大來。

天父看顧化心、

天父曰。爾衆小未知。

天父權能。且看今晚未知。

天父無所不在。無所不知。無所不能。亦觀今晚。爾衆小要認眞
天堂路。切不好踏差。放膽立志頂天不妨。我自有主張

也。衆等對曰。蒙得
天父勞心。教導小子。
天父曰各各寬心。我回天矣。嗣後合軍人等。同喜沾
天父恩德。即宰猪牛。敬拜處謝
天父皇上帝破滅此間妖魔鬼計。看顯衆小權能恩德也。次日
奉
天父命。將周錫能及其妻蔡晚妹。其子周理眞並串妖人朱八
陳五等綑縛起解之時。周錫能自知死罪難逃。一時良
心發見。大聲呼喊。衆兄弟今日眞是天做事。各人要盡
忠報国。不好學我周錫能。反骨逆天。其妻蔡晚妹亦喊

指其夫大聲罵曰。今日眞是天做事。爾今如此反骨逆天。眞是天誅爾。那時爾對我說欲謀此事。我苦勸爾不好。今連我母子被爾害死。眞是害人害自已矣。時朱錫琨枷鎖在朝門示衆。亦大聲呼喊曰。衆兄弟各人要醒。我朱錫琨實托賴

天父權能。不然險被我血叔朱八所害矣。我血叔如此狠心。衆兄弟要將他凌剮矣。其時朝廷有姊妹傳聞曰。不怪得周錫能妻蔡晚妹。吩咐其子周理眞曰。理眞。爾穿此布衣不久。三天後就有綢緞爾穿矣。又有姊妹傳聞曰。見他昨晚打整行李。預備其夫做事。即周錫能在那日觀

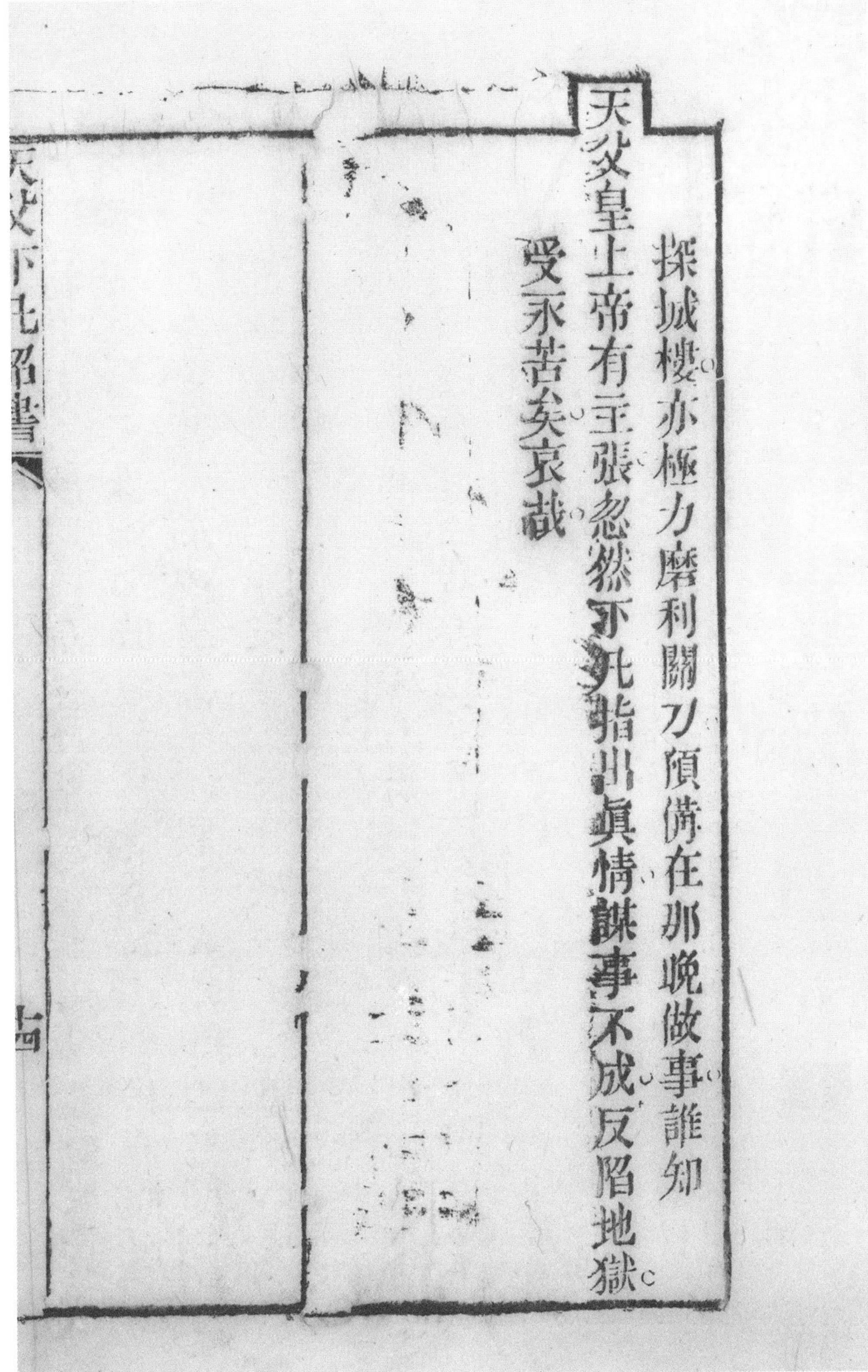

探城樓。亦極力磨利關刀預備在那晚做事。誰知

天父皇上帝有主張。忽然下凡指出眞情。誅事不成反陷地獄。

受永苦矣哀哉。

天父下凡詔書　十四

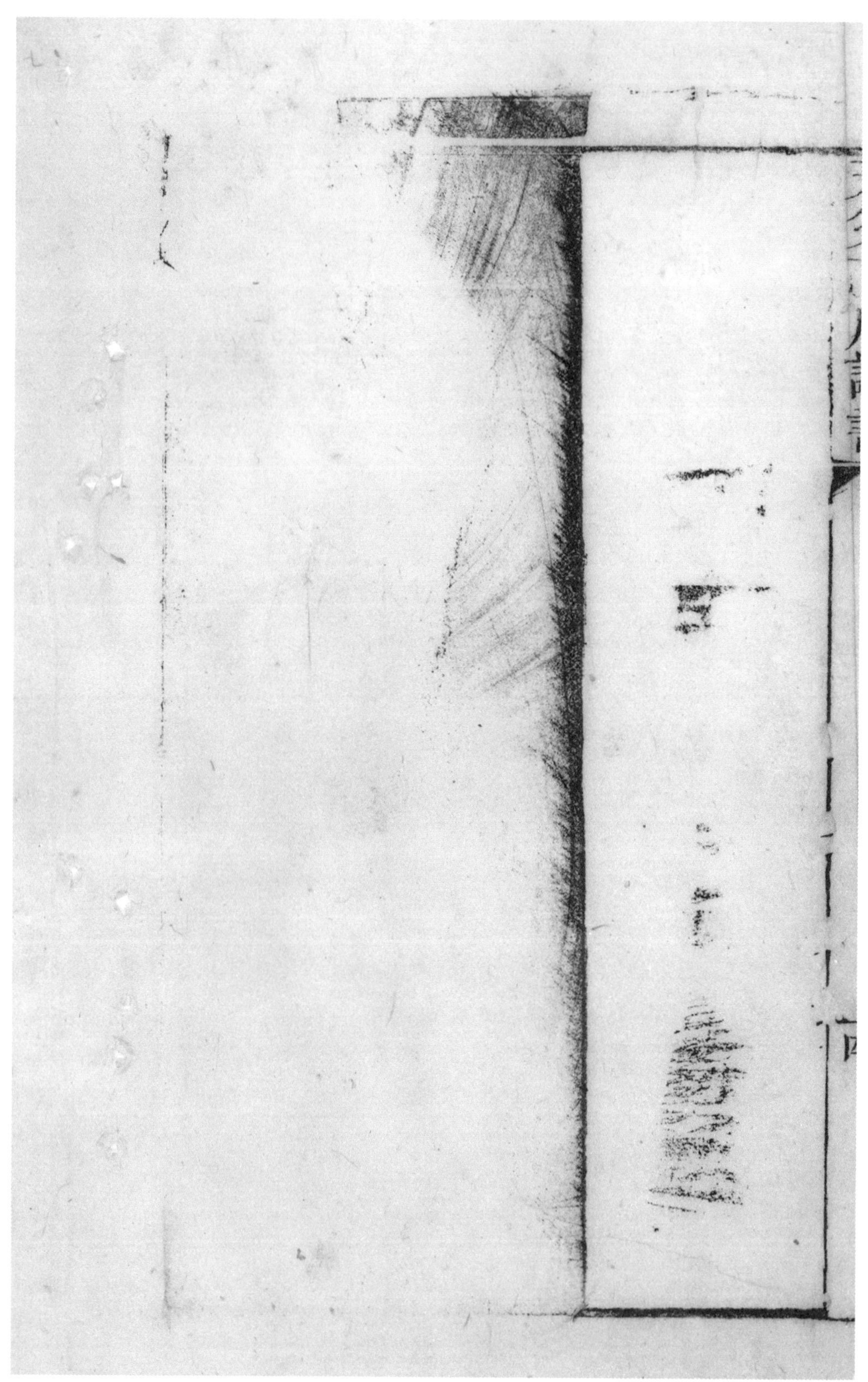

頒行詔書

太平天國壬子二年（一八五二）刻本

太平天国壬子二年新刻

太平天国

禾乃師贖病主左輔正軍師東王楊
右弼又正軍師西王蕭
奏

准頒行詔書

旨准頒行詔書總目

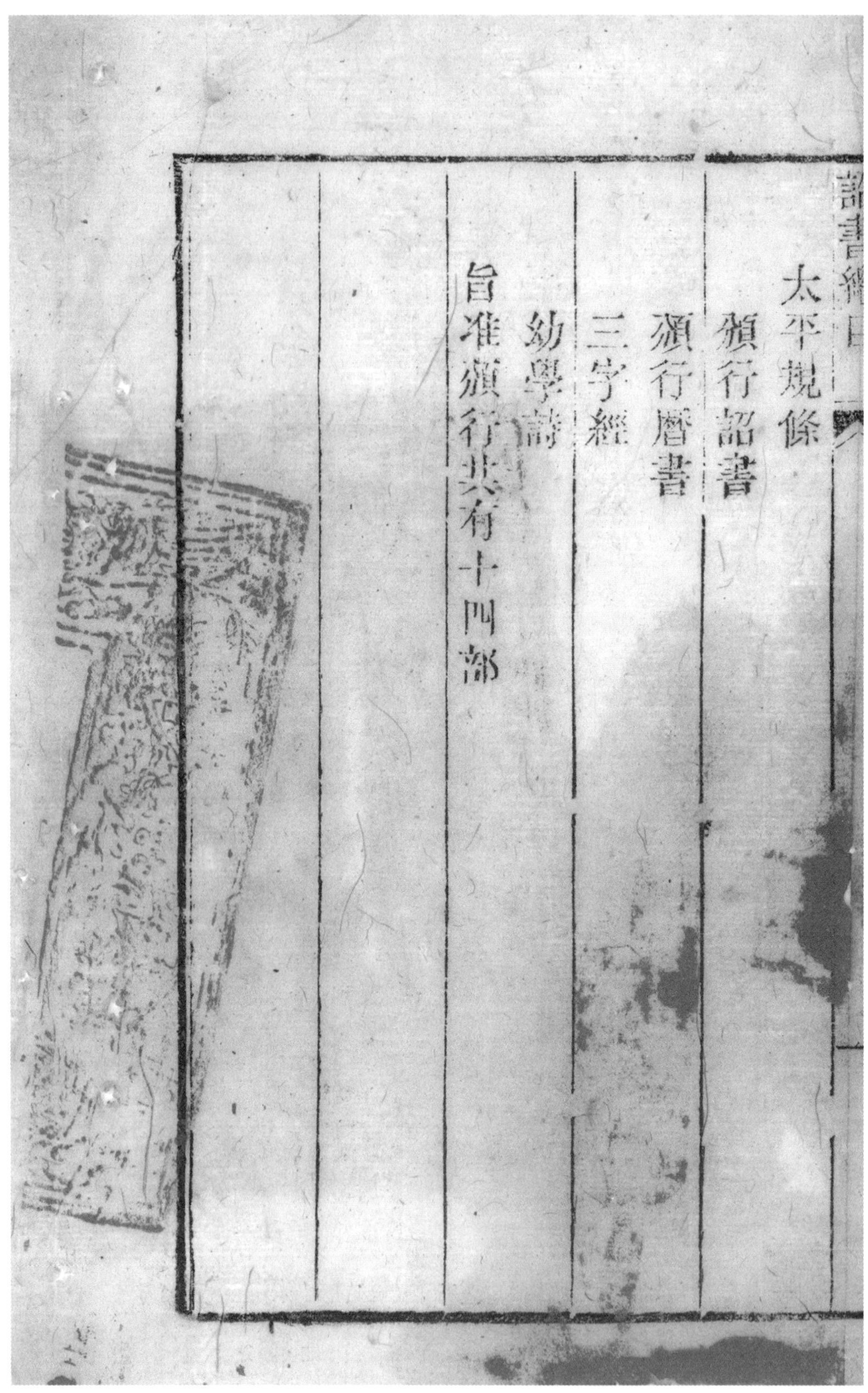

詔書總目

太平規條

頒行詔書

頒行曆書

三字經

幼學詩

旨准頒行共有十四部

眞天命太平天国禾乃師贖病主左輔正軍師東王楊
右弼又正軍師西王蕭　爲奉

天誅妖。救世安民事。據得遺詔聖書。

天父皇上帝。當初六日造成天地山海人物。

皇上帝是神爺是魂爺。無所不知。無所不能。無所不在。天下萬

国俱有記及

皇上帝之權能。溯自

皇上帝造有天地以來。

皇上帝大發威怒屢矣。爾世人還未知乎。

頒行詔書

皇上帝第一次大怒。連降四十日四十夜大雨。洪水橫流矣。第

二次大怒。

皇上帝降凡。救以色列出麥西國矣。第三次大怒。

皇上帝遣

救世主耶穌降生。猶太國替世人贖罪受苦矣。今次又大怒。

丁酉歲。

皇上帝遣天使接

天王昇天。命誅妖復差

天王作主救人。戊申歲。

皇上帝恩憐世人之陷溺。被妖魔之迷纏。三月

上主皇上帝降凡。九月

救世主耶穌降凡。顯出無數權能。誅盡幾多魔鬼。場場大戰。

妖魔何能鬬得天過。且問

皇上帝何怒。乃怒世人拜邪神。行邪事。大犯天條者也。爾世人

還未醒乎。生逢其日。得見

皇上帝榮光。爾世人何其大幸。生遇其時。得見

太平天日。爾世人何其大幸。好醒矣。順天者存。

逆天者亡矣。今滿妖咸豐。原屬胡奴。乃我中國世仇。兼

之率人類。變妖類。拜邪神。逆

眞神。大叛逆

皇上帝天所不容。所必誅者也。嗟爾圖勇。不知木本水源。情願

足上首下。瞞高天之大德。反顏事讎。受蛇魔之迷纏。忘

恩背

主。不思已爲中国之善士。本屬天朝之良民。竟輕舉其足

於亡滅之路。而不知愛惜也耶。況爾四民人等。原是中

国人民。須知天生　眞主。亟宜同心同力。以滅妖。孰料

良心盡泯。而反北面於讎敵者也。今各省有志者萬殊

之衆。名儒學士不少。英雄豪傑亦多。惟願各各起義。大

振旌旗。報不共戴天之讎。共立勤

王之勳。本軍師有所厚望焉。本軍師體

上帝好生之德。痌瘝在抱。行仁義之師。胞與爲懷。統帥將士盡忠報国。不得不徹始徹終。實情諭爾等知悉也。獨不思

天旣生

眞主以御民。自必扶

天王以開国。縱妖魔百萬。詭計千端。焉能同天打鬭乎。但不教而誅。問心何忍。坐視不救。仁者弗爲。故特剴切曉諭爾等凡民。亟早回頭拜

眞神。丢邪神。復人類。脫妖類。庶幾常生有路。得享天福。倘仍執迷不悟。玉石俱焚。那時噬臍悔之晚矣。切切特諭。

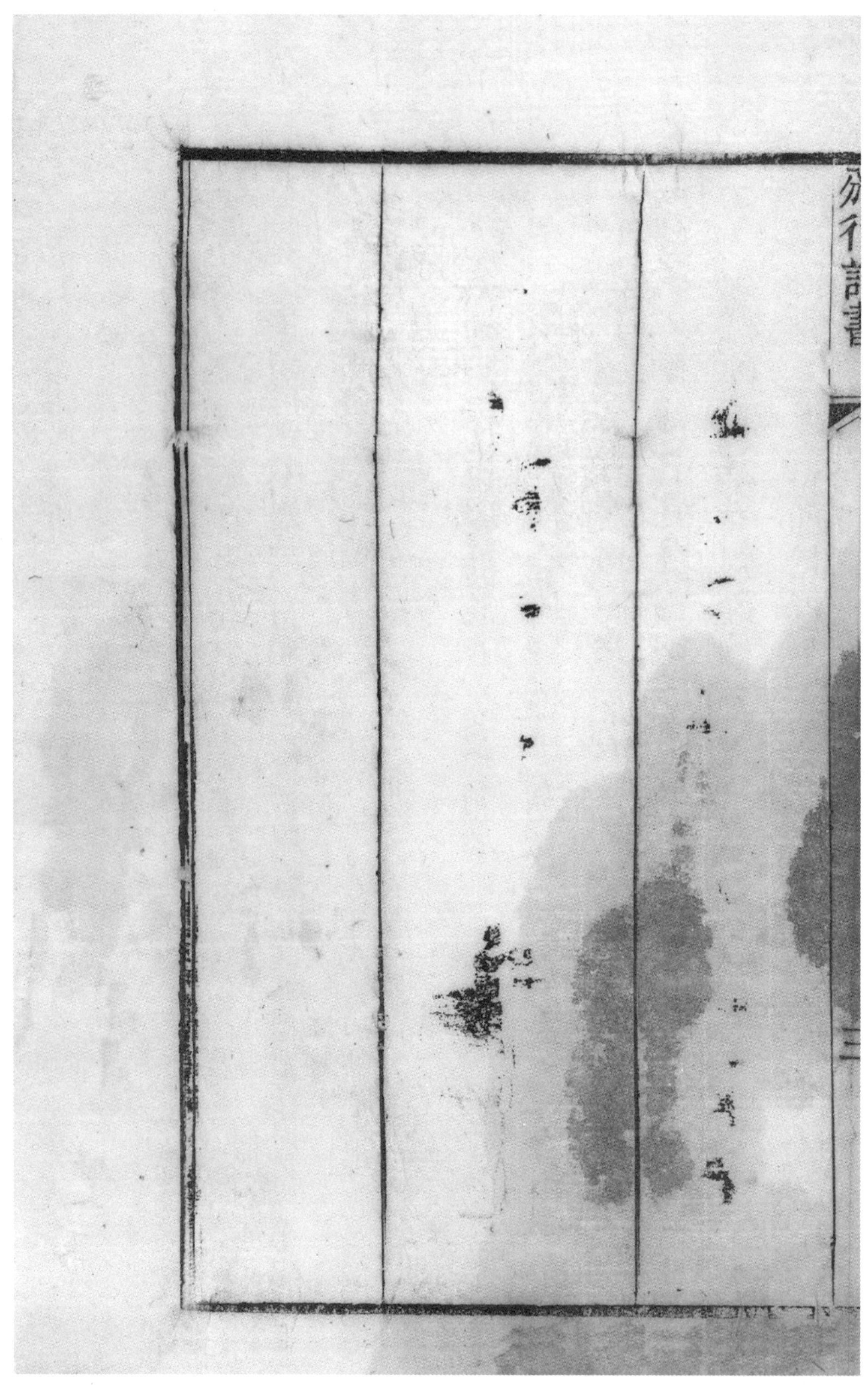

眞天命太平天国禾乃師贖病主左輔正軍師東王楊、右弼又正軍師西王蕭爲奉

天討胡。檄布四方。若曰嗟爾有衆明聽予言。予惟天下

者。

上帝之天下。非胡虜之天下也。衣食者。

上帝之衣食。非胡虜之衣食也。子女民人者。

上帝之子女民人。非胡虜之子女民人也。慨自滿洲肆毒。混亂

中国。而中国以六合之大。九州之衆。一任其胡行而恬

不爲怪。中国尚得爲有人乎。妖胡虐焰燔蒼穹。淫毒穢

宸極。腥風播於四海。妖氣慘於五胡。而中国之人。反低

首下心甘爲臣僕。甚矣哉。中国之無人也。夫中国首也。胡虜足也。中国神州也。胡虜妖人也。中国名爲神州者何。

天父皇上帝眞神也。天地山海是其造成。故從前以神州名中国也。胡虜目爲妖人者何。蛇魔閻羅妖邪鬼也。韃靼妖胡惟此敬拜。故當今以妖人目胡虜也。奈何足反加首。妖人反盜神州。驅我中国悉變妖魔。罄南山之竹簡。寫不盡滿地淫汚。决東海之波濤。洗不淨彌天罪孽。予謹按其彰著人間者。約畧言之。夫中国有中国之形像。今滿洲悉令削髮。拖一長尾於後。是使中国之人。變爲禽獸也。中国有中国之衣冠。今滿洲另置頂戴。胡衣猴冠。壞先代之服冕。是使中国之人。忘其根本也。中国有中国之人倫。前偽妖康熙。暗令韃子一人管十家。淫亂中国之女子。是欲中国之人盡為胡種也。中国有中国之配偶。今滿洲妖魔。悉收中国之美姬。為奴為妾。三千粉黛。皆為羯狗所污。百萬紅顏。竟與騷狐同寢。言之慟心。談之污舌。是盡中国之女子而玷辱之也。中国有中国之制度。今滿洲造為妖魔條律。使我中国之人。無能脫其網羅。無所措其手足。是盡中国之男兒而脅制之也。中国有中国之言語。今滿洲造為京腔。更中国音。是欲以胡言胡語惑中国也。凡有水旱畧不憐恤。坐視其餓莩流離。暴露如莽。是欲我中国之人稀少也。滿洲又縱貪官汚吏。布滿天下。使剝民脂膏。士女皆哭泣道路。是欲我中国之人貧窮也。官以賄得。刑以錢免。富兒當權。豪傑絕望。是使我中国之英俊。抑鬱而死也。凡有起義興復中国者。動誣以謀反大逆。夷其九族。是欲絕我中国英雄之謀也。滿洲之所以愚弄中国。欺侮中国者。無所不用其極。巧矣哉。昔姚弋仲。胡種也。猶戒其子襄。使歸義中国。苻融亦胡種也。每勸其兄堅。使不攻中国。今滿洲乃忘其根源之醜賤。乘吳三桂之招引。霸占中国。

惡極窮凶。予細查滿韃子之始末。其祖宗乃一白狐一赤狗。交媾成精。遂產妖人。種類日滋。自相配合。並無人倫風化。乘中国之無人。盜據中夏。妖座之設。野狐升據蛇窩之內。沐猴而冠。我中国不能犁其窟而鋤其穴。反中其詭謀。受其凌辱。聽其嚇詐。甚至庸惡陋劣。貪圖蠅頭。拜跪於狐羣狗黨之中。今有三尺童子至無知也。指犬豕而使之拜。則艴然怒。今胡虜猶犬豕也。公等讀書知古。毫不知羞。昔文天祥謝枋得誓死不事元。史可法瞿式耜誓死不事清。此皆諸公之所熟聞也。予總料滿洲之衆。不過十數萬。而我中国之衆。不下五千餘萬。以

五千餘萬之衆受制於十萬亦孔之醜矣今幸天道好還中国有復興之理人心思治胡虜有必滅之徵三七之妖運告終而九五之眞人已出胡罪貫盈

皇天震怒命我

天王肅將天威創建義旗掃除妖孽廓淸中夏恭行天罰言乎遠言乎邇孰無左袒之心或爲官或爲民當急揚徽之志甲冑干戈載義聲而生色夫婦男女攄公憤以前驅誓屠八旗以安九有特詔四方英俊速拜

上帝以奬天衷執守緒於蔡州擒妥懽於應昌興復久淪之境土頂起

上帝之綱常。其有能擒狗韃子咸豐來獻者。或有能斬其首級
來投者。或又有能擒斬一切滿洲胡人頭目者。奏封大
官。決不食言。蓋
皇上帝當初六日造成之天下。今既蒙
皇上帝開大恩。命我
主天王治之。豈胡虜所得而久亂哉。公等世居中国。誰非
上帝子女。倘能奉天誅妖。執蝥弧以先登。戒防風之後至。在世
英雄無比。在天榮耀無疆。如或執迷不悟。保僞拒眞。生
爲胡人。死爲胡鬼。順逆有大體。夏夷有定名。各宜順天。
脫鬼成人。公等苦滿洲之禍久矣。至今而猶不知變計。

同心戮力。掃蕩胡塵。其何以對
上帝於高天乎。予興義兵。上爲
上帝報瞞天之讎。下爲中国解下首之苦。務期肅清胡氛。同享
太平之樂。順天有厚賞。逆天有顯戮。布告天下。咸使聞
知。

眞天命太平天国禾乃師贖病主左輔正軍師東王楊 右弼又正軍師西王蕭 諭救一切

天生天養。凡屬

天父上主皇上帝子女者。又諭救一切中国人民。從前不知大義。悞帮妖胡。自害中国者。曰爾等盡是

上帝子女。爾等知否。本軍師實情諭爾等爾等肉身。是爾凡肉父母所生。爾等靈魂是

上帝所生。

上帝是

親爺。本軍師親爺。亦是爾等親爺。又亦是天下萬国人民親爺。此所以古語云。天下一家。四海皆兄弟也。今爾等

丟親爺拜魔鬼。魔鬼是
上帝親爺讎敵。亦是　本軍師讎敵。又亦是爾等及天下萬国
人民讎敵。魔鬼者何。就是爾等所拜祭各菩薩偶像也。
各菩薩偶像者何。就是蛇魔紅眼睛閻羅妖之妖徒鬼
卒也。蛇魔紅眼睛閻羅妖者何。就是
皇上帝當初造天造地之時。所造生之老蛇。今既變爲妖怪。能
變得十七八變。東海龍妖亦是他。正是妖頭鬼頭。專迷
惑纏捉凡人靈䰟。落十八重地獄。做他妖徒鬼卒。聽他
役用淫污者也。爾等靜想。魔鬼既是專迷惑纏捉
上帝子女。就是專迷惑纏捉　本軍師弟妹。非是　本軍師讎

敵亦是爾等及天下萬国人民讎敵而何夫魔鬼既是
讎敵焚擊之不暇反伸首就他任其纏捉俗語云豆腐
是水閻羅是鬼又俗語云走鬼走入廟爾等聽過否爾
等果有靈心未死將此等俗語靜想亦可以豁然醒悟
追悔丟了親爺莫大之罪且中了讎敵詭計後來墜入
地獄沉淪聽魔鬼淫汚狗咁賤賤過狗矣今
天父上主皇上帝恩憐凡人中魔鬼毒計丁酉歲差天使接
天王昇天
上帝親命
天王誅妖復差

天王降凡作主救人戊申歲三月

上帝降凡主張九月

天兄耶穌降凡拯救今既五年矣　本軍師不實情諭明爾等爾等無知反天逆天致陷地獄受千年萬萬載永苦本軍師悶心何忍故今特剴切諭明爾等速即丟魔鬼歸親爺方可受天百祿也　本軍師又實情救爾等爾等多是中国人民既是中国人民何其愚蠢薙髮從妖胡衣胡服甘做妖胡奴狗足上首下尊卑顛倒爾等知否以中国制妖胡主御奴也順也以妖胡制中国奴欺主也逆也中国甚大諒多明識大義之人今幸

上帝大開天恩。差

天王降凡作天下萬国太平真主。特諭中国人民。從前悞在妖營。幫妖逆天。今聞　本軍師諭有能即明大義。約同中国人民。擒斬妖胡頭目首級。親到

天朝投降者。本軍師不獨赦宥爾等前愆。且將奏明

天父。有大大天爵天祿。封賞爾等。我

主江山萬萬年。爾子爾孫世襲官爵萬萬年。且爾等本身

既認識

上帝親爺。脫鬼成人。在世榮耀無比。在天享福無疆。永遠威風。

永遠尊貴。豈不勝過幫妖變鬼。生則受鬼迷纏。死則作

鬼奴卒受其淫污惡毒。變成大腫痳瘋。變成難看惡鬼。
永遠在十八重地獄受無窮無盡苦楚也。孰得孰失何
去何從。必有能辨之者。如有能辨之人。速卽反戈替天
誅妖。以獎
上帝主意。
上帝幸甚其自高天以下。賞嘉爾等同心翊贊之力。
本軍師決不食言。順天有厚賞逆天有顯戮布告天下。各
宜遵行。

天命詔旨書

太平天國壬子二年（一八五二）刻本

太平天国壬子二年新刻
天命詔旨書

旨準頒行詔書總目

太平條規

頒行詔書

頒行曆書

三字經

幼學詩

太平救世歌

旨准頒行共有十五部

天王詔曰

戊申歲三月

天父上主皇上帝下凡顯出無數神蹟權能憑據載在詔

書。是年九月

天兄救世主耶穌下凡亦顯出無數神蹟權能憑據載

在詔書。今總通軍大小男女兵將未能熟知

天父聖旨命令。及熟知

闕

天兄聖旨命令致有誤逆天命天令也。故特將詔書尋

天父
天兄聖旨命令最緊關者。蒐錄鐫刻成書。庶使通軍熟讀記心。免犯天令。方得
天父
天兄歡心也。後將朕命附居。亦無非使爾等識法息法之意。欽此。
巳酉三月十六日時在貴縣

天父上主皇上帝曰。高老山山令。邊五十字有一筆祈祈、
辛開三月十四日時在東鄉

天父諭衆小曰衆小認得
天父
天兄真麼。衆小對曰認得真
天父
天兄
天父又曰。衆小爾認得爾主上真麼。衆小對曰認得真我
主上。
天父曰。我差爾主下凡作
天王地出一言是天命。爾等要遵。爾等要真心扶主

顧王。不得大膽放肆。不得怠慢也。若不顧主顧王。

一個都難也。

辛開三月十八日晴在東鄉

天兄勅世主耶穌諭衆小曰。衆小弟、要守天條。要遵命令。要和儺兄弟。大有不着小儺着些。小有不着、大儺着些。切不可因一句話就記上書。執仇爲恨也。要修好鍊正。不得入村搜人家物。打仗不得臨陣退縮。有銀錢須要認得破。不可分爾我。更要同心同力。同打江山。認實天堂路來跑。目下苦楚些。後

來自有高封也。倘教導之後爾各人倘有犯天條者。倘有不遵令者。倘有忤逆頂頸者倘有臨陣退縮者。爾莫怪我高兄發令誅爾也

辛開七月十三日時在莫村

天兄耶穌大罵各爲私不公草不忠草。

是晚二更時在紫荆山茶地

天父上主皇上帝曰

天父下凡又幾年。　天兄護降普同先。

耶穌爲爾救世主。　盡心教導本仍然。

天父生命爲爾主。何不盡忠要修前。
爾們多有重逆命。我無指出膽如天。

皇上帝又曰

瞞天莫道天不知。天量如海也無遲。
看爾些有無膽志。不做忠臣到何時。
爾想三更逃黑路。不過天光想鬼迷。
各爲爾王行真道。信實天父莫狐疑。

皇上帝又曰今我
天父親身下凡教導衆小。見有衆小不遵天命塲塲行事多有不同心。今天爾食何飯爲何事差爾誅妖。何不同心。何不同力。何不同向前。

天父講過自今以後。誅妖有一個小不去。有一個小臨陣。眞眞莫道天不知。爾巳知得、認得

天父有能、衆小遵命。再逆者莫怪、爺小眞心放膽理天事也。

十四朝

皇上帝曰

天父下凡事因誰。　耶穌捨命代何爲。

天降爾王爲眞主。何用煩愁膽心飛。

皇上帝曰

眞小今知兄前苦。何不心雄戰勝回。

有志頂天忠報國。何嘗臨陣似屢屢。

皇上帝曰

自古死生天排定。那有由己得成人。

靈魂本是由天父。今時不醒做何民。

辛開七月二十六夜。時在莫村

天父上主皇上帝殺黃以鎭曰。

黄以鎮逆令雙重。巽中坐下罪難容。
瞻敢瞞天無信德。陣中两草退英雄。
眞神能造山河海。不信人爺爲何功。
爾們衆小遵天誡。逆同以鎮罪無窮。

辛開十月二十日時在永安

天兄耶穌曰。成人不自在。自在不成人。越受苦。越威風。各放草寬草。凡有那些妖魔。任佢一面飛。一面變總不能逃得我

天父天兄手下過也。

辛開十二月初三日時在永安

天父上主皇上帝曰

萬方兒小别家庭。離鄉立志做忠臣。
前來勤王當虎豹。今知有主可成人。
不信山中清貴出。亦念叔爺立主真。
憑據權能天作主。來闖撒碎妖如塵。

皇上帝又曰

千金千囑千牖天。千睛千話千開言。
千礪千耍千淅過。千淅千鍊千果然。

皇上帝又曰。

萬方萬國萬來朝。萬山萬水萬飄逞。

萬里萬眼萬鑽至。萬知萬福萬功勞。

另續

天王詔旨列後庚戌十二月初伺時在金田

天王令曰

一遵條命、　二別男行女行、

三秋毫莫犯　四公心和儺各遵頭目約束

五同心合力、不得臨陣退縮、

辛亥七月十九日時在茶地

天王詔令各軍各營衆兵將。放膽歡喜踴躍。同頂

天父

天兄綱常。總不用慌。萬事皆是

天父

天兄排定。萬難皆是

天父

天兄試心。各宜真草堅草耐草。對緊

天父

天兄也。

天父前有言曰。越寒天越退衣。各堅耐。萬不知。衆兵將各宜醒醒。今據奏說現無鹽移營是。又據奏說多病傷。護持緊。兄弟姊妹一個不保。齊辱及

天父

天兄也。今行營。其令各軍各營。隊伍宜整齊堅重。同心同力。千祈恪遵天令。不得再逆。前軍主將貴妹夫。左軍主將達胞。同統戊壹監軍。前壹軍帥。前貳軍帥。左壹軍帥。左貳軍帥。開通前路。中軍主將清胞統土壹總制。中壹軍帥。中貳軍帥。及前選侍衛二

十名。護中、右軍主將王胞。後軍主將山胞、同統右
壹軍帥。右貳軍帥。後壹軍帥、後貳軍帥。押後。每行
營、匝營。各軍、各營、宜間勻連絡。首尾相應。努力護
持老、幼、男、女、病傷。總要個個保齊。同見小天堂威
風。衆兵將、各各遵。欽此。
此是。前時行營。坐營鋪排如是。今宜聽東王將令。
辛開八月初三日時在莫村，
天王詔令各軍、各營衆兵將。放膽。歡喜踴躍。同心同
力同向前。萬事皆有、

天父主張。

天兄擔當千祈莫慌。

眞神能造山河海。任那妖魔一面來。

天羅地網重圍住。爾們兵將把心開。

日夜巡邏嚴預備。運籌設策夜銜枚。

岳飛五百破十萬。何况妖魔滅絕該。

欽此。

辛開八月十九日時在舟中

天王詔令。衆兵將千祈遵天命。不得再逆。朕實情諭爾。眼前不貪生怕死。後來上天堂。便長生不死。爾若貪生便不生。怕死便會死。又眼前不貪安怕苦。後來上天堂便永安無苦。爾若貪安便不安怕苦便會苦。總之遵天誡享天福。逆天命落地獄。衆兵將千祈醒醒。再逆者莫怪。欽此。

又八月初七日時在永安

天王詔令。各軍各營衆兵將。各宜爲公莫爲私。總要一條草。對緊

天父

天兄及朕也。繼自今其令衆兵將。凡一切殺妖取城所
得金寶綢帛寶物等項。不得私藏。盡繳歸
天朝聖庫。逆者議罪。欽此。

辛開九月二十五日時在永安

天王詔令。通軍大小兵將。千祈遵天令。歡喜踴躍。威
武同心同力。同向前。同顧
天父
天兄綱常。今詔令各軍。何處殺妖後。各兩司馬立即記
錄自己管下兵某名。頭頂遵令向前。則畫圓圈以

記其功。某名頭頂逆令退縮。則書交叉。以記其罪。中等者免記錄。記錄冊成。兩司馬執冊達卒長。卒長達旅帥。旅帥達師帥。師帥達軍帥。軍帥達監軍。監軍達總制。總制次遞達丞相。丞相達軍師。軍師轉奏侯到小天堂。以定官職高低。小功有小賞。大功有大封。各宜努力自愛。欽此。

辛開十月十二日時在永安

天王詔令通軍大小衆兵將。千祈遵天令。歡喜踴躍堅耐、威武同心同力。同向前。同順

天父

天兄綱常。當前朕有令曰。上天豈容易。頭要耐心志。一定會上天。爾們把心堅。最怕半路錯。鬼路最歪邪、據眼前論、衆兵將今知得妖魔多端誘惑否、今知得鬼路歪邪否、今知得朕前言有定准否、茲今特詔大小兵將、千祈堅耐、莫被誘惑、果能立志頂天忠報国到底、

天父

天兄自有眼照得爾到、朕亦自有眼照得爾到也、今詔

封從前及後一概打從昇天功臣職同總制世襲、掌打大旗昇天功臣、職同將軍侍衛世襲現封及者袍帽遵依官制、未封及者風帽一概盡與兩司馬同既封及者一體、未封及者一樣、上到小天堂、凡一概同打江山功勲等臣、大則封丞相檢點指揮將軍侍衛、至小亦軍帥職、累代世襲、龍袍角帶在天朝朕實情諭爾、我等既幸得為

天父子女、又幸得為

天兄弟妹、在世則威風無比在天則享福無疆、朕問爾

等威風有如此眞威風否、享福有如此眞享福否。繼自今各軍大小衆兵將、千祈踴躍同心同頂起天父天兄綱常。妖魔詭計百出。衆兵將千祈醒醒。莫至天光怨鬼迷也。欽此。

辛開十月二十五日時在永安

天王詔令。通軍大小兵將各宜認實眞道而行。天父上主皇上帝。纔是眞神天父上主皇上帝以外。皆非神也。

天父上主皇上帝。無所不知。無所不能。無所不在。様様上

又無一人非其所生所養。纔是上。纔是帝、

天父上主皇上帝而外、皆不得僭稱上僭稱帝也。繼自今

衆兵將。呼稱朕爲主則止。不宜稱上致冒犯

天父也

天父是。

天聖父。

天兄是

救世聖主。

天父
天兄纔是聖也。繼自今、衆兵將。呼稱朕為主則止、不宜
稱聖致冒犯
天父
天兄也
天父上主皇上帝是神爺。是魂爺。前此左輔右弼。前導後
護各軍師。朕命稱為王爺。姑從凡間歪例。據真道
論有些冒犯
天父

天父纔是爺也。今特褒封左輔正軍師爲東王、管治東方各国。褒封右弼又正軍師爲西王、管治西方各国。褒封前導副軍師爲南王。管治南方各国。褒封後護又副軍師爲北王、管治北方各国、又褒封達胞爲翼王。羽翼天朝、以上所封各王、俱受東王節制。另詔后宮稱娘娘、貴妃稱王娘、欽此

壬子正月二十七日時在永安

天王詔令通軍大小男女兵將。千祈遵天條。茲今特詔令清胞、貴妹夫山胞、正胞、達胞暨各軍各頭領。

務宜時時嚴查軍中。有犯第七天條否。如有犯第七天條者。一經查出。立即嚴拿斬首示衆。決無寬赦。衆兵將千祈莫容忍包藏。致干

天父皇上帝義怒。各宜醒醒。欽此

壬子二月三十日時在永安

天王詔令通軍男將女將千祈遵天令。歡喜踴躍。堅耐威武。放膽誅妖。任那妖魔千萬算難走

天父眞手段。江山六日尚造成。各信天爺爲好漢。高天差

爾誅妖魔。

天爹

天兄時顧看男將女將盡持刀。現身着衣僅替換。同心放膽同殺妖。金寶包袱在所緩。脫盡凡情頂高天。金磚金屋光煥煥。高天享福極威風。最小最卑盡綢緞。男着龍袍女插花。各做忠臣勞馬汗。欽此

壬子八月初十日時在長沙

天王詔令。通軍大小兵將。自今不得再私藏私帶金寶。盡繳歸　天朝聖庫。倘再私藏私帶。一經察出斬首示衆。欽此。

天王詔旨

詔曰、咨爾臣工。當別男女。男理外事。內非所宜聞。女理內事。外非所宜聞。朕故特詔。繼自今、外言永不准入。內言永不准出。今凡后宮臣下宜謹慎。總稱娘娘。后宮姓、名、位次。永不准臣稱及談及。臣下有稱、及談及后宮、姓各位次者。斬不赦也。后宮面永不准臣下見。臣下宜低頭垂眼。臣下、有敢起眼窺看后宮面者。斬不赦也。后宮聲、永不准臣下傳。臣下、女官有敢傳后宮言語出外者。斬不赦也。臣下詔永不准傳入。臣下詔有敢傳入者。傳遞人斬不赦。眾臣下斬不赦也。朕實精詔爾等后宮爲治化之原。宮城爲風俗之本。朕非好爲嚴別。誠體

天父

天兄聖旨。斬邪留正。有偶不如此。亦斷斷不得也。自今朕旣詔明。不獨眼前臣下宜遵。

天朝天国萬萬年子子孫孫暨所有臣下俱宜遵循。

今日朕語也。欽此。

癸好三年正月二十八日詔

天條書（重刻本）

太平天國壬子二年（一八五二）刻本

太平天囯壬子二年新刻

天條書

旨准頒行詔書總目

詔書總目

太平條規

頒行詔書

頒行曆書

三字經

幼學詩

旨准頒行共有十四部

天下凡間誰人不犯天條但從前不知猶可解說今
皇上帝恩詔既頒自今以後凡曉得在
皇上帝面前悔罪不拜邪神不行邪事不犯天條者准上天堂
享福千年萬萬載威風無了期凡不曉得在
皇上帝面前悔罪仍拜邪神仍行邪事仍犯天條者定罰地獄
受苦千年萬萬載哀痛無了期孰得孰失請自思之天
下凡間我們兄弟姊妹可不醒哉若終不醒則眞生賤
矣眞鬼迷矣眞有福不知享矣千年萬萬載在高天威
風如此大福都不願享情願受反天之罪致惹
皇上帝義怒罰落十八重地獄永受苦矣哀哉今有被魔鬼迷

懞心腸者動說君長方拜得

皇上帝

皇上帝天下凡間大共之父也君長是其能子善正是其肖子

庶民是其愚子強暴是其頑子如謂君長方拜得

皇上帝且問家中父母難道單是長子方孝順得父母乎又有

妄說拜

皇上帝是從番不知上古之世君民一體皆敬拜

皇上帝甚拜

皇上帝這條大路當初

皇上帝六日造成天地山海人物以來中国番国俱是同行這

條大路。但西洋各番国。行這條大路。到底中国。行這條
大路。近一二千年。則差入鬼路。致被閻羅妖所捉。故今

皇上帝哀憐世人、大伸能手。救世人。脫魔鬼之手。挽世人回頭
復行轉當初這條大路。生前不至受鬼氣。死後不至被
鬼捉。得上天堂享永福。此乃

皇上帝格外恩憐。莫大之恩典也。不醒者。反說是從番。何其被
魔鬼迷懞本心之甚也。

○悔罪規矩

當天跪下求

皇上帝赦罪。或用奏章祈禱。禱畢。或用面盆水。遍身洗淨。或在

江河浸洗更妙。悔罪後。朝晚禮拜

皇上帝。求

皇上帝看顧。賜聖神風化心。食飯感謝

皇上帝。七日禮拜頌讚

皇上帝恩德。時時遵守十欵天條。切不可拜世間一切邪神。尤不可行世間一切邪事。如是則成

皇上帝子女在世

皇上帝看顧。昇天

皇上帝恩愛。永遠在高天享福。天下凡間。不論中国番国。男人婦人總要如是。方昇得天堂。

〇悔罪奏章

小子〇〇〇
小女〇〇〇跪在地下。眞心悔罪。祈禱

天父皇上帝格外恩憐。赦從前無知。屢犯天條。懇求

天父皇上帝。開恩。准赦前愆。准改過自新。以得昇天。自今眞心悔改。不拜邪神。不行邪事。遵守天條。懇求

天父皇上帝。時賜聖神風化。惡心永不准妖魔迷。時時看顧。永不准妖魔害。祝福。有衣有食。無災無難。今世見平安。昇天見永福。托

救世主天兄耶穌。贖罪功勞。轉求

天父皇上帝在天。聖旨成行。在地如在天焉。俯准所求。心誠所

願。

○朝晚拜　上帝

小子○○○（小女○○○）跪在地下。祈禱

天父皇上帝。恩憐救護。時賜聖神風。化惡心。永不准妖魔迷。時

時看顧。永不准妖魔害。托

救世主天兄耶穌。贖罪功勞。轉求

天父皇上帝在天。聖旨成行。在地如在天。焉俯准所求。心誠所

願。

○食飯謝　上帝　感謝

天父皇上帝。祝福。有衣有食。無災無難。魂得昇天。

○災病求　上帝

小子○○○
小女○○○跪在地下。祈禱

天父皇上帝。今有小子○○○
小女○○○。現有災病。懇求

天父皇上帝。恩憐救護災病速退身體復安。倘有妖魔侵害。懇

求

天父皇上帝。大發天威。嚴將妖魔誅滅。托

救世主天兄耶穌。贖罪功勞。轉求

天父皇上帝。在天聖旨成行。在地如在天。焉俯准所求。心誠所

願。

○凡生日、滿月、嫁、娶、一切吉事。俱用牲饌。茶飯祭告

皇上帝其奏章曰。

小子〇〇〇小女〇〇〇跪在地下。禱告

天父皇上帝今有小子〇〇〇小女〇〇〇生日、滿月、迎親嫁娶等事。虔具牲饌

茶飯敬奉

天父皇上帝。懇求

天父皇上帝。祝福。小子〇〇〇小女〇〇〇家中吉慶。萬事勝意。托

救世主天兄耶穌贖罪功勞轉求

天父皇上帝在天。聖旨成行。在地如在天。焉俯准所求。心誠所

願。

○凡作竈、做屋、堆石、動土、等事。俱用牲饌茶飯。祭告

皇上帝。其奏章曰。小子○○○小女○○○跪在地下祈禱

天父皇上帝。今有小子○○○小女○○○作竈做屋堆石動土等事。虔備牲饌茶飯祭告

天父皇上帝。懇求

天父皇上帝。看顧扶持小子○○○小女○○○家中大小個個安康。百無禁忌。怪魔遁藏。萬事勝意。大吉大昌。托

救世主天兄耶穌贖罪功勞。轉求

天父皇上帝在天聖旨成行在地。如在天焉。俯准所求。心誠所願。

天條書　五

○昇天是頭頂好事。宜歡不宜哭。一切舊時壞規矩

盡除。但用牲饌茶飯祭告

皇上帝。其奏章曰

小子○○○小女○○○跪在地下祈禱

天父皇上帝。今有小靈魂○○○在某月某日某時昇天。今虔

具牲饌茶飯敬奉

天父皇上帝。懇求

天父皇上帝開恩。准小靈魂○○○得上天堂。得享

天父皇上帝大福。又懇求

天父皇上帝。看顧扶持。小子○○○小女○○○家中大小個個安康。百無

禁忌怪魔遁藏萬事勝意大吉大昌托
救世主天兄耶穌贖罪功勞轉求
天父皇上帝在天聖旨成行在地如在天焉俯准所求心誠所
願

○七日禮拜頌讚皇上帝恩德（每逢虛房星昴四宿日是禮拜日）

讚美上帝爲天聖父　讚美耶穌爲救世聖主
讚美聖神風爲聖靈　讚美三位爲合一眞神
眞道豈與世道相同　能救人靈享福無窮
智者踴躍接之爲福　愚者省悟天堂路通
天父鴻恩廣大無邊　不惜太子遣降凡間

捐命代贖吾儕罪孽　人知悔改得昇天

○時時遵守十款天條　十款天條、是皇上帝所設

第一天條崇拜皇上帝　皇上帝爲天下萬國大共之父、人人是其所生所養、人人是其保佑、人人皆當朝晚敬拜、酬謝其恩、俗語云、天生天養天保佑、又俗語云、得食莫瞞天、故凡不拜皇上帝者、是犯天條、

詩　皇天上帝是眞神　朝朝夕拜自超昇

曰　天條十款當遵守　切莫鬼迷昧性眞

第二天條不好拜邪神　皇上帝曰、除我外、不可有別神、皇上帝以外、皆是邪神、迷惑害累世人者、斷不可拜、凡拜一切邪神者、是犯天條、

詩　邪魔最易惑人靈　錯信終爲地獄身

曰 勸爾豪雄當醒悟 堂堂天父急相親

第三天條不好妄題皇上帝之名 皇上帝本名爺火華世人不可妄題凡妄題皇上帝之名及咒罵天者是犯天條

詩 巍巍天父極尊崇 犯分干名鮮克終

曰 眞道未知須醒悟 輕狂褻瀆罪無窮

第四天條七日禮拜頌讚皇上帝恩德 皇上帝當初六日造成天地山海人物第七日完工名安息日故世人享皇上帝之福每七日要分外虔敬禮拜頌讚皇上帝恩德

詩 世間享福盡由天 頌德歌功理固然

曰 朝夕饔飧須感謝 還期七日拜尤虔

第五天條孝順父母 皇上帝曰孝順父母則可遐齡凡忤逆父母者是犯天條

詩　大孝終身記有虞　雙親底豫笑歡娛

曰　昊天罔極宜深報　不負生前七尺軀

第六天條不好殺人害人　殺人即是殺自己，害人即是害自己，凡殺人害人者，是犯天條。

詩　天下一家盡兄弟　奚容殘殺害羣生

曰　成形賦性皆天授　各自相安享太平

第七天條不好奸邪淫亂　天下多男人，盡是兄弟之輩；天下多女子，盡皆姊妹之羣。天堂子女，男有男行，女有女行，不得混雜，凡男人女人奸淫者，名爲變怪，最大犯天條，即丟邪眼、起邪心向人，及吹洋烟，唱邪歌，皆是犯天條。

詩　邪淫最是惡之魁　變怪成妖甚可哀

曰　欲享天堂眞實福　須從克已苦修來

第八天條不好偷竊刼搶　貧窮富貴皆皇上帝賜定凡偷竊人物刼搶人物者是犯天條

詩　安貧守分不宜偷　刼搶橫行最下流

曰　暴害人民還自害　英雄何不早回頭

第九天條不好講謊話　凡講謊誕鬼怪奸詐之話及講一切粗言爛語者是犯天條

詩　謊言怪語切宜捐　詭譎橫生獲罪天

曰　口孽既多終自受　不如愼密正心田

第十天條不好起貪心　凡見人妻女好便貪人妻女見人物產好便貪人物產及賭博買票圍姓皆是犯天條

詩　爲人切莫起貪心　慾海牽纏禍實深
曰　西奈山前垂誥誡　天條款款烈于今

回心信實天父皇上帝終有福。
硬頸叛逆天父皇上帝總有哭。
遵天條。拜眞神。分手時天堂易上。
泥地俗。信魔鬼。盡頭處地獄難逃。
溺信邪神。卽爲邪神卒奴。生時惹鬼所纏。死時被
鬼所捉。
天而昇。
敬拜上帝。便是上帝子女。來處從天而降。去處向

上帝有主張。爾們切莫慌。
眞心多憑據。方可上天堂。
眞心敬上帝。莫信怪人誑。
凡情丟卻盡。方得上天堂。

天上眞神一上帝。凡人行錯總無知。
坭團木石將頭磕。問爾靈心失幾時。
從天妄說是從雀。眞正凡人蠢且頑。
上古君民遵上帝。英雄速破鬼門關。
順天獲福逆天亡。何故世人論短長。
看爾原非菩薩子。因何不願轉天堂。

三字經

太平天國癸好三年（一八五三）刻本

太平天国癸好三年鐫刻

三字經

旨准頒行詔書總目

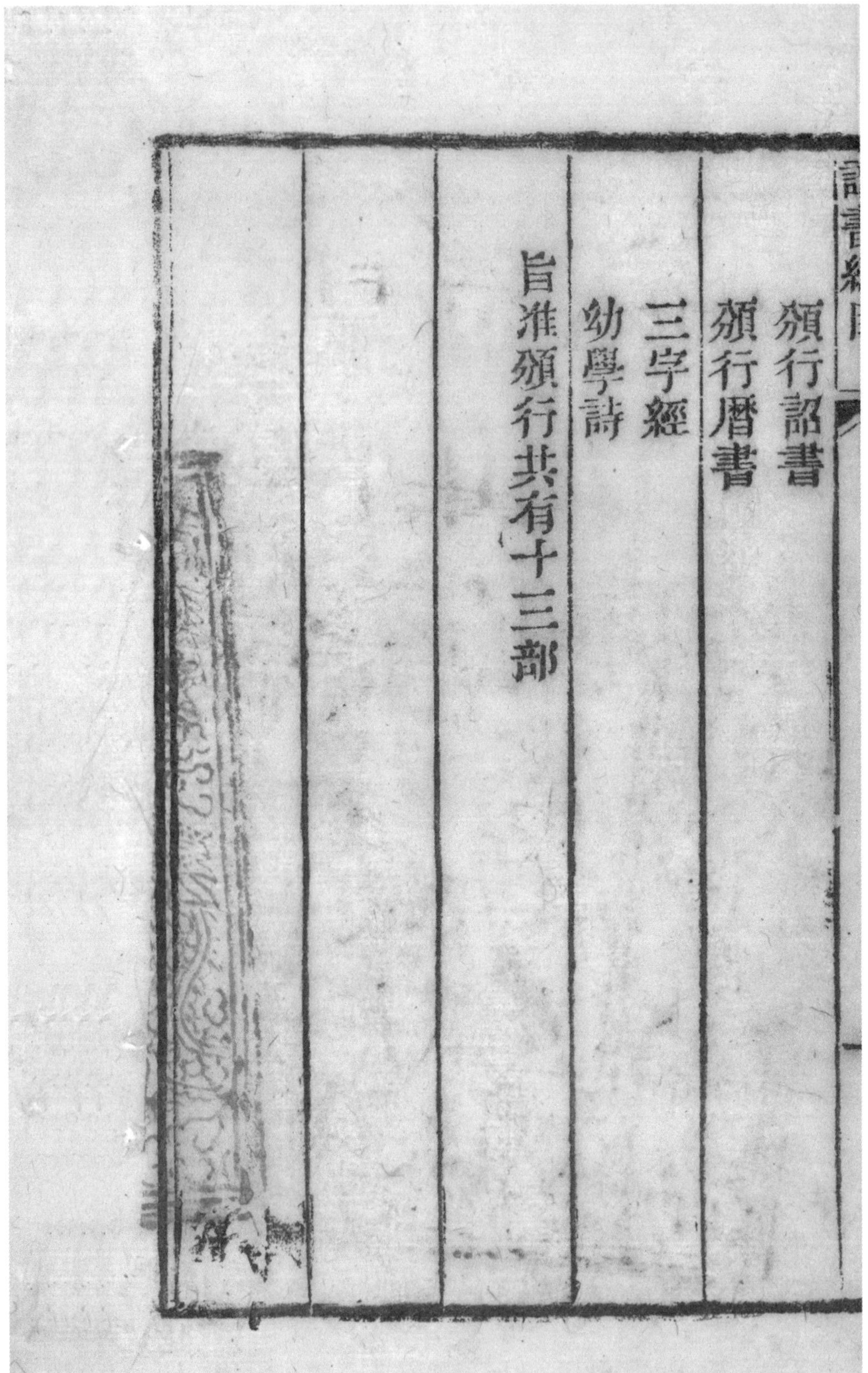

頒行詔書

頒行曆書

三字經

幼學詩

旨准頒行共有十三部

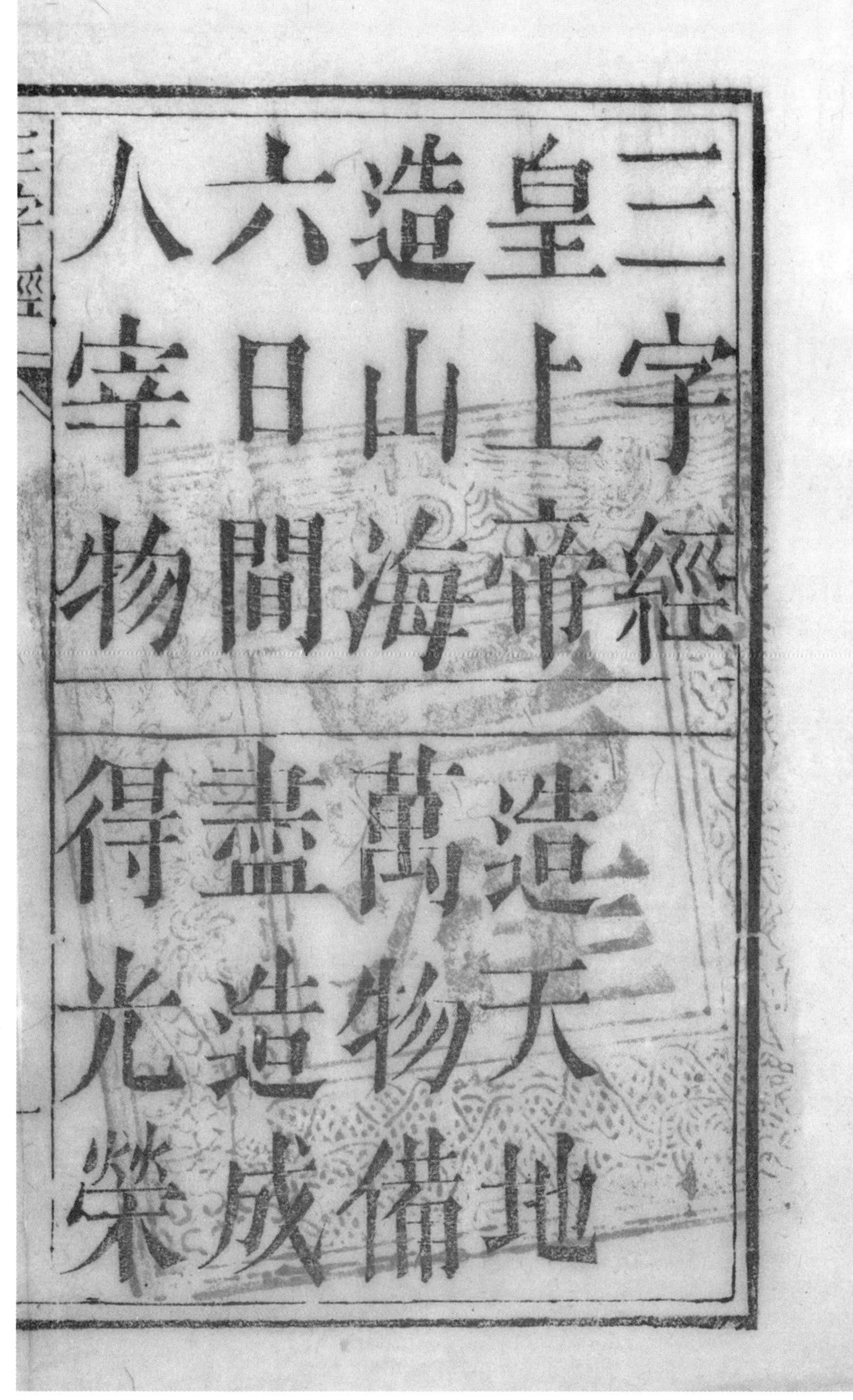

三字經

皇上帝　造天地
造山海　萬物備
六日間　盡造成
人宰物　得光榮

七日拜　報天恩
普天下　把心虔
說當初　講番国
敬上帝　以色列
十二子　徒麥西

帝眷顧
子孫齊
後狂出
鬼入心
忌與聖
苦害侵
命養女
莫養男
煩役苦
實難堪

皇上帝　垂憫他
命摩西　還本家
命亞倫　迎摩西
同敵奏　神蹟施
狂硬心　不肯釋

上帝怒
降蝗螂
匐進宮
不准放
飲苦水

降蜢虱
及蟾蜍
逼入爐
海化血
麥西國

降瘡疥
降重雹
終不放
麥西狂
乃釋放

及瘟癀
最難當
殺長子
無法使
出麥西

皇上帝　甚扶持
日乘雲　夜火柱
皇上帝　親救苦
狂硬心　帶兵追
上帝怒　發天威

到紅海　水汪洋
以色列　實驚慌
追兵到　上帝欄
親打戰　民無煩
令紅海　水兩開

立如墻可往來
以色列邁步行
如履旱得全生
追兵過車脫輻
水復合盡淹覆

皇上帝　大權能
以色列　盡保全
行至野　食無粮
皇上帝　諭莫慌
降甜露　人一升

甜如蜜　飽其民
民多欲　想食肉
鶉鴿降　千萬斛
西奈山　顯神蹟
命摩西　造碑石

皇上帝
設天條
列十款
罪不饒
親繕寫
付摩西
天上法
無更移
傳至後
暫不遵

中魔計　陷沉淪
皇上帝　憫世人
遣太子　降凡塵
曰耶穌　救世主
代贖罪　眞受苦

十字架　釘其身
流寶血　救凡人
死三日　復番生
四十日　論天情
臨昇天　命門徒

傳福音　宣詔書
信得救　得上天
不信者　定罪先
普天下　一上帝
大主宰　無有二

中国初　同番国　盤古下　敬上帝　商有湯

帝眷顧　共條路　至三代　書冊載　周有文

敬上帝　最慇懃
湯盤銘　日日新
帝命湯　狂其身
文翼翼　昭事帝
人歸心　三有二

至秦政
中靡計
漢武宣
狂悖甚
武臨老

惑神仙
二千年
皆效尤
秦政徒
雖悔悟

少壯時
漢明愚
立寺觀
至宋徽
改上帝

既錯路
迎佛法
大遭劫
猶猖狂
稱玉皇

皇上帝　乃上主
普天下　大天父
號尊崇　傳久載
徽何人　敢亂改
宜宋徽　被金擄

同其子
自宋徽
七百年
講上帝
閻羅妖

漬扎朽
到于今
陷溺深
人不識
作怪極

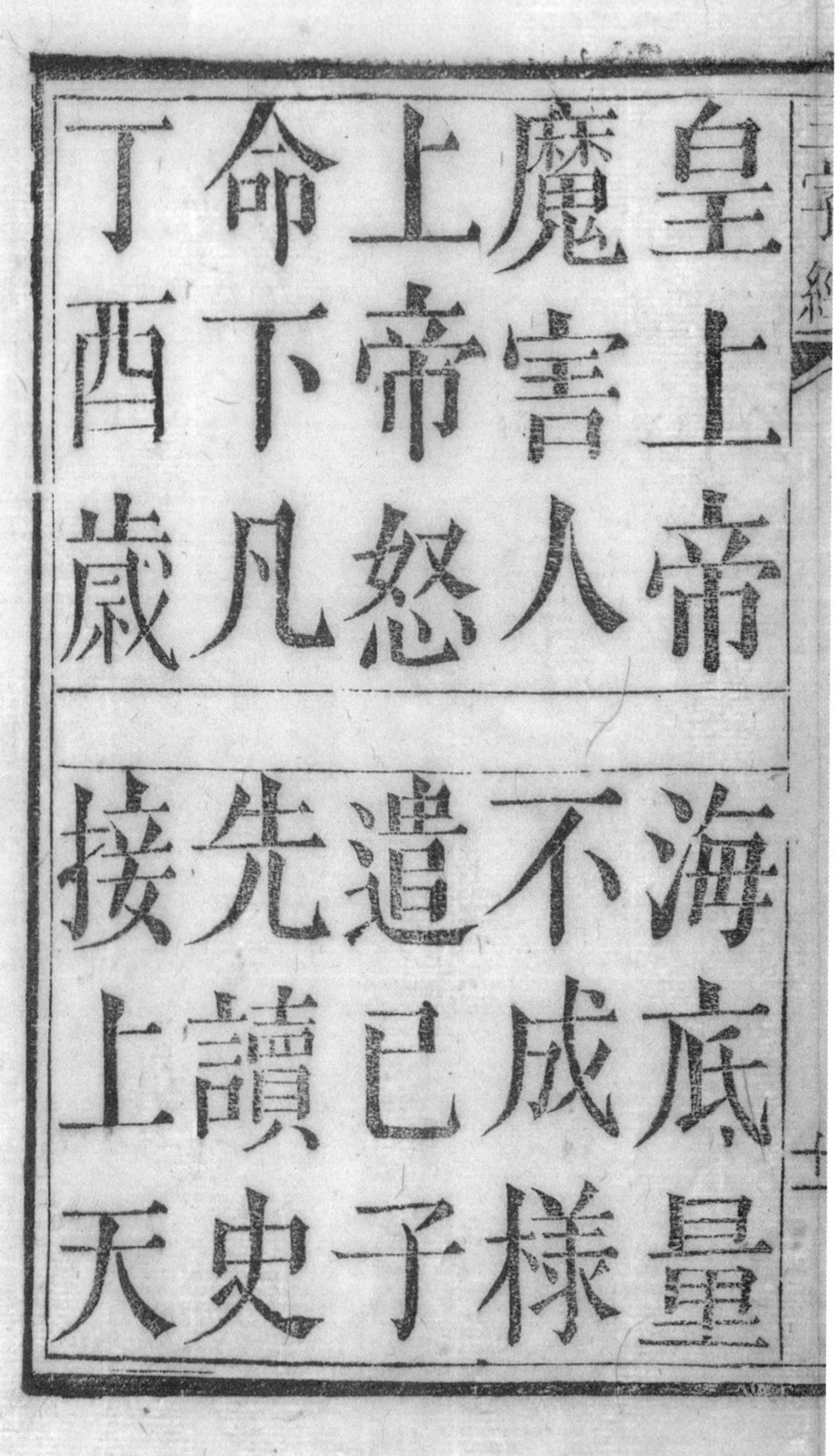

皇上帝　海底量
魔害人　不成樣
上帝怒　遣已子
命下凡　先讀史
丁酉歲　接上天

天情事　指明先
皇上帝　親教導
授詩章　賦真道
帝賜印　並賜劍
交權能　威難犯

命同兄
逐妖魔
紅眼睛
最作怪
皇上帝

是耶穌
神使扶
即閻羅
此蛇魔
手段高

教其子
戰服他
紅眼睛
戰勝妖
皇上帝

制服妖
不放寬
心膽寒
復還天
托大權

天母慈　最恩愛
嬌貴極　不可賽
天嫂賢　最思量
時勸兄　且悠楊
皇上帝　愛世人

仍命子　降凡塵
送下凡　囑莫慌
有我在　作主張
戊申歲　子煩愁
皇上帝　乃出頭

率耶穌
教其子
帝立子
散耶謀
審判世

同下凡
勝肩擔
存永遠
威權顯
分善惡

地獄苦　天堂樂
天做事　天擔當
普天下　盡來王
小孩子　拜上帝
守天條　莫放肆

要鍊正　莫歪心

皇上帝　時鑒臨

要鍊好　莫鍊歪

自作孽　禍之階

慎厥終　惟其始

差毫釐
謹其小
皇上帝
小孩子
天上法

失千里
慎其微
不可欺
醒精神
不饒情

善降祥　惡降殃
順天存　逆天亡
皇上帝　乃神爺
萬物件　依靠他
皇上帝　乃魂父

虔服事
順肉親
能報本
勿奸淫
勿說謊

獲祝嘏
享遐齡
福本應
勿污穢
勿殺害

勿偷竊
皇上帝
遵天誡
謝天恩
天福善

勿貪惏
法甚嚴
享天福
食天祿
禍淫人

小孩子　正其身
正是人　邪是鬼
小孩子　求不愧
帝愛正　最惡邪
小孩子　慎莫差

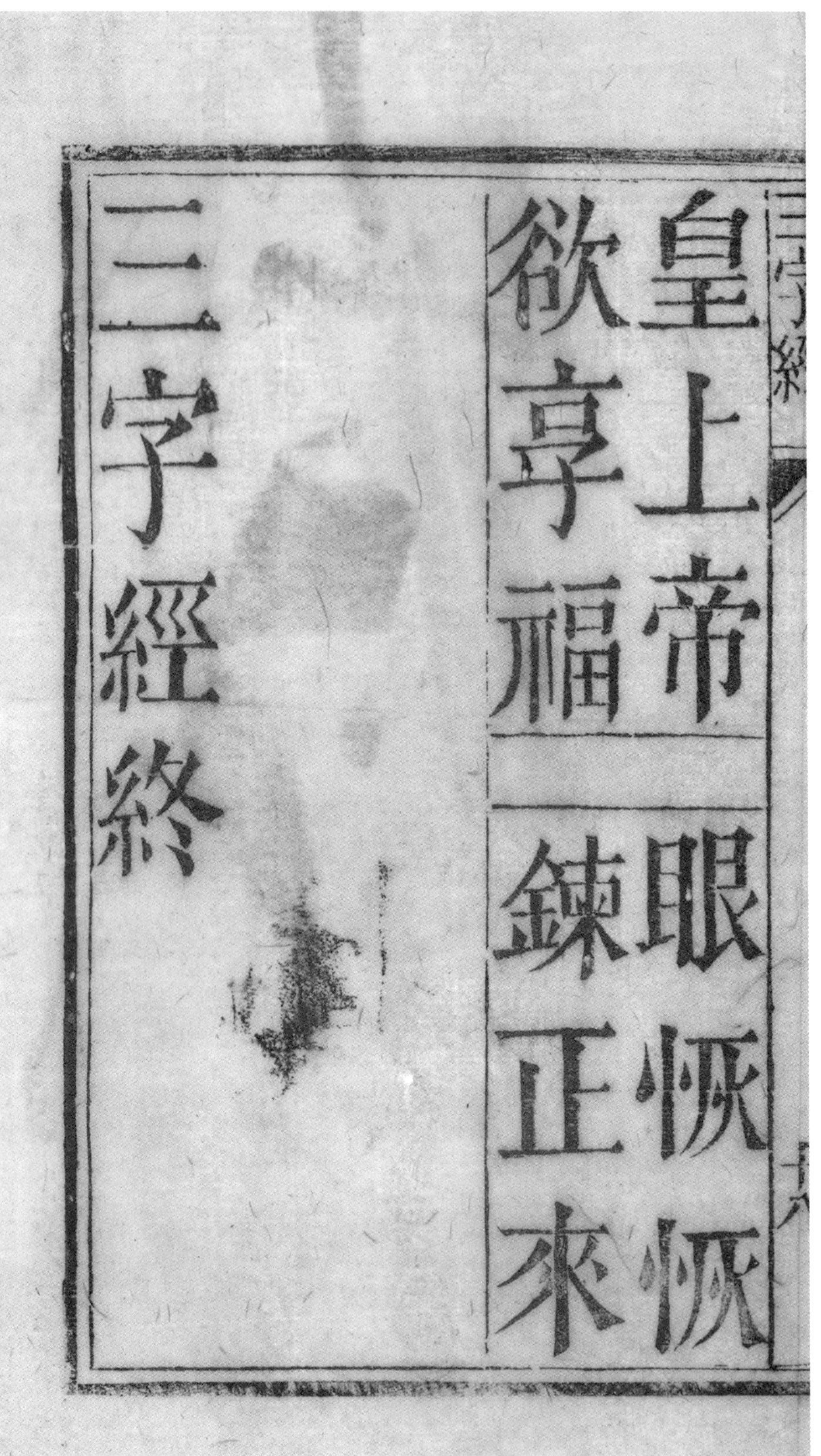
皇上帝　眼恢恢
欲享福　鍊正來

三字經終

太平救世歌

太平天國癸好三年（一八五三）刻本

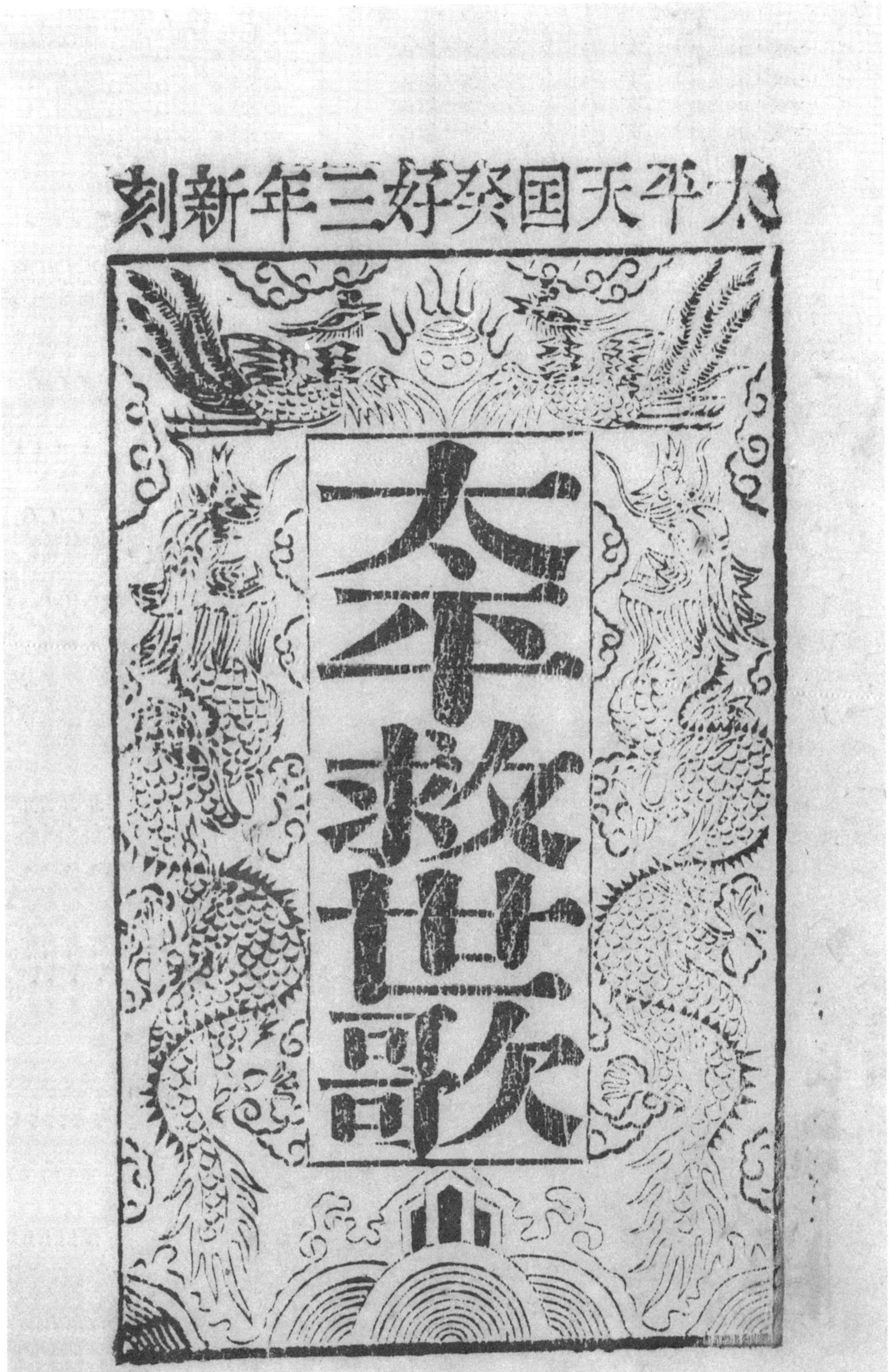

太平天国癸好三年新刻
太平救世歌

旨准頒行詔書總目

太平條規
頒行詔書
頒行曆書
三字經
幼學詩
太平救世歌
旨准頒行共有十五部

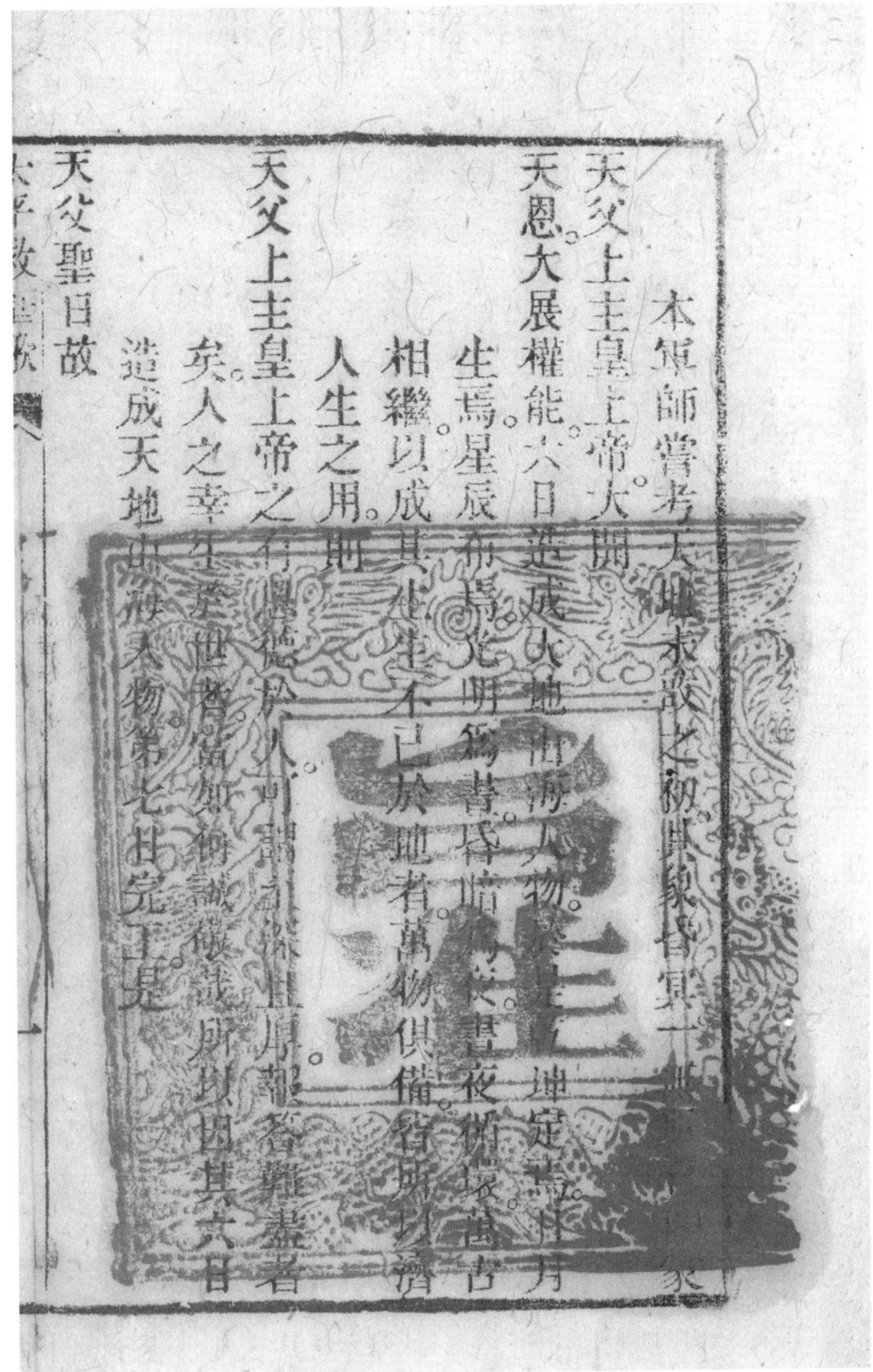

本軍師嘗考天地未設之初。其象皆冥一片無可分象
天父上主皇上帝。大開
天恩。大展權能。六日造成天地山海人物。乾坤定焉。日月
生焉。星辰布焉。光明爲晝。昏暗爲夜。晝夜循環。萬古
相繼。以成其生生不已。於地者萬物俱備。皆所以濟
人生之用。則
天父上主皇上帝之有恩德於人。可謂至極且周。報答難盡者
矣。人之幸生斯世者。當如何識認識所以因其六日
造成天地山海人物。第七日完工。是
天父聖日。故

天父命此日為安息日。定為禮拜之期。使世人永遠知真福之

由

天父恩賜。要時時記念

天父鴻恩。且夫天地萬物。既為

天父所造成。則

天父為獨一真神。尊無二上。旋往古之時。人性猶明。真源未失。

皆知敬拜

天父上主皇上帝。其時家喻戶曉。無人不知。讚頌

功德。感謝

天恩。降及後代。年歲愈遠。根本愈失。漸為妖魔迷害。忽然差大

鬼路。坭團塑像。木偶裝金。種種邪行。何可悉數。故我

天父皇上帝。怒世人之狂惑。惜眞道之沉淪。特遣

太子

天兄耶穌降凡救世。受盡辛苦。代世人贖罪。功勞宏大。莫過

於此。世人曉此救世捐命贖罪根由。則知

天兄之當尊。更可知

天父之當時時虔敬矣。乃我

天父愛世心切。恐世人不能速化。盡歸眞道。同享眞福。復遣我

主天王下凡。爲

眞命主。誅滅妖魔。化醒天下。撫綏萬邦。同享眞福。天聰天

明知識超邁凡衆仁慈寬厚度量廣大無涯除妖安
良政教皆本
天法斬邪留正生殺胥秉至公故自金田首倡大義萬衆歡騰
誅滅羣妖焚毀妖廟掃淨邪穢盡返真醇此數千年
以來未有若此巍巍之功德也惟我
天父既命
真主以救世復遣輔佐以匡
王
天父曰咨爾左輔爲正軍師師稱禾乃贖病羣黎錫爾智慧超
越凡資力助

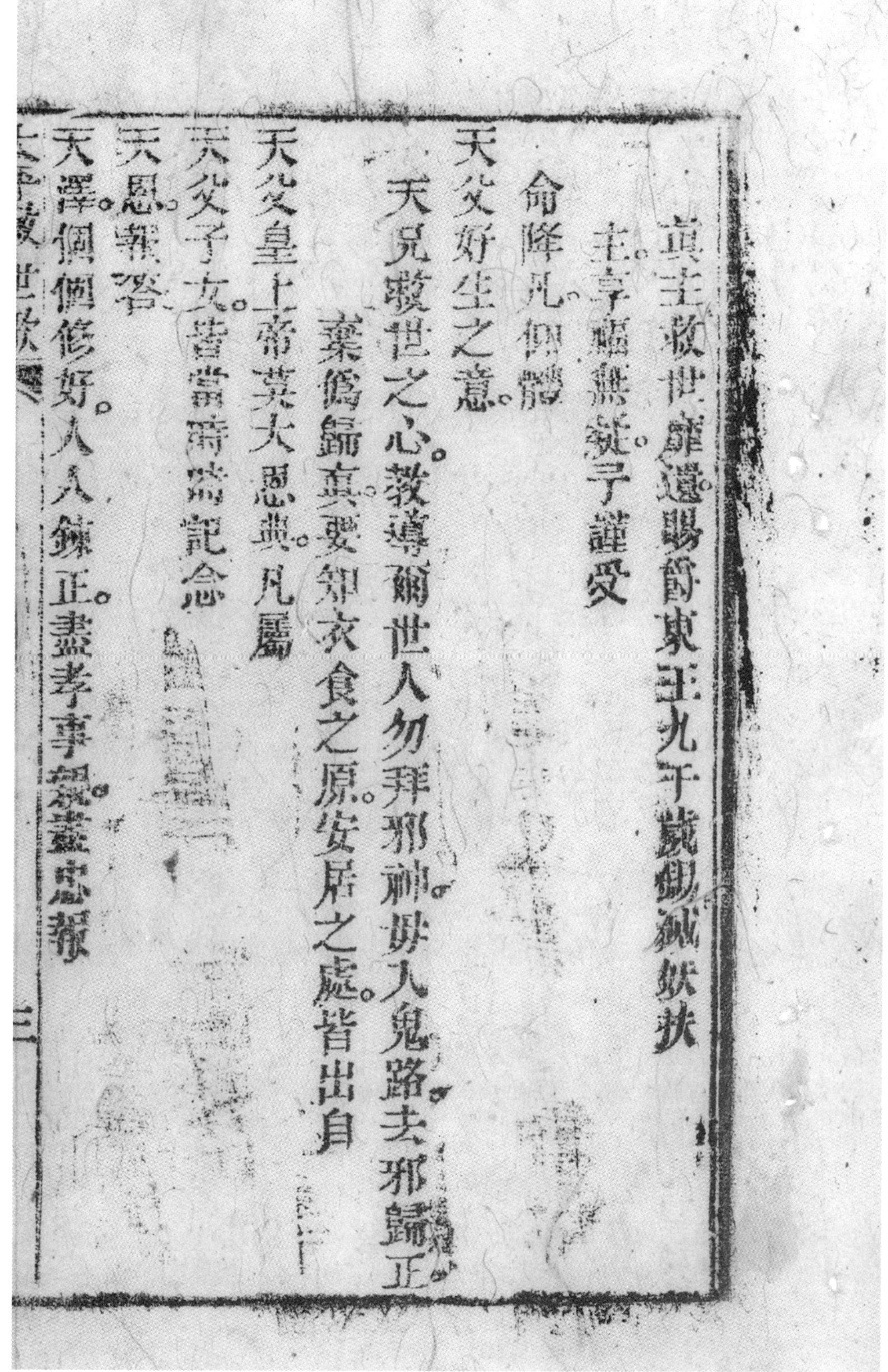

真主救世旨遵。賜爵東王九千歲。御誅妖扶

主。享福無疆。予謹受

命降凡。仰體

天父好生之意。

天兄救世之心。教導爾世人勿拜邪神。毋入鬼路。去邪歸正。

棄僞歸真。要知衣食之原。安居之處。皆出自

天父皇上帝莫大恩典。凡屬

天父子女。皆當時時記念

天恩。報答

天澤。個個修好。人人鍊正。盡孝事親。盡忠報

主。如此方合
天心得享
天福也。至一切軍機政務。無不細心體貼。總由至公至正。仰體
必求合乎
天心。俯察必盡協夫人性。敢自扶
真主。僉倡起義以來。萬民響應。四方樂從。凡屬歸來敬拜
上帝。真心報効者。有大功則奏封大爵。有小功則奏賞小官。大
小靡遺。纖毫無間。即無功勞之兄弟姊妹。亦必使之
居處有所。衣食有資。自我兄弟五人。賴蒙
天恩

主恩。授封爲王。恭承
天父親命。下凡輔定
眞主。同心同力。誅滅妖羣。勸醒人世。而一時四方英雄豪
傑。堪爲丞相檢點指揮諸官者。皆踴躍恪遵天命。歸
從
天父上主皇上帝。翊贊我
主天王。此實是
天父早已排定。故戰無不克。攻無不勝。自金田至金陵。八千里
之遙。百萬銅關。盡行打破。愚頑向化。其實托賴
天父

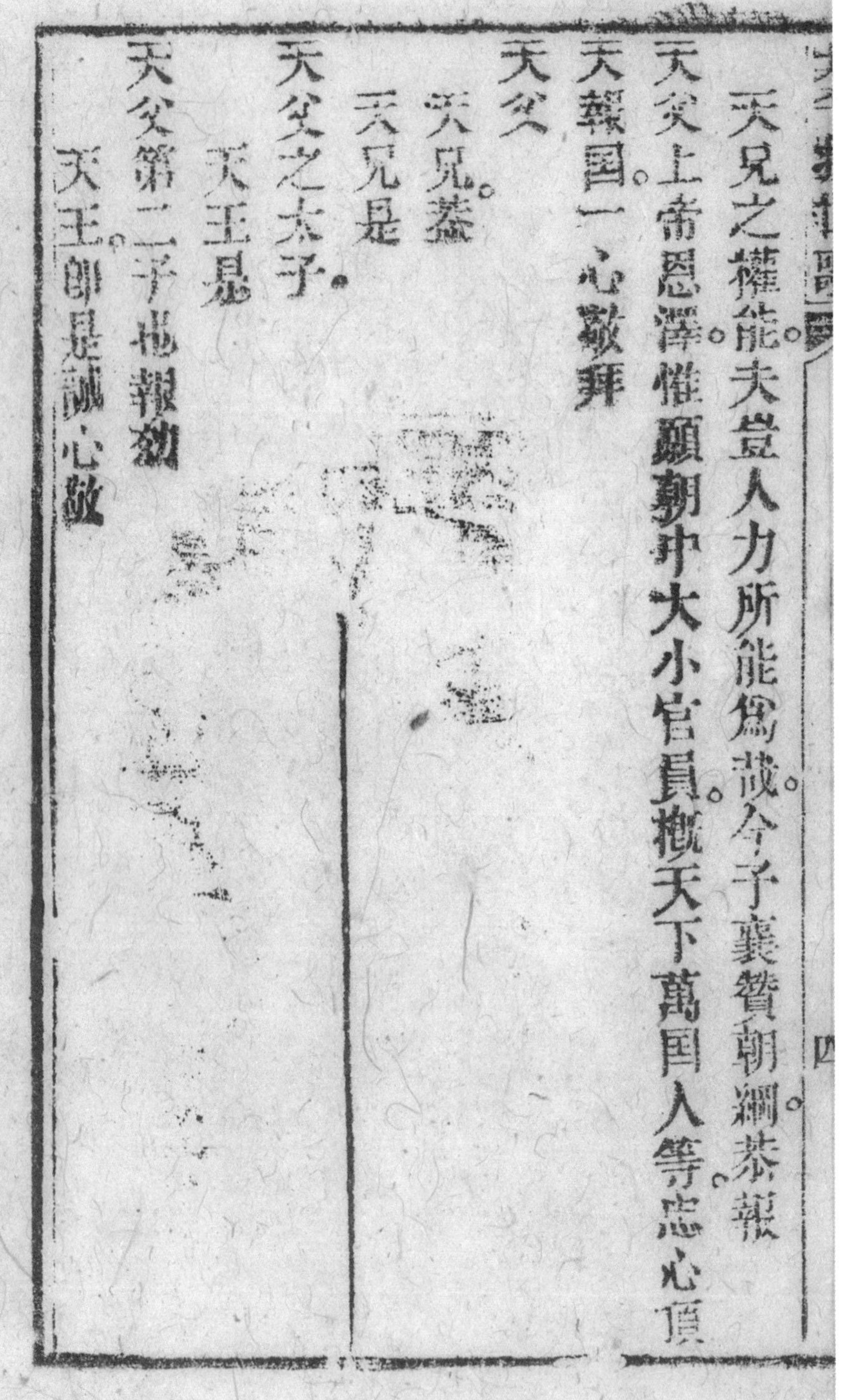

天兄之權能夫豈人力所能爲哉。今子襄贊朝綱。恭報
天父上帝恩澤。惟願朝中大小官員。概天下萬国人等。忠心頂
天報国。一心敬拜
天父。
天兄。叅
天兄是
天父之太子。
天王是
天父第二子也。報効
天王。即是誠心敬

天父與
天兄也爲忠臣者胥要稱輔相之任爲良民者皆要知
上帝是天下人大共之父朝夕當虔敬忠貞輔
主者皆要知君臣禮儀自心內胸中切不可有絲毫欺僞
天父默中指明當知代
天理事事事必要親臨立正鐵石心存個個如此
天父定必降爾以福存見妖魔速滅天下肅齊江山一統萬古
太平共享
天父
天兄之眞福豈不美哉予謹爲之歌曰

我懷大道得眞傳　屈指已經數十年
胥知眞神祇獨一　要識造化總由天
從古眞神惟上帝　尊爲天父理當先
當初開創只一手　六日完成萬象臯
能手一伸天地定　權能廣大有淵源
萬民皆當敬上帝　中心感戴溯其原
天惜世人陷溺深　先降太子任其能
耶穌天兄專救世　心憫世道下天廷
捨身受盡無限苦　挽回眞道轉乾坤
世人須念救世主　贖罪功勞至今存

天遣我主為天王　自此真道始顯揚
天聰天明越凡衆　心性仁慈實無量
斬邪留正奉天命　賞罰分明天法彰
同在金田倡大義　萬民歡忱仰朝堂
誅滅妖魔如破竹　建都天京樂安康
要知天王為真主　能享天福樂無疆
天命扶主降凡塵　左輔躬膺感大恩
東乃歸為天父定　以身贖病救黎民
兄弟雁行居第四　同扶真主建天京
上帝真言親教授　化醒人世理實真

壽算九千蒙天賜　牽連弟妹到天庭
惟願世人皆歸正　同享真福拜真神
大封功臣開天恩　有加無已被公卿
我讀爲臣當報国　忠貞獨矢心要真
爲臣要思天恩重　須當竭力報効心
忠忱事主有厚祿　絲毫虛假天父明
我同兄弟理天事　事無大小必親臨
個個忠臣補真主　江山萬載享太平

又歌曰

皇天上帝　主宰大權　山海人物　六日造成
七日頌讚　格外尤虔　人之來生　靈魂在天
方其欲生　濕降凡間　既生之後　具有此身
受之父母　襁褓同眠　日日衣食　實靠於天
人無飲食　那得延年　靠親生身　靠天養身
親之所生　天之所養　親恩不小　天恩無邊
報恩孝親　酬謝敬天　人知孝親　愈知敬天
能知敬天　勝於孝親　虔誠敬天　何莫敬親
父母待子　何嘗心閒　乳養飲食　事事心專

及乎稍長　恐其多慾　教之禮義　終日防閑
無所不至　愛子心堅　受恩罔極　答報何年
人生不孝　獲罪於天　左右就養　無日不然
維兄及弟　父母生焉　兄則當恭　弟則當憐
孝友既盡　出仕事君　移孝作忠　能致其身
賴親而生　賴君以成　君恩更大　莫之與京
既盡其忠　不顧其親　只知有主　不知有身
鞠躬盡瘁　取義捨生　克輔
真主　以除邪淫　戮妖斬怪　殺身成仁
賴我

天父廣大權能，更賴

天兄恩德宏深，閻羅妖服，何慮妖兵，樂於戰勝。

為囯元勳，爵祿永詔，子子孫孫，世受囯恩。

世爵忠純，臣如有過，請訓於君，君恩未至。

亦宜秉明，君有微愆，請安宜誠，君恩愈見。

臣道須存，如此事君，萬代芳名，名既不朽。

天堂得昇，未事君者，為民宜良，謹守天條。

十款昭彰，敬遵天令，奉之弗違，各安常業。

士農工商，時讀天書，天道昭彰，果遵命令。

順天必昌，爾等小民，弗違弗忘，如敢違天。

卽爲魚頑　戮孥妆等　家破人亡　果其眞善

忠孝流芳　認眞

眞主

依日之光　日光普照　妖自銷亡

天下一統　擧世皆康　棄邪歸正　盛世衞祥

虔誠敬天　合家吉祥　射天之日　享福無疆

快活威風　奕世其昌

三歌曰

皇天上帝　恩廣無邊　造天造地　六日已成
七日禮拜　頌讚虔誠　誕生子女　加以恩憐
妖魔作怪　侵害世人　屢遣己子　降下凡塵
掃滅妖魔　天下太平　救濟弟妹　忠孝宜陳
人倫有五　孝弟爲先　家修廷獻　忠節爲壽
孩提知愛　常在膝前　生我鞠我　當思本源
襁褓顧復　骨肉情連　恩同罔極　銘於心田
晨昏定省　庭幃周旋　明發不寐　妄念悉捐
爲人子者　當契真詮　所生無忝　斯罔厥愆

至若稍長　弟道當嫻　事兄以敬　分所宜然
入則友愛　出則隨肩　詩有棠棣　其詠斯篇
友於克盡　服膺拳拳　鬩墻禦侮　時切糾虔
如手如足　立志頂天　塤篪協奏　情致纏綿
紫荆榮茂　衾被同眠　爲孝爲弟　各宜勉旃
破腹徹帝　委身事主　應運乘權　作忠作孝
千古名傳　天道正直　無黨無偏　大廷議政
言之便便　天恩君恩　子弟當報　切勿遲延
假設委曲　何以對天　凡有天職　臣理本然
君求德及　宜厥奏明　綱紀制度　聽旨施行

君有微恙　問安宜誠　長逢君譴　獲罪天庭
只知有国　不顧其親　致身事君　無忝爲臣
兢兢業業　如懔氷淵　勤勞天事　志壹心專
靖共爾位　行方志圓　和衷共濟　大法小廉
毋形人短　闔口三緘　已長不恃　受益以謙
妄自尊大　情摘必嚴　規勸過失　時進良言
以多問寡　莫啟猜嫌　下問不恥　翕受競占
勿謂尊位　勢分相懸　勿謂卑位　攀附拼聯
勿懷私意　朋比爲奸　勿挾陰險　見事不援
勿以人拙　笑其倒顛　勿以我巧　不納鐵砭

勿學讒謗　語蜜言甜　勿學勢利　趨熱趨炎
臨民莊敬　赫赫嚴嚴　名揚親顯　恩寵頻添
當其伏處　韜光以潛　及至出仕　用作梅鹽
爲楨爲幹　佐史立監　祇知有國　忠孝難兼
經文緯武　志切調鈴　天父才智　明君淵泉
天父思緒　慮殫精研　潛移默運　塵念胥蠲
爲人臣者　舊俗休沾　盡忠報國　立志須堅
同享眞福　快活永年　子子孫孫　得襲官員
天降眞主　大哉乾元　巍巍盛德　澤被閭閻
普天大下　莫非帝民　民分以四　各居其藝

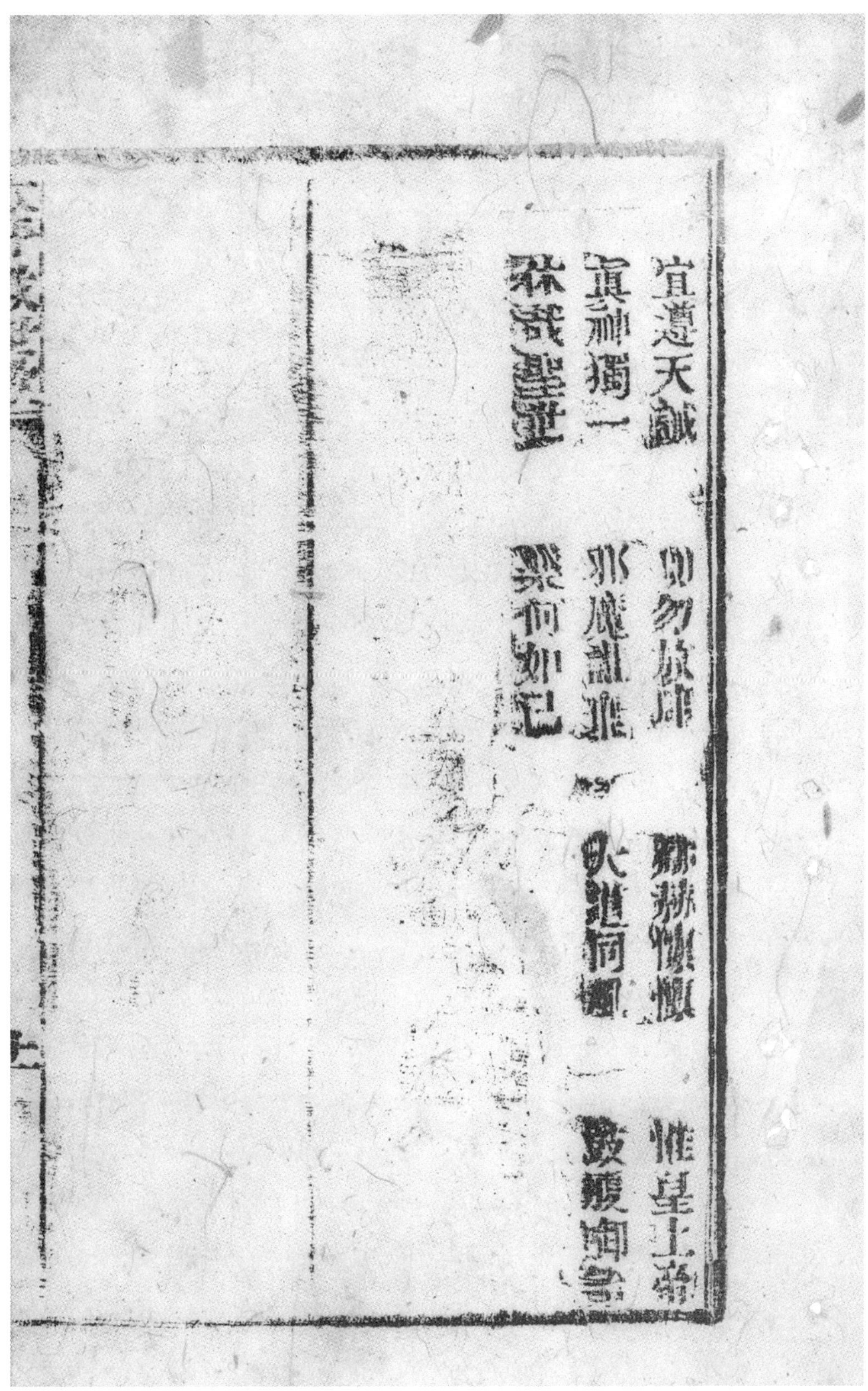

宜遵天誡　切勿放辟　赫赫懔懔　惟皇上帝

眞神獨一　邪魔亂[illegible]　天道[illegible][illegible]　[illegible][illegible][illegible][illegible]

[illegible]哉聖道　[illegible]何如已

舊遺詔聖書

卷一

太平天國癸好三年（一八五三）刻本

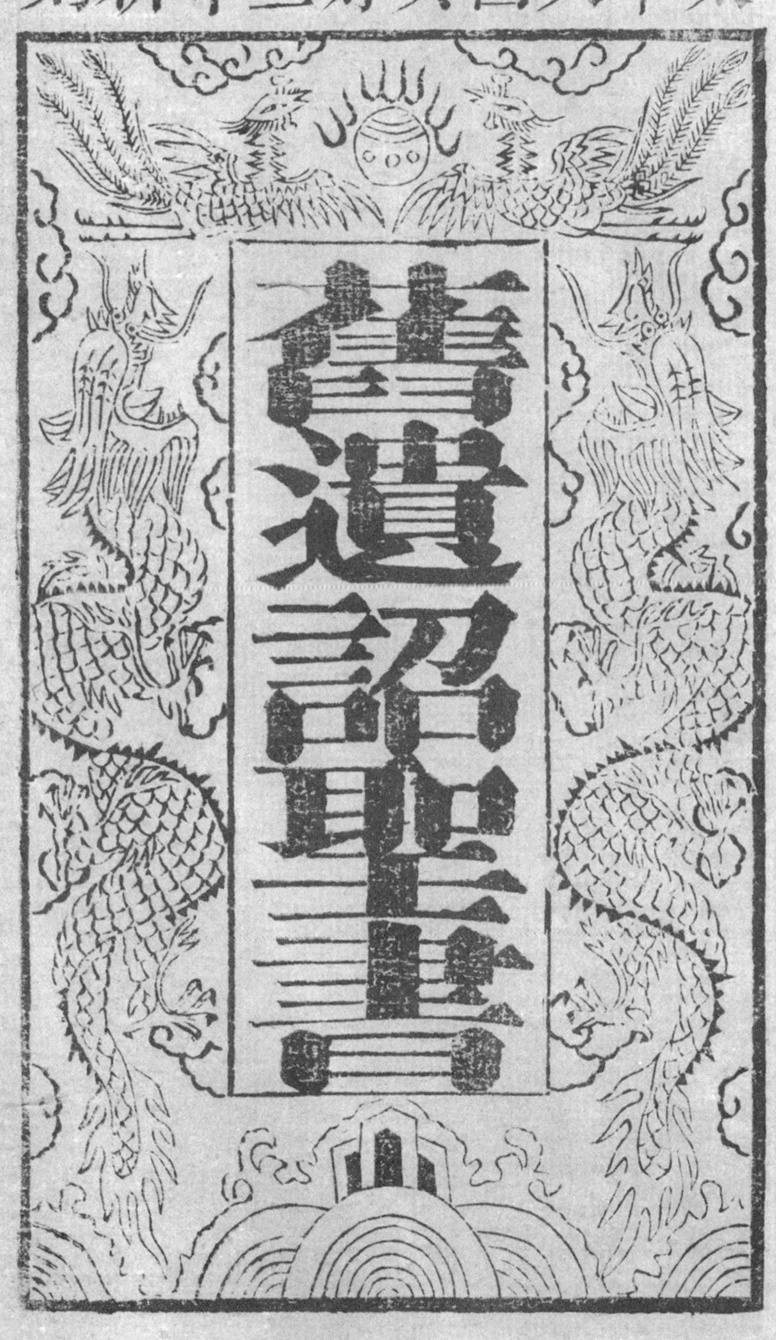
太平天国癸好三年新刻
遗诏圣书

旨准頒行詔書總目

太平條規

頒行詔書

頒行曆書

三字經

幼學詩

旨准頒行共有十四部

創世傳卷一

第一章

一節 元始上帝原造天地、二 夫地混沌、淵面昏冥、而上帝之神感動在
水之面也。三 上帝曰、光必發、而光即發也。四 且上帝觀光乃善、上帝
遂分光隔暗焉。五 上帝名光曰日、稱暗曰夜、夕則接旦、爲元日也。
六 上帝遂曰、水中間必成穹蒼、分水絕水。七 上帝則創造穹蒼、又以
穹蒼下之水、分穹蒼上之水、而有如此也。八 上帝方稱穹蒼曰天。
夕則接旦、爲第二日也。九 且上帝曰、天下諸水可聚合一處、致現
旱地、而有如此也。十 又上帝稱旱地曰地、名聚合水曰海也。且上
帝觀之乃善焉。十一 上帝曰、地可萌草與菜、發種子者並地上之樹

結菓者、內包本仁子、各照其類矣、而有如此也。十二地則出草與菜、
各依其類發種子者、亦出樹結菓者、內包本仁子、依其類也、方
上帝觀之乃善焉、十三夕則接旦爲第三日也。十四且上帝曰天上穹蒼
出列光、以分晝夜、以定曆像季時年日等、十五又爲天空之光亮、以
照地上、而有如此也。十六上帝方創造兩件巨光、其大光者、以綱紀
日矣、其小光者、以綱紀夜矣、十七又創造諸天星宿、遂置之於天空、
以照地上、十八又綱紀晝夜、又絶光隔暗、上帝則觀之乃善焉、十九夕則
接旦爲第四日也。二十上帝遂曰、諸水必裕發活動之生物、鳥亦必
在地上飛於天空、二十一又在洋海中、創造鯨魚、與各活動之生物、水
所繁發生者、各隨其類、又造有翼之鳥、各隨其類生殖、上帝觀

之乃善焉。二十二上帝又稱祝之曰、生物必增益、充滿海中之水、鳥亦
必加多滿空中、二十三夕則接旦爲第五日也。二十四上帝曰、地必發出生物、
隨其類、卽畜生、爬物、百獸、隨其種類、而有如此也。二十五夫上帝創造
地上走獸、各依其類、畜生各依其類、以及各爬地之物、各依其
類。且上帝觀之、乃善焉。二十六且上帝曰、我等應創造人類、像吾本
模、似吾親樣、致統管遍地海魚空鳥畜生、並各爬地之昆蟲也。
二十七如是上帝創造其人、似已本像、相似上帝之模、而創之、而造之
男女矣。二十八且上帝祝之、又上帝謂之曰、爾必加增、充滿地矣、且服
之、並管海魚、空鳥、暨地上諸活動之生物矣。二十九上帝遂曰、我却將
全地面各菜、包種子者、並各包樹之菓、生仁子者、悉賜爾爲食

物也。三十 吾將在地各獸、天空各鳥、暨爬地各生物者、均錫凡青菜
爲食也、而有如此也。三十一 且上帝觀所創之萬物、却係甚善矣。夕則
接旦、爲第六日也。

第二章

一節 如此天地與萬物成完焉。二 當七日、上帝所創之物完竣、但於七
日、以所造諸物安息。三 蓋於是日、上帝以創造萬物完畢、而安息
也、所以上帝稱祝、而成聖第七日矣。四 然天地造化之傳、乃如
是也、當日上主皇上帝創造天地、五 則田之各草未生於地、又田
之各菜未發也、原來上主皇上帝未令雨下地矣、並未有人耕
田焉、六 於是有霧、自地騰上、而灌遍土面焉。七 上主皇上帝則將土

塵甄陶人也亦以生氣噴人鼻孔其人即成活靈也 八 上主皇上
帝又栽園於以田東向乃此間置其所甄陶之人也○九 上主皇上
帝又令各項美看好食之樹由土發出又生活之樹兼辨知善
惡之樹等均在園中也 十 夫從以田有河流出灌其園焉即由彼
而支流者爲四川○十一 一河名曰比遜沿哈未拉地四方周流彼地
有金也 十二 其地之金乃美矣彼亦有琥珀璧玉 十三 二河名曰其訓即
遶流遍古實地○十四 三河名曰希底結即流亞書耳地東向四河名
曰百喇的矣○十五 夫上主皇上帝帶人而置之在以田園爲耕守
之 十六 上主皇上帝亦諭其人曰爾可隨意食園之各樹菓 十七 惟其辨
知善惡之樹不可食之乃當食之日定然必死矣○十八 且上主皇上

帝曰其人獨在不善我將造同伴之人與之相合。十九上主皇上帝
則將土塵甄陶野之百獸與諸空鳥又攜之到亞坦面前何名
稱之然據亞坦所稱各生物者正是其名也。二十且亞坦稱諸畜生
空鳥與各野獸之名但亞坦不遇與自相合之同伴。二十一然上主皇
上帝令亞坦沉睡正寢之間將脇一骨以肉塞之上主皇上帝
方將所取亞坦之脇成女又引之見亞坦也。二十三亞坦遂曰今且看
其本骨之骨本肉之肉故因由男人取出之必稱之女人也。二十四是
以人必離父母而眷戀本妻又兩者將合一體也。二十五且夫婦二人
並裸而不愧矣。

第三章

一且上主皇上帝所造之各野獸莫猾於蛇也乃對女曰上帝豈
有禁云勿食園中樹菓否○二女對蛇曰我等可食園之樹菓○三論及
園中樹菓上帝云毋食毋摸之恐爾死也○四蛇對女曰汝未必死
矣○五原來上帝自知於食之日爾眼必開能辨知善惡者自成似
神焉○六於是女人視其樹又乃好食又爲眼所取又係樹可貪慕
以成巧捷者即採菓食之亦遞與夫彼亦食之也○七兩人之眼隨
開自覺身裸遂編蕉葉爲裙矣○八適日涼上主皇上帝遊園既聞
其聲亞坦並婦躱身園樹之中以避上主皇上帝之自在也○九上
主皇上帝遂名亞坦云汝何在○十曰我聽主聲園中因係裸身故
畏躱避矣○十一曰汝係裸身孰言爾乎我所禁食之樹爾豈食乎○十二其

人曰、主所賜陪我之婦、採樹予我、而我食也。○十三上主皇上帝遂對婦曰、爾所作者何耶。女曰、蛇誘惑我、故食矣。○十四上主皇上帝則謂蛇曰、既作此事、爾必見詛過於諸牲口、連凡野獸者、且必腹行、又終生食塵焉。○十五又我令爾與婦結仇、連爾苗裔與婦苗裔、均結仇矣、其將碎爾首、惟爾將碎其踵也。○十六且謂婦曰、我增爾劬勞至切、產兒惟難、又爾將戀本夫、又夫管爾矣。○十七則謂亞坦曰、既聽婦聲、且食我所禁毋食之樹、故緣爾祙禰其土、爾必終生苦憂由地食也。○十八其土與汝將發荊棘、但汝食田菜。○十九又汗顏度食、逮歸汝原出之土也、卽汝乃塵、於塵必歸焉。○二十夫亞坦因婦乃萬生之母、故稱其婦名曰夏娃。○二十一且上主皇上帝爲亞坦及爲婦作皮衣衣之〇二十二且上主皇上帝曰、却其人辨知善惡、成像屬我矣、恐其伸手亦摘命樹食之而永活也。〇二十三所以上主皇上帝着其人出以田園、以耕自原出之土也。〇二十四遂驅其人出、又以田園東向置英雄天使持焰劍燗爍、防範命樹之路也。

第四章

一節夫亞坦與婦夏娃相交、其懷孕生子該隱、云我獲皇上帝之人。〇二復產其弟亞別、夫亞別為羊牧、但該隱為耕田。〇三日後該隱遇有土產、而祭皇上帝矣。〇四亞別亦奉首生犧牲、並其油膏、惟皇上帝顧亞別、兼其祭矣。〇五而不顧該隱、兼其祭矣、故該隱蹙額太怒。〇六皇上帝謂該隱曰、為何蹙額、因何發怒。〇七作善者不亦悅乎、然若作

不好罪如伏門前、又必貪及、又汝必管之。八 嗣後該隱與弟亞別
相談、遇在野時、却該隱起攻弟亞別而殺之矣。九 皇上帝遂問該
隱曰、弟亞別何在、曰、不知也、我須防弟乎。十 曰、爾何作哉、弟血聲
自地呼及於我。十一 今汝於地上見咒、即地已開口、由汝手滲收弟
之血矣。十二 茲復耕田、還不出其產物、而爾必流蕩於地矣。十三 該隱對
皇上帝曰、本罪甚重、太過不可赦之。十四 却今日主逐我出地、而令
避主面、流蕩於地、則各人遇我、可殺我也。十五 且皇上帝謂之曰、但
凡殺該隱者、將報仇七倍。於是皇上帝加號諸該隱、免人遇而
殺之也。十六 該隱方出避皇上帝之面、焉居以田東向於挪得地。十七 且
該隱與妻相交、遂懷孕生子、名曰以諾、又建城、以子名稱之以

諾也。十九以諾生以臘、以臘生米戶雅耳、米戶雅耳生米土薩耳、米土薩耳生拉麥。十九夫拉麥娶二妻、一名亞大、一名洗拉。二十亞大氏生雅巴勒、乃是寓帳並牧畜者之祖也。二十一弟名猶巴勒、爲各彈琴吹簫者之祖也。二十二又洗拉氏生土八該隱、乃教各銅鐵匠、其妹名拿馬氏。二十三夫拉麥謂本妻亞大與洗拉曰、拉麥之婦乎、必聽我聲、應聞我言、我殺人而自傷、我戮童而自痍矣。二十四若爲該隱必報仇七倍、則爲拉麥必報仇七十七倍矣。二十五夫亞坦復與妻相交生子、稱名爲設、云、代亞別、該隱所殺者、上帝設我他子也。二十六設亦生子、名稱以哪士、當時人起懇籲皇上帝之名也。

第五章

一節 亞坦之族譜乃如是。當日上帝造人、相似上帝之像、造之。二 又創
之男女稱祝之、又於造之日、稱其名為亞坦。三 亞坦有一百三
十歲、方生一子、相似自已親像稱名設也。四 亞坦生設之後尚活
八百年、另生子女。五 故亞坦享壽共九百三十歲、便死。六 設有百零
五歲、方生以哪士。七 設生以哪士之後、尚活八百零七歲、另生子
女。八 故設享壽共九百一十二歲、而死。九 以哪士有九十歲、方生該
南。十 且以哪士生該南之後、尚活八百十五年、亦生子女。十一 故以哪
士享壽共九百有五歲、就亡。十二 該南有七十歲、方生馬哈拉列。十三 且
該南生馬哈拉列之後、尚活八百四十歲、另生子女。十四 故該南共
享壽九百有十歲、方沒。十五 馬哈拉列有六十五歲、方生雅列、十六 且馬

哈拉列生雅劑之後、尚活八百三十年、另生子女。〇十七故馬哈拉列
享壽共八百九十五歲、卽死。〇十八雅列有一百六十二歲、方生以諾。〇十九
且雅列生以諾之後、尚活八百年、另生子女。〇二十故雅列共享壽九
百六十二歲、則死。〇二十一以諾有六十五歲、方生米土撒拉。〇二十二夫以諾生
米土撒拉後、與上帝往來連三百年、另生子女。〇二十三故以諾共享壽
三百六十五年。〇二十四夫以諾與上帝相交、因上帝取之、則不在也。〇二十五米
土撒拉有一百八十七歲、方生拉麥。〇二十六且米土撒拉生拉麥之後、
尚活七百八十二歲、另生子女。〇二十七故米土撒拉共享壽九百六十
九歲方死。〇二十八拉麥有一百八十二歲、方生一子、〇二十九而稱其名挪亞曰、
上帝已詛土矣。此子爲手勞工慰我。〇三十且拉麥生挪亞之後、尚活

五百九十五歲另生子女。三十一故拉麥共享壽七百七十七歲後死。
三十二挪亞正五百歲方生閃哈麥雅弗特等

第六章

一節遇有人類始蕃庶於地面、又生女兒。二却神子等看人類之女艷
美。三故凡所選者娶爲妻矣。皇上帝曰人乃肉體、本神與之不恒
爭也。然其生紀必爲一百二十年焉。四當日有高大人在世界。嗣
後神子與人類之女相交後生子、爲英雄、古有聲名之人。五皇
上帝觀人類之惡重在地矣。六乃心內悉所希圖恒惡而已。所以
皇上帝因造人類在地、心憂悔恨。七皇上帝曰我悔恨造之、故將
滅前所造之人、絶地面人連獸、爬物與空鳥也。八惟挪亞在皇上

帝之眼前沾恩焉○九夫挪亞之譜如左、挪亞爲當世公義德全之
人○十挪亞亦與上帝往來、又生三子、名閃哈麥雅弗特等○十一然世界
邪敗於上帝之前、又虐弊滿地○十二且上帝俯觀地時、却屬歪也、原
來地之凡人、僻邪行爲矣○十三上帝謂挪亞曰、緣人之暴虐滿地、致
我前萬人臨終、又我必滅人連地也○十四爾必將桱木造巨舟、舟內
爲艙房、內外以瀝青油塗之○十五可造之如左、其舟長三十丈、濶五
丈、高三丈○十六舟內作窗、在上廣一尺成之、在邊開門、舟分上中下
層成之○十七却我親自必令洪水氾地、致盡滅包生氣之萬有在天
下、又萬物在地必亡沒也○十八但與爾立約、且帶同妻子與媳婦、咸
可登舟也○十九又將肉身生物各類、牝牡二隻、必攜登舟、以保全其

命矣。(二十)鳥依其類、獸依其類、凡爬地之物依其類、各項二隻、將就
爾以保全之。(二十一)又爾必拾各色食物積之、致爲自連生物資糧也。
(二十二)夫挪亞遵照上帝之諸諭悉行焉。

第七章

(一節)皇上帝謂挪亞曰、本面前惟見汝爲義在此世之中、故爾並全
家可登巨舟。(二)又潔畜中各類逐擇牝牡七隻、穢獸中可取牝牡
二隻、(三)天空之鳥亦取雌雄七隻、致存孽種於全地面也。(四)然越七
日、吾必降雨四旬晝夜不絕、又將所造各生物盡滅除地面也。
(五)且挪亞悉循皇上帝所命而行焉。(六)當洪水流地之時、挪亞適有
六百歲、(七)卽挪亞與妻子媳婦等、俱上巨舟、以避洪水也。(八)按照上

帝諭飭挪亞並帶潔畜、穢獸、禽鳥、與各爬地之物、九各類牝牡每一匹俱就挪亞而登巨舟也。○十夫七日後、遇洪水流地矣。○十一值適挪亞有六百歲二月、是月之十七日、當是日淵源悉湧、天窓又開矣、○十二霖雨繼四旬晝夜下地。○十三當是日挪亞暨挪亞之子閃、哈麥、雅弗、特挪亞之妻、共三媳婦、皆登巨舟、○十四帶同野獸各類、生畜各類、並昆蟲爬地者各類、與禽各類、兼各項鳥也。○十五凡生有生氣者、每一匹就挪亞登巨舟也。○十六各登舟者、係凡生物之牝牡、均循上帝之命、○十七皇上帝遂閉之。且洪水漲地四旬、水又溢漫、致巨舟泛而浮地上、○十八水愈漲、氾濫於地、且舟漂流水面。○十九水橫流地、溢漫天下嶽山、○二十水洋溢一丈五尺、漫山。○廿一夫禽獸畜生、昆蟲爬地者、與諸人

各生物動於地者、俱淪沒也、○二十二又在陸地凡鼻孔內有生息氣者、
咸亡、○二十三致滅地面之各活物、人類、畜生、昆蟲、天空之鳥、一均盡滅、
除地面、獨挪亞共在巨舟者保命也、○二十四即百五十日、水溢地上也

第八章

一上帝俯念挪亞、並舟中各禽獸、與凡生物等、且上帝令風吹地、
水則退矣、○二又淵源塞矣、天窗閉矣、天雨息矣、○三且水漸得退地畢、
竟百五十日後、洪水消焉、○四於七月、是月十七日、巨舟擱亞喇臘
山、○五且洪水漸退、逮十月時、於十月、是月初一日、山峯始見、○六四旬
後、遇挪亞開所作之舟窗、○七放鴉飛翔往來、迄水涸於地矣、○八又放
鴿子、欲看水退上而否、○九但鴿不着淒脚之處、因洪水溢遍地面、

故自回舟來、挪亞遂伸手、接之入舟、〇十另待七日、復放鴿出舟。〇十一其
鴿晚時回來、嘴含所採橄欖樹葉。出是挪亞自知水已退地矣。
〇十二還待七日放鴿、但再不歸來。〇十三適挪亞有六百零一歲、於正月是
月朔一日、水涸於地、挪亞便開舟之艙、看見却上而已涸矣。〇十四於
二月、是月之二十七日其地涸也。〇十五上帝謂挪亞曰、〇十六爾並妻子媳
婦、必出巨舟也。〇十七帶同禽獸暨昆蟲爬地者、各項生物、凡有可出
舟、在地生益增繁多添於地。〇十八當下挪亞與妻子、媳婦俱出、〇十九又各
禽各獸、昆蟲凡爬行於地者、各隨其類咸出巨舟也。〇二十且挪亞爲
皇上帝築壇、取清潔禽與清潔獸、各類焚祭於壇上。〇二十一且皇上帝
一享祭之美香、則皇上帝心內云、世人自幼心思惟惡、嗣後緣

人類、又不復詛地、又仍素所作、不再滅各生物也○二二夫地存之時
間稼穡暑寒夏冬晝夜供不絕也

第九章

一上帝祝挪亞兼其子、曰爾可增多蕃衍盈地○二至於各野獸、暨空
鳥各隻以及在地動之凡物者並各海魚皆必畏懼爾矣我亦
將之繳爾手○三汝可食諸活動之物、如其蔬菜我以萬物賜爾矣○
四但活肉即其血者毋可食也○五至汝活之血我果然必討之不論
人獸傷命吾必討之凡人之兄弟傷人之命者我亦必討之也○
六夫上帝造人依本像故凡流人血者其人之血亦無不必流之
○七也且爾可生齒日蕃益增充殖於地○八上帝謂挪亞與所有之子

〇九曰夫我與爾又與爾後裔親立約〇十又將所有禽獸以及地之畜生諸類凡生物者即凡出巨舟者並地之畜生諸類一切均立約也〇十一我將與爾立約即今以來不復令洪水滅諸生物又洪水不再壞地也〇十二上帝曰我與爾等兼諸活物永世立約却有此號〇十三即在雲內我置天虹爲我與地所立約之號也〇十四將來我帶雲浮地上即雲內必有虹現焉〇十五我則記念前與爾等兼諸生物各類所立之約又嗣後其水不洪並不沉沒衆生物也〇十六天虹必在雲中且我觀之則垂念上帝之與地上衆凡肉生所立永約〇十七上帝又謂挪亞曰夫我與地上衆生既立約却有此號也〇十八偕挪亞陪出巨舟之三子乃閃哈麥雅弗特等且哈麥乃迦南之父此

乃挪亞之三子、十九由此等人裔、延蔓遍地也、○二十且挪亞始爲農夫、植
葡萄園○廿一飲酒成醉、露身在帳房、○廿二且迦南之父哈麥窺父挪亞之
裸體、遂出外報兩兄弟、○廿三閃雅弗特等則取袍負肩退步蓋父裸
體、但面回顧、不看父裸也、○廿四挪亞醉醒方知季子所爲也、○廿五曰迦南
可詛爲兄弟之奴僕、○廿六又云閃之上主皇上帝可頌讚矣、惟迦南
必爲其僕也、○廿七上帝將寬延雅弗特、可寓閃之帳房、惟迦南將爲
其僕也、○廿八且洪水之後、挪亞尚活三百五十年、○廿九故挪亞享壽共九
百五十歲、就卒矣

第十章

一挪亞之三子、乃閃哈麥雅弗特等、但洪水之後、亦生子、其族譜

如左。○三雅弗特之子乃埛滅、馬咯、馬太、雅番、士巴、勒米色、及提臘。
埛滅之子乃亞實基拿、哩法、陀伽馬等。○四雅番之子乃以利䌸、大
失基、亭、多大寧等。○五即以此人各洲之異族依其本話、国家、分諸
地方也。○六哈麥子乃古實、麥西、弗、迦南等。○七古實之子乃西巴、哈未、
拉颯大、喇亞馬、颯提迦等、又喇亞馬二子乃示巴、底但等。○八古實
生寧綠、其始爲人英傑在世。○九又當皇上帝面前爲烈臘夫矣、故
諺曰、猶寧綠如當皇上帝面前之烈獵夫也。○十此人始創之国、乃
巴庇勒、以力、及亞迦得、並迦勒尼、在示拿耳地者也。○十一由此地亞
書耳出、建尼尼瓦、哩何泊邑、迦拉等邑、○十二又尼尼瓦迦拉之間另
一大邑名哩鮮也。○十三惟麥西生路得、安南、利哈、納土、○十四八魯迦斯路

等由此人、非利士提並迦弗托等族所出也○十五且迦南生其冢子西頓、黑、十六耶布士、亞摩哩、革迦撒、十七希未、亞耳基、四尼、亞耳瓦底、洗馬哩、哈抹等、由此迦南宗支布散也○十八夫迦南地之境界、乃從西頓、近其臘、十九至迦薩、沿至鎖頓、珂摩喇、亞得馬、西破音、及拉沙、二十此乃哈麥之子孫、依其宗支、土音、国家地方矣○二十一夫雅弗特之弟閃、亦生子、其乃全希別苗之祖○二十二且閃諸子、乃以闌、亞書耳、亞法撒、路得、並亞闌等○二十三亞闌之子、乃烏士、戶勒、其帖、馬實等也○二十四亞法撒生撒拉、撒拉生希別、二十五且希別生二子、當時分地、故名之比烈、弟名約單、○二十六約單生亞耳摩撻、示粒、哈薩馬非、耶喇、二十七哈多闌、烏薩勒、特拉、○二十八阿巴勒、亞庇馬耳、示巴、二十九阿妃耳、哈未拉、約八等、此人

皆乃約單之子也。[三十]其所居處、乃自米沙、至東山名西法奚。[三十一]此乃
閃之胤裔、據其宗派、土音、族類、地方也。[三十二]正是挪亞子孫之族類、
依其世代国家。且洪水後由此支派、民人分於地者也。

第十一章

[一]當時天下話均音同。[二]適人自東方來、則遇平坦在示拏耳地、遂
寓彼奚。[三]相談曰、莫若作磚、燒熟、方以磚爲石、又以石油爲灰也。[五]
[四]又曰、莫若建城築塔、頂高及天、藉此揚名、免散遍地面奚。皇上
帝遂降臨、監人類所建之城塔。[六]又皇上帝曰、民卻同一、音語亦
同、今始作此、後所思爲、必作無妨、[七]莫若下去混雜其話、致不互
相通語也。[八]且皇上帝四散之地面、由是罷築城奚。[九]緣皇上帝淆

亂全地之音、又皇上帝由是四散之地面、是故稱其城爲巴別。○十夫閃之族譜如左、洪水後二年閃方百歲時、生亞法撒、十一閃生亞法撒後尚活五百年、另生子女也。○十二亞法撒三十五歲時、生撒拉、十三亞法撒生撒拉後尚活四百零三年、另生子女也。○十四夫撒拉三十歲時、便生希別、十五且撒拉生希別後、尚活四百零三年、另生子女矣。○十六希別方三十四歲、生比列。○十七且希別生比列後、尚活四百三十歲、另生子女矣。○十八比列有三十歲時、生流、十九且比列生流後、尚活二百有九年、另生子女矣。○二十流方三十二歲時、生西鹿、二十一且流生西鹿後尚活二百零七年、另生子女矣。○二十二西鹿方有三十歲、方生挐鶴。○二十三且西鹿生挐鶴後、尚活二百年、另生子女也。○二十四挐鶴方有二十九歲、方生堤喇。○二十五 且拏鶴生堤喇後、尚活一百一十九年、另生子女矣。○二十六 堤喇有七十歲、方生亞伯蘭拏鶴哈蘭等。○二十七 夫堤喇之族譜如左、堤喇生亞伯蘭拏鶴哈蘭等、又哈蘭生羅特。○二十八 本父堤喇還在之時、哈蘭先死在本地、即迦勒底地耳邑也。○二十九 惟亞伯蘭拏鶴等、各娶妻、亞伯蘭娶撒勑氏、惟拏鶴娶密迦氏、夫此密迦暨以士迦、俱哈蘭之女也。○三十 夫撒勑氏係石胎無子矣。○三十一 堤喇遂帶子亞伯蘭、及孫羅特、即是哈蘭之子、並其媳婦、即亞伯蘭之妻撒勑氏、咸出迦勒底地耳邑、欲往迦南地、遂抵哈蘭地方、在彼居寓矣。○三十二 夫堤喇享壽共二百零五年、後死於哈蘭也。

第十二章

一節皇上帝諭亞伯蘭云、爾可出本地、離本族、而別父家、且往我所示之地也。二我則以爾爲大国、錫福、揚名、又爾爲福也。三凡祝爾者、吾亦祝之、凡詛汝者、我亦詛之、且天下各族類、將藉汝獲福也。四亞伯蘭遂循皇上帝之諭而去、羅特亦陪行焉、亞伯蘭適有七十五歲方出哈蘭地。五帶同本妻撒勑氏、兼姪子羅特、並哈蘭地所積之金、業所獲之人物、俱出、望迦南地而往、遂至迦南地。六當時迦南族類住地、且亞伯蘭行遊至西金地方近摩哩之橡樹也。七維時皇上帝現與亞伯蘭曰、我將此地賜爾苗裔、其則爲所見之皇上帝彼建壇焉、八由是遷伯的耳東邊之山、即西向有伯的耳、東向有孩、在彼布帳、在彼又爲皇上帝築壇、又禱告皇上帝之名也、九且亞伯蘭起程、尚往向南方、十是時彼地有饑、因地之饑甚重、故亞伯蘭下麥西国、致寓彼矣、○十一遇臨近麥西国時、語妻撒勑氏曰、我知爾帶美貌矣、十二但麥西人見爾之際、將云此乃其妻、又將殺我、並保全爾、十三故求爾可謂乃本妹、俾得我為爾成與我命、緣爾亦得保也、○十四亞伯蘭既至麥西国、遇麥西人見其婦乃艷美不勝、○十五王臣遂看之、則王前舉薦之、遂接其婦在王宮內也、十六且王緣婦厚待亞伯蘭、其有牛羊駱駝牝牡之驢、並奴婢矣、○十七然皇上帝因亞伯蘭之妻撒勑、即降重災加王與其家矣、○十八王遂名亞伯蘭曰、曷作此事施我耶、○十九緣何不稱云乃吾妻、為何稱之妹哉、致我娶之為妻、今且看本妻、帶同去罷、○二十王遂為之着令本人

方送之與妻並諸業俱去也

第十三章

一亞伯蘭遂帶妻並羅特與諸家業出麥西国、望南而去、二且亞伯
蘭有金銀畜生、乃巨富也、三趲程離南至伯的耳、昔在伯的耳孩
兩處之中、建壇搭帳之所、四在彼亞伯蘭禱告皇上帝之名焉、五夫
陪行亞伯蘭之羅特有牛羊帳房、六因其羣畜蕃衍、不得共處、又
其地不能容之共居矣、七當時迦南族與比哩洗人尚住該地、維
時亞伯蘭之牧畜者、與羅特之牧畜者相爭、八亞伯蘭遂謂羅特
曰、爾我乃兄弟、毋可互相爭論、爾之牧與我之牧、亦毋相鬬哉、
九豈非全地汝面前、請別我去、爾左我右、爾右我左可也、十羅特遂

仰觀約耳但河之全坦原來皇上帝未滅瑣頓坷摩喇等邑之
前處處灌水猶皇上帝之園一然可比麥西国至鎖亞耳之地○
十一故羅特擇約耳但河全坦而兩人相別惟羅得望東而去矣○十二然
亞伯蘭居迦南地而羅特寓平坦之地又向瑣頓邑搭帳○十三夫瑣
頓居民甚乃惡也重獲罪於皇上帝矣○十四羅特去後皇上帝謂
亞伯蘭曰由此處今且仰觀向東西南北十五所見之全地我永賜
爾並汝後裔十六我將增爾苗裔猶地之沙故若有人以地沙能算
則以爾苗裔亦可數也○十七起來縱橫廵遊此地乃我將錫爾矣○十八亞
伯蘭遂搬帳至希伯崙近幔哩之橡在彼爲皇上帝築壇焉

第十四章

[一]於是示拿耳之王暗喇非、以拉撒之王亞哩惡、以蘭之王基大老馬、列国之王提大勒、[二]與瑣頓之王庇喇、坷摩喇之王庇耳沙、亞得馬之王示納、西破音之王示米別、與庇拉、卽是瑣亞耳之王、[三]僉結合在西亭之谷、卽是鹽海也、[四]連十二年、其五王進貢與基大老馬、但第十三年背判焉、[五]當十四年基大老馬兼佐戰各王來破哩乏之音人、在亞實提綠迦念、[六]並蘇西人在哈麥、又以米人在基烈太音、並何哩人在西耳山、近於耳巴蘭野、[〇七]各王歸到審源卽迦鉄地、[〇八]擊亞馬力族全地、又破居哈洗遜大馬之亞摩哩人也、當時瑣頓王、坷摩喇王、亞得馬王、西破音王、並庇拉卽是鎖亞耳王、合兵打戰於西亭之谷、[〇九]與以蘭王基大老馬、列

国王提大勒、示拿耳王暗喇非、以拉撒王、亞哩惡共四位王、與上五王交戰也。○十夫西亭谷湍於石油泉、且瑣頓、坷摩拉等王彼處敗亡、其餘奔竄山內。○十一其遂奪瑣頓坷摩喇等人諸業口糧、而去。○十二亦將居瑣頓城亞伯蘭之姪羅特、及其資物擄掠而去焉。○十三其中某人逃走報希伯來人亞伯蘭、原來亞伯蘭居亞摩哩地近○慢哩之橡、夫此慢哩屬以實各、及安耳之兄、俱與亞伯蘭盟約。○十四亞伯蘭聞知姪子被擄、遂領團練生在家內之人三百一十八名追敵至但也。○十五且分排家人星夜擊敵、追之到大馬色左邊之何巴邑焉。○十六取回各物、亦將羅特與女人士民、以及諸業一概追還也。○十七維亞伯蘭破基大老馬、暨佐戰各王歸時、却瑣頓王出接

之在沙菲谷即王谷也○十八夫撒冷之王即是至上帝之祭司麥基
洗德帶饅與酒而出○十九且祝之云願至上主上帝天地之大主降
亞伯蘭以福也○二十至上主上帝旣降服爾敵願頌祝之亞伯蘭遂
抽諸物十分之一奉其王也○二十一瑣頓王謂亞伯蘭曰以人可交同
我其物自取矣○二十二亞伯蘭謂瑣頓王曰吾舉手指至上之主皇上
帝天地之大主○二十三吾不得取爾物自一線之微至鞋帶之賤恐爾
說我加富與亞伯蘭惟此少僕所食者兼安耳以實各慢哩陪
行人等之分任其取其分也

第十五章

嗣後亞伯蘭奉皇上帝之天啟諭云亞伯蘭毋懼我將護衛優

加厚賞爾○二亞伯蘭曰、上主皇上帝、將何賜我、觀我無子、且此大
馬色人以利亞陞爲我管家也○三亞伯蘭曰、主不賜我苗裔、則生
本家內之人、將嗣接本業○四却皇上帝命之曰、此人必不承汝業、
乃由本肚腸、必出汝嗣子○五遂帶之出曰、仰天算星、能數之乎○、又
謂之曰、汝苗裔必成一然○六其則信服皇上帝、而算此爲義也○七又
謂之曰、我乃皇上帝、引爾出迦勒底地耳、邑將此地賜爾承業○
曰上主皇上帝、我嗣承此地、何以知之○九曰可取三年之牛牝三
年之羊母與三年之羊羝、鷽班鳩稚鴿、各一隻○十遂悉取之、剖開
中間、置各塊相對、而鳥不剖也○十一鳥既飛下屍骸、亞伯蘭驅之○十二曰
將落時、亞伯蘭深睡、又既臨幽冥驚慄矣○十三上帝遂謂亞伯蘭曰、

爾必果然知爾子孫將爲旅客於不據之異地而役事之連四百年亦遭其苦也○十四惟我將審判其所事之民此後必獲盛業而出也○十五惟爾安然歸祖及高壽見葬焉○十六惟子孫迨第四代將復歸斯地矣原來此時亞摩哩族類之罪戾未滿也○十七適日落之際昏時却有焰爐燃燈而行肉塊之中○十八當日皇上帝與亞伯蘭結約曰我將此地自麥西国之河至大江即係伯喇的大江賜爾苗裔○十九即是基尼基尼斯及○二十東方民與黑人比哩洗哩之音○廿一亞摩哩迦南革迦撒耶布西等族之地悉賜爾矣

第十六章

一夫亞伯蘭之妻撒勑氏不生子然有麥西国來之婢名爲哈迦○

○二且撒勑謂亞伯蘭曰、皇上帝不容我生子、請與婢交、由婢獲子、
可也、但亞伯蘭聽撒勑之聲、○三亞伯蘭居迦南国十載後、則亞伯
蘭之妻撒勑氏、將麥西国婢哈迦付夫亞伯蘭爲妻、○四與哈迦相
交懐孕、自覺身妊、遂眼內輕視主母矣、○五撒勑氏便謂亞伯蘭曰、我
之受辱歸爾也、我將本婢交爾懐內、既看身妊、則眼內輕視我、
願皇上帝爾我間折中也、○六亞伯蘭遂謂撒勑曰、却本婢在爾手
下、任意待之、但撒勑氏苦廹之時、其婢逃避其面、○七皇上帝之使
遂遇之於野、附水泉、此泉附近書耳之路、○八曰、撒勑之婢哈迦從
何處來、又欲何去乎、曰、避主母撒勑之面、○九皇上帝之使曰、可歸
主母而自服其手下、○十皇上帝之使又曰、我將增爾苗裔矣、因多

太過、不勝數矣、十一皇上帝之使亦曰、爾今懷孕又將生子、因皇上帝俯聽爾所有之苦、故稱其名以實馬耳、〇十二其子將爲野人、自手拒各人、而各人之手亦拒之、又居衆兄弟面前焉、〇十三且哈迦蒙皇上帝口諭、則稱其名曰上帝監我、云在此處豈非回盼所監我者乎、十四是以稱其泉曰活而見我者之泉、却在迦鉄庇列二處之間、〇十五哈迦氏與亞伯喇罕遂生子、又亞伯蘭將本子哈迦所生者、名曰、以實馬耳、十六適哈迦生亞伯蘭之子以實馬耳之時亞伯蘭有八十六歲矣

第十七章

〇一夫亞伯蘭方九十九歲時、皇上帝現亞伯蘭曰、我乃全能之上

帝、爾可忠心行遊我前矣〇二 又我將與爾結約、又加增爾也、爲蕃衍焉〇三 亞伯蘭即伏地、乃上帝謂之曰、〇四 却我與爾結約、爾將爲羣民之祖也〇五 因設爾爲羣民之祖、自今以後不復稱爾名亞伯蘭、乃稱爲亞伯剌罕〇六 我又將增益爾不勝、由爾將爲民、又王將由爾而出也〇七 我將立約爾我之間、又與汝後裔關歷代子孫、爲永之約、乃祐爾並汝後裔之上帝矣〇八 且我將賜爾並汝後裔現所客寓之地、即迦南全地、爲永業矣、我亦將爲其上帝矣〇九 上帝又謂亞伯剌罕曰、是故爾兼汝後裔必恒歷代守我約、〇十 且我汝之中並汝後裔之約所必守者、乃如是、即爾中各男咸宜斷勢皮、〇十一 故爾必斷勢皮爲爾我相約之憑據矣、〇十二 且爾世代之各男子、

或家內生者、或向異人銀販之奴、不屬汝族者、既生八日後、皆
必斷勢皮矣、十三生在本家之人、抑銀販之奴、俱無不必斷勢皮、如
此本約存於爾肉體、為永約也、○十四但不受禮斷勢皮之男、背我約、
必剿滅之民間也○○十五上帝亦謂亞伯蘭也、曰論及爾妻撒勑氏、
以來不復稱名撒勑、乃名之撒剌、○十六且我將祝之、又由之以子賜
爾、又將祝之為羣民之祖母、又国王將由之生矣、○十七亞伯剌罕遂
伏地含笑暗想道、我有百歲、豈能生子哉、撒喇有九十歲、豈可
生兒乎、○十八亞伯剌罕遂稟上帝曰、願以實馬耳主前享活幸矣、○十九上
帝曰、爾妻撒剌氏果然、必生子、名稱以撒克、我亦將與之、並與
其後裔立約、為永約也、○二十論及以實馬耳、我應爾求、却我已祝之

加增之蕃衍不勝將爲之人国又生出十二君焉然○二十一明年此届期撒喇氏將生以撒克我將與之立約○二十二言畢上帝別亞伯剌罕昇上○二十三當是日亞伯剌罕遵照上帝之命將本子以實馬耳並生家內各人暨銀贖諸奴屬亞伯剌罕之家諸男俱斷勢皮○二十四亞伯剌罕方九十九歲時便受斷勢皮矣○二十五其子以實馬耳有十三歲便受斷勢皮矣○二十六是日亞伯剌罕與本子以實馬耳並受斷勢皮○二十七本家諸人並向異人銀販之奴者均受斷勢皮矣

第十八章

一節忽一日正午亞伯剌罕方坐帳門於幔喱橡下有皇上帝出現○二焉即仰觀却看三人傍立一看之從帳門趨迎伏地曰若蒙主

恩、請毋經過僕矣。四容我拏些水洗足、自憩於樹下。五我亦取片餅、
主可補心力、後趲程可也。是乃原此而臨僕也、曰、可行如言。六亞
伯剌罕遂疾進帳房、至撒剌之處、曰、快備細麵粉三升、擣之、炕
餅在爐也。七亞伯剌罕又奔羣畜之處、取好小犢、交僕、致急烹之。
遂將乳奶與乳油、並所烹之犢、排列客前、自侍樹下、而客食也。
九客曰、爾妻撒喇氏何在。曰、却在帳裡。十、曰、按照生時、吾果然必返
見爾、却爾妻撒喇將有子、夫撒喇在帳門後而聞此。十一然亞伯剌
罕與撒剌俱已年紀老邁、撒剌亦缺女經。十二故暗笑道、我既老、夫
君亦然、豈能娛樂乎。十三皇上帝謂亞伯剌罕曰、撒剌氏爲何笑云、
年老果然生子乎。十四皇上帝有所不能行乎哉、按照生時、屆期我

同見爾又撒剌氏則必有子矣[15]惟撒剌氏畏懼故抵賴曰我不笑矣曰爾果然笑也○[16]客人遂起望瑣頓而行且亞伯剌罕偕行送路[17]皇上帝曰我所將作爲豈隱於亞伯剌罕乎[18]看亞伯剌罕實將爲大有能之国又地之萬国依之獲福也[19]其必囑其子與嗣後之家屬令之守皇上帝之道秉公行義是我所知矣致皇上帝所應承可成施與亞伯剌罕也[20]皇上帝遂曰瑣頓坷摩喇兩邑因罪惡最重大有號呼令[21]我降下監所行作實聞風聲是否否我亦知之[22]其人方轉面望瑣頓而行然亞伯剌罕尚侍皇上帝之前焉[23]亞伯剌罕則就來禀曰主要並壞善惡乎[24]邑中或有五十義人莫非緣其中之五十義人壞之並不饒其處乎

二十五仍此並誅善惡者、主斷不可也、善惡均平、又斷不可也、全地之
按察使、豈不行公道乎、二十六皇上帝曰、瑣頓邑中遇有五十義人、則
緣此等饒全處矣、二十七亞伯剌罕答曰、吾雖塵灰、却敢膽禀皇上帝
矣、二十八設使五十之義者、惟缺五位、豈爲缺五人滅全邑耶、曰、遇四
十五人則不敗之也、二十九亞伯剌罕又曰、若遇四十義人在彼、曰、緣
四十人、吾亦不行之也、三十曰、主幸毋怒、我將語矣、苟遇三十名、曰、
遇有三十人、亦不行之、三十一曰、我膽敢禀皇上帝、如遇二十人、曰、因
二十人、我亦不敗之、三十二曰、吾主毋怒、幸矣、復言一次而已、或遇十
位、曰、緣十位、吾亦不敗之也、三十三皇上帝對亞伯剌罕言訖、就往、惟亞伯
剌罕歸本處矣

第十九章

當日晚上二位天使到鎖頓而羅特坐邑門且羅特一見之起迎面伏於地曰吾主請入卑舍洗脚而宿終夜早起趲程可也曰我在街上要過終夜惟羅特催求遂轉入屋且羅特炕無酵餅排筵彼則食矣然卧前其城之人即瑣頓之居民老幼四方之庶民周圍其屋喊羅特曰今夕就汝來之人何在爾必出之致我識之也羅特遂出門就之又後門其門也曰請列兄毋作斯惡𨚫我有兩女未知男者容我攜出之任爾隨意待之但此人投宿卑舍切勿擾也曰退罷又曰此徒來寓此而要審判我耶因此我害爾尤甚於彼矣且擁逼其人羅特近來破門其人

遂伸手、拉羅特入家、後門諸門也、即令在門之人老幼皆盲、自勞尋門。○十二其人遂謂羅特曰、在此另有親否、或子女、或女婿、暨凡在城之物、俱帶出此處也。○十三蓋吾將壞此處、乃其罪之大聲呼及於皇上帝之面、故皇上帝差我毀之。○十四夫有其人娶來羅特之女者、故出而謂婿曰、皇上帝將滅此邑、起來出此處、惟婿視之若虛誕焉。○十五適纔天明、天使催合羅特曰、起來領妻並在此之二女而去、恐與城中之惡共亡矣。○十六夫皇上帝憫恤、則羅特尚延擱之時、該人執其手、並妻之手、與兩女手、咸引出城也。○十七既遇引出之外畢、則曰、爾逃命、毋回顧、毋暫止於全平坦、乃直奔山地、以免亡也。○十八羅特曰、主也不然、○十九僕今蒙主恩、主又照彰慈悲施我、致保全本命但我不能奔山、恐遭災而死矣。○二十却此小邑附近、可以奔彼、莫非小所容我遯彼而保命也。○二十一曰此事吾亦准汝並不滅爾所言之邑矣。○二十二且急躲矣。爾未至彼、吾不得作事也。故彼邑名曰、鎖亞耳。○二十三日起昭地之時、羅特進鎖亞耳邑矣。○二十四皇上帝遂令火參硫磺由皇上帝自天降、瑣頓、坷摩喇等、○二十五如此該邑並全平原與邑諸居民、暨所生於土者一切傾覆也。○二十六惟其妻回顧、立即變爲鹽柱矣。○二十七夫亞伯刺罕晨起、到先侍皇上帝前之處、○二十八且望瑣頓、坷摩喇等並全平地、且看、却其地之烟騰上、如爐之烟焉。○二十九當時上帝滅平地諸邑、乃上帝垂念亞伯刺罕、○三十雖滅羅特所居之邑、却救羅特出避災也。夫羅特懼居鎖亞耳、故陪兩女離鎖亞耳邑

且住諸山也、卽共兩女住在允也

第二十章

一亞伯剌罕遂搬南地、居迦鉄、書耳之間、且寓其臘維。二亞伯剌罕
稱其妻撒剌氏爲妹也、故其臘之王亞庇米力召撒剌入宮矣。
三當夜皇上帝托夢諭亞庇米力曰、爾所拘之女爲人之妻、故爾
係死人也。四惟亞庇米力與女未相交、故曰皇上帝豈滅義国乎、
五彼人豈非云、乃妹、婦亦云、乃兄、吾作此事丹心本手無辜矣。六上
帝遂托夢語之曰、我知爾丹心而作、故欄住爾免獲罪於我、故
不容汝與婦交。七今歸妻與本夫、彼乃聖人、可代爾求、及爾保命、
倘不交還、自已兼屬皆必死矣。八亞比米力遂早起召各臣悉述

斯事與之聽、又其人莫不驚駭矣。○九且亞比米力召亞伯剌罕、謂之曰、爾何施吾耶、我曷嘗獲罪於爾、致爾陷我兼我国家、咸得重罪耶。爾所行我者非所宜也。○十亞比米力又謂亞伯剌罕曰、爾何觀而作此事乎。○十一亞伯剌罕曰、因我想在此處果然不敬畏上帝、恐爲本妻將來誅我也。○十二但此婦果然我妹、即父親之女、並不母親之女、後成本妻。○十三當時上帝令我離父家而遊、我曾謂婦曰、將來所到之處、必認我爲兄、正是爾所施我之恩焉。○十四亞比米力遂將牛羊、奴婢、賜之亞伯剌罕、亦歸本妻撒剌。○十五亞比米力又曰、本地在爾面前、任意居之可也。○十六又謂撒喇氏曰、却我賜兄一千兩銀、可以遮眼於衆、偕汝各人、如此責之也。○十七惟亞伯剌罕求上

帝且上帝將亞比米力兼妻並婢悉醫之致生子也○十八蓋皇上帝因亞伯剌罕之妻撒喇曾閉亞比米力家之各胎也

第二十一章

○一維時皇上帝依昔所言者照顧撒剌氏又皇上帝如前言施撒剌氏矣○二且亞伯剌罕年紀雖老但在上帝所言之之期撒剌懷孕生子矣○三又亞伯剌罕生撒剌所産子名曰以撒克○四惟以撒克生後八日亞伯剌罕循上帝之命遂斷其勢皮矣○五當生以撒克之時亞伯剌罕正百歲也○六撒喇曰上帝使我笑致聞之者將偕我而笑矣○七又曰夫年紀老吾生子與之孰能語亞伯剌罕云撒剌氏可給乳與子乎且子生長斷奶當日斷奶以撒克亞伯

剌罕設大筵○九且撒剌氏見亞伯剌罕由麥西国婢哈迦氏生之
子譏剌○十故語亞伯剌罕曰可驅其婢與其子因婢之子不得偕
我子以撒克共同嗣業矣○十一惟亞伯剌罕惜子○十二甚憂此事上帝謂
亞伯剌罕曰勿爲婢暨其子懷悶乃聽撒剌氏之諸言而行蓋
本苗裔必由以撒克而稱也○十三又由此婢之子因係汝裔我必成
国也○十四〇亞伯剌罕遂早起將餅並水一缸與哈迦負肩使之帶
子俱去就去遊於誓泉曠野焉○十五缸水用盡則投子叢下○十六遂往射
十七箭之遠相嚮坐下曰我不忍見兒之亡也且坐相嚮舉聲涕哭○
且上帝垂聞兒子之聲又神使自天呼哈迦○曰哈迦有何難哉
上帝已聞兒子之聲在彼故勿懼也○十八起來扶子抱之蓋我將使

之爲大国也。〇十九當下上帝開其眼、即看水泉、遂往以水充缸、與子飲矣。〇二十且上帝佑子、其成長、居野、學射、寓巴蘭野、時母帶麥西国女、替子結親。〇〇二十一且亞比米力與軍長非哥勒、謂亞伯剌罕曰、夫在凡所行者、上帝庇祐汝也。〇二十二今可指上帝發誓、不虧負我並我子孫、但照我厚待爾、如是待我、與所寓之地也。〇二十三亞伯剌罕曰、我肯發誓矣。〇二十五因亞比米力之僕強占井泉、故亞伯剌罕諫亞比米力。〇二十六亞比米力曰、吾不知誰作此事、爾未告訴我、我亦不聞之、迨今日矣。〇二十七亞伯剌罕遂以牛羊奉亞比米力、而兩人結約焉。〇二十八且亞伯剌罕牽羣之七口牝羔、置在一處。〇二十九亞比米力則謂亞伯剌罕曰、緣何牽排七口牝羔乎。〇三十曰、由本手可取此七羔、以爲憑我掘此井

○三十一也故將彼處稱爲誓泉、因兩者發誓故耳、○三十二且亞比米力督同軍
長非哥勒在誓泉立約、後起身旋非利士底国、○三十三且亞伯刺罕栽
樹林於誓泉、在彼禱告皇上帝之名、即永遠之上帝焉、○三十四且亞伯
刺罕連多日寓非利士底国

第二十二章

一節此情後、遇上帝試亞伯刺罕、召之曰、亞伯刺罕也、亞伯刺罕曰、
○二顧予在此、日今攜爾子、即爾獨愛之子以撒克、且往摩哩亞地、
○三在我所示之山、祀子爲焚祭也、亞伯刺罕遂早起、備驢、帶同二
○四僕及子以撒克、制劈柴以焚祭矣、則起而詣上帝所示之處、旣
○五行三日、亞伯刺罕仰目、遠看其處、且亞伯刺罕謂僕曰、汝等待

此、看驢、我兼兒要往彼崇拜、而回也。○六遂將祭薪與子以撒克負
之、自持火把與刀、並肩而行焉。○七以撒克謂父亞伯剌罕曰、父親
也、亞伯剌罕曰、兒也、吾却在此。曰、視火並薪、但羔為焚祭者何
在。○八亞伯剌罕曰、吾兒也、上帝將自備羊羔為焚犧也、且兩人陪
行。○九遂至上帝所示之處、在彼亞伯剌罕築壇、排薪、縛子以撒克、
放之於壇偃諸薪上矣。○十亞伯剌罕遂伸手、將刀要宰其子。○十一皇上
帝之使自天呼、亞伯剌罕乎、亞伯剌罕乎、曰、顧我在此。○十二神使又
曰、毋下手傷子、蓋今我看爾不惜獨子以獻我、則知爾敬畏上
帝也。○十三亞伯剌罕遂舉目而看、身後有羝角投叢中、亞伯剌罕則
往捉羝代子設為焚祭矣。○十四且亞伯剌罕稱其處曰皇上帝照顧、

因此及今人云山上、皇上帝將照顧也、○十五又皇上帝之神使自天

復召亞伯剌罕、曰○十六皇上帝自發誓、云因爾行是、且不惜獨子○十七則

我無不祝爾、且無不增爾苗裔、猶天之星、如海邊之沙、且爾苗

裔將獲其敵之門○十八因爾遵我命、全地萬国將依爾苗裔而獲福

矣○十九且亞伯剌罕、返僕等、遂起並行到誓泉、且亞伯剌罕居誓泉

焉○二十此情後、遇有人報亞伯剌罕、云爾兄拿鶴之妻密迦氏已

生子○二十一冢名戶斯、仲布斯、與基母耳、即亞蘭之父○二十二基泄、哈鎖、比勒

達、益拉弗、與伯士耳○二十三且伯士耳生哩別迦氏、共八子、乃亞伯剌

罕之兄拿鶴之妻密迦氏所生也○二十四且拿鶴之妾名流馬氏、亦生

子、曰提巴、迦哈、麥大哈、是及馬迦也

第二十三章

一節且撒剌氏享壽一百二十有七歲、正其活年紀、○二便卒於迦南地、四雄之邑、即是希伯崙亞伯剌罕遂來為撒剌哀哭、○三亞伯剌罕便起離屍、謂黑人曰、○四我寓爾中、只為賓客、請給我塚地、可以葬屍不見矣、○五黑人答亞伯剌罕謂之曰、○六吾主請聽、爾寓我中、又係能君、請擇塋地葬屍、我中無人可禁墓地以葬屍也、○七亞伯剌罕就起拜居民之前、即是黑人、○八與之相議曰、爾若中意、俾我葬屍不見、則請聽我、代我祈鎖哈耳之子以弗崙、○九其有一穴、名麥比拉、在田之境、請給我、以其價值可給我為業、以為汝中之塋域、

○十此以弗崙原居黑人之中、適黑人各進城門之時、黑人以弗崙

答亞伯剌罕曰、○十一吾主請聽、我給爾此田、內所有之穴、我亦給汝、在鄉親面前、以之給爾、可葬屍矣、○十二亞伯剌罕遂拜居民前、○十三在居民面前、謂以弗崙曰、請聽吾言、爾若允准、我替其田、將給銀價、請爾收之、致我彼葬屍矣、○十四以弗崙答亞伯剌罕曰、○十五吾主請聽、此田價值二百兩銀、爾我之中、此何干哉、請葬屍矣、○十六亞伯剌罕聽以弗崙之言、亞伯剌罕秤商通行銀二百兩、與以弗崙、據所言云在黑人之前、○十七如此以弗崙之田、在麥比拉慢哩對面、並田裡之穴、暨埔諸境內之各樹者、俱定○十八與亞伯剌罕為業、在黑人凡進邑門者之面前也、○十九此後亞伯剌罕葬其妻撒剌氏在迦南地希伯崙邑慢哩對面麥比拉田內之穴也、○二十如是黑人定彼田暨其穴

爲塋域、與亞伯剌罕也

第二十四章

一夫亞伯剌罕老年高歲、且皇上帝以萬事祉之。二亞伯剌罕謂本家管全業之老僕曰、請放手腿下。三我使爾指皇上帝、即天之上帝與地之上帝也、且發誓毋替我子娶我中所居之此迦南地女爲妻矣。四乃必進本國、我親屬中、替我子以撒娶妻矣。五其僕謂之曰、設使其女不肯隨我來此地者、我應歸主子本出來之地否。六亞伯剌罕曰、切當勤愼、勿歸我子回彼。七皇上帝天之上帝、導我出父之家宗族之地、時與我言、又發誓與我云、以此地必賜爾苗裔、其將差本天使在爾面前、又爾可替本子娶彼地之

女矣〇八倘女不肯隨從則此我誓不干爾只是不可歸于彼地矣
〇九僕遂放手主亞伯剌罕腿下為此事發誓也〇十且此僕管主之諸
業由主駱駝中取駱駝十口而往且起而望兩河間之地方拿
鶴居之邑矣〇十一適值暮時女人來汲水之際僕使駱駝跪伏於邑
外井旁〇十二曰切求皇上帝吾主亞伯剌罕之上帝者願今日使事
情利達施恩我主亞伯剌罕也〇十三夫我荷此水井時此邑內人之
女出來汲水〇十四倘若我請童女放缸致我飲且彼女若云請飲余
與爾駱駝給飲則令該女為所定與臣以撒克之妻由此可知
施我主之恩焉〇十五正言未畢忽然亞伯剌罕之兄拿鶴及妻米勒
迦氏所生之女孫比土耳之女哩別迦氏負缸出邑也〇十六且貞女

之容最好看、自乃童身、未與人交者、即下井、盈缸、就上、○十七僕趨以
迎之、曰、請以缸之些水與我飲焉、○十八曰、吾主請飲、急以手下缸與
之飲焉、○十九給飲罷、即曰、我亦汲水、與爾駱駝、待飲飽矣、○二十遂急傾水
缸諸槽、復走井泉、又與諸駱駝汲水矣、○二十一其人奇之而沉默、欲知
皇上帝合順路否、○二十二遇駱駝飲畢、其僕取金鼻環、重二錢五分、手
金釧一隻、重五兩、○二十三曰、汝係誰之女耶、請述我知、汝歸之屋有處、
吾可寓乎、○二十四曰、吾乃拿鶴及米勒迦氏所生之之女孫比土耳之
女、○二十五又謂之曰、我有草料俱足、亦有房以宿矣、○二十六其人遂頓頭、崇拜
皇上帝、○二十七曰、應稱譽吾主亞伯剌罕之上主皇上帝、不遺我主、乃
施真實恩慈、我在路間、蒙皇上帝引我至主兄之家也、○二十八且其娘

奔去、以此事報母家。○二十九惟哩別迦氏有兄、名曰拉班、且拉班奔井、
迎其人也、○三十遇見鼻環、以釧穿妹手、亦聞妹哩別迦言云、其人告
我如是、則到其人尚在井旁之時、與駱駝共立、○三十一且曰爾獲皇上
帝之祝者、進來、奚竚於外、我已備房與駱駝之廄也、○三十二其人遂進
家、即脫駱駝之馱、給駱駝草料、亦將水以洗親腳、並所陪之諸
人之腳矣、且排饈以食之後、○三十三曰未述來意、我不敢食、曰請述也、
○三十四曰、我乃亞伯剌罕之僕也、○三十五且皇上帝厚祝吾主、致成大、又賜牛
羊、金銀、奴婢、駝驢矣、○三十六主母撒喇氏既老、與本主生出一子、然主
以所有盡交與此子也、○三十七且主令我發誓云、毋替我子娶此迦南
我所居之地女為妻、○三十八乃詣親戚宗族之中、替子娶妻也、○三十九我謂主

曰、設使女不肯隨吾、四十 主曰、我行皇上帝之面前、其將差其神使陪爾、令路利達、又汝由宗祖家之中爲子必娶妻矣。四十一 但誓不干爾、設使至我親戚、若不給汝、則此我誓不干爾也。四十二 且今日到井、云我主亞伯剌罕之上主皇上帝乎、若合吾所行之路利達、四十三 却蓊井畔之時、遇童女來汲水、且我請缸之些水與我飲、四十四 若說爾可飲、吾亦爲駱駝要汲也、正是此女、皇上帝所擇着以給主之子也。四十五 且心裏言未訖、忽然哩別迦氏出來、負缸下井、汲水、我遂請與吾飲。四十六 女遂將缸急下肩曰、可飲、亦與駱駝飲焉。我遂飲女亦與駱駝給飲焉。四十七 我則問之曰、汝係孰人之女。曰拿鶴並米勒迦所生之女孫、此土耳之女。我遂置鼻環而上、又以釧穿手且。四十八頓首崇拜皇上帝、稱譽吾主亞伯剌罕之上帝、正乃皇上帝、引我正道、又領我主之姪女、到其子也。○四十九 今若要誠心慈意而待我主、則報我、不然、亦說我、可轉或左或右也。○五十 拉班比土耳等、並答曰、此事由皇上帝而來、故不能辨其是非也。●五十一 觀哩別迦氏在爾目前、接皇上帝之諭、攜之去、致為主子之妻矣。○五十二 且亞伯剌罕之僕一聽其言、則伏地崇拜皇上帝。○五十三 其僕遂取出金銀珍物與衣服、送哩別迦氏、又以寶物送兄並母焉。○五十四 且自並陪之人飲食宿夜、早起曰、遣我回主。○五十五 兄與母曰、容童女陪住數日、至暫一旬、然後去可也。○五十六 曰、勿阻我、看皇上帝令路利達、請遣我歸主。●五十七 曰、呼童女問口言。○五十八 遂喊哩別迦氏曰、爾肯隨此人否、曰、我肯就。○五十九 遣家妹

哩別迦氏、並育母、與亞伯刺罕之僕、暨其人咸去矣、（六十）嘉祝哩別
迦曰、爾係親妹、願爾為億兆之母、又汝苗裔可獲汝恨者之
門矣、（六十一）哩別迦氏乘其女婢、遂起程騎駝從人、且僕導哩別迦氏
而去。（六十二）當下以撒克居南地、適自拉海勑之泉路來。（六十三）暮時以撒克
出外、默想、忽舉目見駱駝來。（六十四）惟哩別迦氏舉目見以撒克、遂下
駱駝、（六十五）乃問僕曰、於田遊之人來迎我者誰乎、僕曰、是我主也、故
此取首帕自掩。（六十六）僕遂將諸所行之事、報以撒克也。（六十七）惟以撒克引
之母撒刺之帳幕、娶哩別迦為其妻矣、且愛之、故母死後、以撒
克獲安慰矣

第二十五章

且亞伯喇罕復娶妻、名曰基都喇、○二其生心蘭、約山、米但、米田、以
實入、書亞等、○三且約山生示巴、底但等人、底但之子乃亞書耳、利
都利、烏等人。○四且米田之子乃以法、以弗、哈諾、亞庇大、耳大等、咸
係基都喇之子。○五夫亞伯喇罕以凡所有者給以撒克、•六亚亞伯喇
罕尚活時、亞伯喇罕以禮賜妾之庶子、又使之離其子以撒克
則望東往東地焉。○七且亞伯喇罕享壽年日共一百七十五歲、即
其活紀、○八當老邁之際、亞伯喇罕年老時而卒矣、且歸其民焉。○九且
以撒克、以實馬耳等其兩子葬之於麥比拉之穴、即黑人鎖亞
耳之子以法倫之田在幔哩對面、○十昔亞伯喇罕向黑人等已買
此田、在彼亞伯喇罕與撒喇夫婦兩人收葬也。○十一適纔亞伯喇罕

死後上帝祝其子以撒克、且以撒克居附拉海勑之井也○十二且
亞伯喇罕娶撒喇氏之婢、麥西国女哈迦爲亞伯喇罕所生之
子以實馬耳、此乃其族譜○十三夫以實馬耳諸子依其世代按其名
號如左○以實馬耳之冢乃尼排約、基大耳、押別、米伯彩、十四米實馬、
土馬、馬薩、十五哈大、提馬、耶都耳、拿非實、基底馬等、此乃十六以實馬耳
之子及其名、按其城堡十二君、按其国也、十七且以實馬耳享壽共
一百三十七年、斷息卒死而歸其民焉、十八其人居地自哈未拉至
麥西国前書耳邑正往亞書耳之路、夫以實馬耳在諸親之面
而卒也○十九且亞伯喇罕之子以撒克族譜如左、亞伯喇罕生以撒
克、以撒克正有四十歲○二十方娶亞蘭地巴但亞蘭邑人伯土耳之

女哩别迦氏、為妻、此女乃亞蘭人拉班之妹矣。二十一惟以撒克之妻石胎、故代婦求皇上帝、即皇上帝垂顧、又其妻哩别迦懷孕矣。二十二其子胎内相争、母則曰、既是如此、吾如何耶、則往問皇上帝。二十三皇上帝曰、爾胎之中有二国人、又族類二種、必由爾腸别矣、此国必强於彼国、且冢子將役季子矣。二十四臨月將分娩、却胎内有雙兒。二十五初産者渾身紅也、有毛如裘、則名之曰以掃。二十六後其弟出手執兒踵、遂名之雅哥伯、夫哩别迦氏正生此二子之時、以撒克有六十歲矣、二十七兩子生長、而以掃為田夫、善獵、却雅哥伯乃樸實人、而住帳房。二十八夫以撒克食其野味、故愛以掃、但哩别迦氏慈雅哥伯。二十九且以掃困倦自野歸來、遇雅哥伯熬豆羹。三十以掃遂謂雅哥伯曰、我困以那紅湯請給我食故稱其名以東。雅哥伯曰今日賣我爾冢產之業以掃曰夫我臨死則此冢產之業何益哉雅哥伯曰今日應發誓故發誓矣如是以冢產之業賣與雅哥伯雅哥伯遂以餅及扁豆羹給以掃其飲食畢則起而去如此以掃輕其冢產之業矣

第二十六章

原來亞伯喇罕之時於是地有荒後亦有荒而以撒克往其臘邑至非利士國王亞庇米力皇上帝遂現謂之曰毋往麥西國但必居於我所示之地爾當寓此地又我將庇祐祝福爾乃以此諸邦賜爾兼爾苗裔致踐所言父亞伯喇罕之誓焉我將倍

增爾苗裔如天星之繁及以斯列邦悉錫苗裔並天下萬國將
恃爾苗裔而享福也○五蓋亞伯喇罕敬聽我聲亦守我禮儀命令
律例法度也○六且以撒克居其騰邑○七其居民問之爲其妻曰彼乃
我妹原來妻美看故畏稱之妻恐居民殺之因哩別迦氏也○八既
久居彼適纔非利士王亞庇米力眺窗窺看以撒克與妻哩別
迦氏嬉戲○九亞比米力遂召以撒克曰彼果然乃爾妻何言云係
妹即以撒克曰恐爲妻見殺而言此○十亞比米力曰奚作此事或
民之一名與爾妻相交爾則陷我罪戾矣○十一亞比米力遂諭衆民
凡摸此人與婦者果然死罪○十二繼時以撒克在彼地種穀當年收
一百倍且皇上帝祝之○十三且其人成大興旺日豐竟成巨富○十四蓋有

羣牛羊僕婢甚多、然非利士人嫉妒之。十五當亞伯喇罕之時、父僕
悉所鑿之井者、被非利士人塞矣、又以土滿之也。十六亞比米力遂
告以撒克曰、爾壯盛大過我、請離我去。十七以撒克則搬在其臘谷
搭帳而居焉。十八當父亞伯喇罕之日、人已鑿水井、且亞伯喇罕死
後、非利士人滿塞之。故以撒克復鑿此水井、依父所稱其名亦
稱之。十九且以撒克之僕掘谷巾、遂遇湧水之泉。二十其臘牧者便與以
撒克牧者爭鬭曰、此是我水。故稱其井曰爭泉、因相爭鬧故耳。
二十一復鑿別井、仍又相爭、故名之曰敵泉。二十二後搬彼再鑿一井、因此無
爭、故名之寬泉、云皇上帝今寬舒我、又我等可昌衍於地矣。二十三離
彼赴到誓泉。二十四當夜皇上帝現之曰、我乃爾父亞伯喇罕之上帝。

故勿懼、蓋緣本臣亞伯喇罕、我將庇祐、祝福爾、使爾苗裔蕃衍
焉。〇二十五以撒克遂築壇在彼、禱告皇上帝之名、又搭帳、且僕鑿井也。
〇二十六當下亞庇米力共友亞戶撒暨軍長非哥勒自其臘邑來見之。
〇二十七以撒克謂之曰、爾既恨我、而驅我去、因何來見我耶。〇二十八曰皇上帝
祐爾、是吾所果然觀、故云爾我之間、必有設誓、互相結盟、〇二十九因我
弗害、反厚待爾、又送爾安然而往、如是汝獲皇上帝之福祚、必
勿害我焉。〇三十遂排筵共飲食矣。〇三十一早起相誓、且以撒克送之、安然而
去。〇三十二是日以撒克之僕來報鑿井之事、曰我遇水也。〇三十三遂名之曰誓、
故邑之名、及今日稱之誓泉焉。〇三十四夫以掃有四十歲、方娶黑人別
哩之女猶滴、與黑人以倫之女巴示抹為妻。〇三十五此女躁擾以撒克

兼哩別迦氏之心

第二十七章

一 適以撒克年老眼昧看不見也、則招長子以掃語之曰、吾子、曰、
顧我哉、二 曰、邦我今老忌日所不得知也、三 今爾可持器弓箭赴野
取野味、四 可調香濃之饌、我所嗜者、捧來與食、致我死前禱祝爾
也、五 以掃遂往野打獵取野味來、但哩別迦氏聞以撒克囑子以
掃之言、六 哩別迦遂謂子雅哥伯曰、七 我聽家父囑爾兄云、可取野
味、調香濃之饌、捧與我食、則我死前當皇上帝面可禱祝爾也、
八 今我兒可聽我聲、依我所囑也、九 今往羊羣擇二肥羔、我調濃饌、
隨父所嗜者、以此奉父食、則未死之先、將禱祝爾也、十 雅哥伯謂

其母哩別迦曰家兒以掃乃毳人而我乃光人○十二設使父撫我則
以我爲棍徒遂招詛代祝也○十三母曰吾兒之詛歸我惟聽我言往
取之也○十四遂往取之奉母且母烹濃味饌家父所嗜者也○十五且哩別
迦取出長子以掃在家之美衣與季子雅哥伯穿○十六又以羊羔之
皮着雅哥伯之手及頸之光○十七又以所備之濃饌兼餅悉交子雅
哥伯之手○十八方到父曰尊父也曰吾在吾兒誰乎○十九雅哥伯謂父曰
我乃長子以掃循命行作請起坐食野味親自可禱祝我也○二十以
撒克謂其子曰吾兒急遇之如何曰因父所崇之上主皇上帝
牽之來也○廿一以撒克遂謂雅哥伯曰必就來我要摸兒誠吾子以
掃否○廿二雅哥伯就近父以撒克撫之曰聲乃雅哥伯之聲惟手乃

以掃之手也。二十三 因手乃毛像似兄以掃之手、不得看破、便禱祝之。
二十四 且曰、爾誠我兒以掃否、曰然也。二十五 曰可帶來致食兒之野味、並心
可祝爾。遂捧之致食、又捧酒飲焉。二十六 父以撒克曰吾兒就來嚫嘴
我也。二十七 遂就來嚫嘴父、且父聞其衣之香、祝曰、却兒香如野之香、
皇上帝所祝者也。二十八 願上帝賜爾天露地肥、並穀酒豐盛也。二十九 願民
事汝、列国扶爾、可主治兄弟、又同胞輩宜拜汝、凡詛爾者詛歸
諸身、但凡祝爾者、祝歸諸身也。三十 適以撒克雅哥伯畢耶哥伯適
離父以撒克之面、却兄以掃獵回。三十一 亦備味饌奉父、謂父曰、請尊
父起食兒之野味、致心祝兒也。三十二 父以撒克問曰爾誰乎、曰長子
以掃。三十三 以撒克遂戰慄不勝、曰是誰耶、方纔取野味奉我者、其安

在爾來之前、我曾悉食且禱祝之其必恒納福也〇三十四以掃既聽父
言則痛哭憔悴不勝、稟父曰請父亦祝我也〇三十五曰爾弟來弄計奪
爾祝嘏也〇三十六以掃曰稱其名雅哥伯豈非宜乎蓋一次騙我素奪
我家產之業今擅我祝福也又曰豈非還有禱祝可加我身乎
三十七且以撒克答以掃云、却我置之爲爾主、給兄弟皆成役又以穀
酒供之今以何物施兒耶〇三十八以掃遂舉聲而哭且以掃稟父曰尊
父豈祝一次而已乎請父亦祝我也〇三十九父以撒克答之曰却汝將
居肥地亦享自上之天露〇四十爾將持刀度生且事爾弟惟汝操權
之時則拆軛脫頸矣〇四十一且以掃因父所祝嘏得恨雅哥伯且以
掃暗想道本父之忌日在旦夕我則殺弟雅哥伯〇四十二以長子以掃

之言報哩別迦氏故差人招季子雅哥伯曰爾兄以掃自慰
以殺爾也○四三今也吾兒必聽我聲起來奔哈蘭見本兄拉班○四四寓彼
數日待兄怒息矣○四五兄若舒氣忘爾所行之事我則差人招爾
吾何忍一日喪汝二子乎○四六哩別迦謂以撒克曰因媳婦黑人之
女我憂死倘雅哥伯娶此等居地黑人之女我命何益哉

第二十八章

一節 以撒克遂招雅哥伯祝之又囑曰毋與迦南之女結親乃○二起來
往帕但亞蘭見爾外祖伯土耳娶爾母舅拉班之女為妻惟願
全能之上帝降福倍增蕃盛為羣民焉又以亞伯喇罕之祚賜
爾兼汝後裔可嗣接上帝所賜亞伯喇罕今所客寓之地矣○五以

撒克遂遣雅哥伯往帕但亞蘭地、見亞蘭人伯土耳之子拉班
即哩別迦之兄、以掃並雅哥伯之母舅、六惟以掃看以撒克已祝
雅哥伯差之到帕但亞蘭地在彼娶妻、又祝之之時加囑曰、毋
由迦南之女娶妻、七又見雅哥伯循父母之命、已往巴但亞蘭、且
八以掃看出迦南之女不悅父、以撒克、九就往見以實馬耳、又加所
有之妻、另娶亞伯喇罕之女孫、以實馬耳之女馬哈喇、即尼排
約之妹爲妻也。○十惟時雅哥伯離誓泉望哈蘭地而往、十一日落之
際、偶至一處而宿、終夜、且拾該處之石爲枕、又在該處睡矣。
十二遂夢、却在地置有梯、其頭及天、又見天使升降之、十三却皇上帝立
其上、曰、我乃皇上帝、即爾祖亞伯喇罕兼以撒克之上帝、今將

所卧之地、而錫爾並爾苗裔矣、○十四且爾苗裔將成如地之塵、廣延
至東西南北、且天下諸族、恃爾併爾苗裔俱將獲福也、○十五却我祐
爾麻爾到處所往、我亦保爾、又領汝回此地矣、又不遺爾、迨及
我所言者成完焉。○十六雅哥伯睡醒曰、皇上帝果然在此處、而我不
知也。○十七遂懼曰、巍巍哉此處也、莫非天堂之門、上帝之殿耶。○十八雅哥
伯早起、以所作枕之石、壘成一柱、灌油頭上。○十九且稱其處曰神殿。
其邑本名昔路斯也。○二十雅哥伯遂發願曰、上帝若佑、又保我於所
行之路、且賜我饍食衣穿、○二十一致我安歸父家。則皇上帝為我上帝
也。○二十二且我壘此石成柱者。將為神殿、又將凡所錫我者抽十分之
一而獻主

第二十九章

雅哥伯遂登程到東民之地。○二看而見田中有井、都有三羣羊附井而臥乃由此井與羣羊飲又以大石塞口也。○三諸羣旣集則除石開井與羣羊飲後以石復塞井口之處。○四雅哥伯曰列兄何來、曰自哈蘭來。○五曰爾識納鶴之子拉斑否。曰識。○六曰其無恙乎。曰無恙。且觀其女喇結陪羊而來。○七曰視日尚高未羣畜聚集之時、給羊飲焉而往喂之。○八曰不能如此待及羣畜咸聚除石開井口則可與羊飲焉。○九正言却喇結驅所守之父羊而來。○十夫雅哥伯一見母舅拉斑之女喇結並母舅拉斑之羊、則雅哥伯近前除石而開井口與拉斑母舅之羊飲也。○十一雅哥伯遂嚫嘴喇結舉聲溺哭、

十二 報喇結、自乃尊父之外甥、即哩別迦之子矣、女遂奔報父親。○十三 拉斑一聞其外甥雅哥伯之消息、即走迎之、又抱頸嚫嘴、遂引之入家、又以此諸情告拉斑。○十四 拉斑曰、爾誠吾骨肉、則共居一月矣。○十五 拉斑遂謂雅哥伯曰、因爾係我外甥、豈可徒事我乎、且告我知、欲何工賞耶。○十六 夫拉斑有兩女、其長名曰利亞、其季稱喇結。○十七 原來利亞眼睛矇昧、而喇結花容玉貌。○十八 且雅哥伯愛喇結、曰、我為季女喇結、願事爾七年焉。○十九 拉斑曰、以女妻他人、莫如嫁汝、可同我住矣。○二十 故雅哥伯為喇結役事七年、但因愛其女、則視之如數日矣。○二十一 雅哥伯則謂拉斑曰、期日已滿、請給我以本妻、致我相交。○二十二 拉斑遂聚該處之諸人、設筵、○二十三 適晚、攜長女利亞交雅哥伯、便成伉

○二十四僾拉斑亦以婢悉帕給本女利亞爲侍女矣、○二十五適早起係利亞、謂拉斑曰、爾所行吾者何耶、豈非爲喇結事爾、因何騙我乎、○二十六拉斑曰、先嫁季、而後嫁長者、在本地不得行焉、○二十七必滿其七期後、則因所役我之另七年之事、亦給此也、○二十八雅哥伯便遵行、且滿其七期、後亦以本女喇結妻之、○二十九拉斑又以婢辟拉給女喇結爲侍女矣、○三十雅哥伯遂亦與喇結相交、且愛喇結過於利亞、另事七載也。○三十一原來喇結石胎、而皇上帝顧利亞之見恨、故啟其胎、○三十二利亞則懷孕生子、曰、皇上帝果然垂顧本苦、如今夫君將愛我、故名子曰流便、○三十三復孕生子、曰、皇上帝聞知我見恨、是以亦賜我此子、故稱其名曰西門、○三十四再妊生子、曰、幸生三子、此次夫君必眷戀我、故稱

三十五名利未再孕、另生一子、曰、如今我將頌讚皇上帝、故稱子名猶
大便產止矣

第三十章

一夫喇結一看、自無產子與雅哥伯、喇結則妒姐、謂雅哥伯曰、給
我子、不然我必死矣、二雅哥伯烈怒喇結曰、我代上帝禁爾胎之
產乎、三曰、覷我女婢辟拉、可以相交、可膝上生子、致我亦由之有
子也、四遂將婢辟拉給夫爲妻、且雅哥伯相交辟拉、五遂懷孕與雅
哥伯生子、六喇結便曰、上帝已伸本寃、垂聽本聲、且賜我一子、故
稱其名曰但、七且喇結之婢辟拉再懷孕生仲子與雅哥伯、八喇結
遂曰、我與姐强爭而勝、是以稱名曰納大利、九惟利亞自覺生止、

則將本婢悉帕給雅哥伯爲妻矣○十且利亞之婢悉帕與雅哥伯
生子○十一利亞曰羣來且稱其名迦得○十二利亞之婢悉帕與雅哥伯生
仲子○十三利亞曰有吉其女將謂我福故稱其名亞沙○十四適麥稔之際
流便去在田遇萓奉母利亞○且喇結語利亞曰請給我爾子之
萓焉○十五曰爾擅我夫豈微故耶今亦貪奪我兒之萓乎喇結曰爲
此汝子之萓可以今夜與夫卧也○十六暮時雅哥伯自田歸來而利
亞出迓曰以本子之萓吾果然僱爾故必與我交當夜與之宿
焉○十七皇上帝俯念利亞遂懷孕與雅哥伯生第五子○十八利亞便曰昔
以婢給夫今蒙上帝錫我賞故稱其名以薩甲○十九利亞復妊生與
雅哥伯第六子○二十利亞便曰上帝賜我嘉奩因我生六子夫君今

後、必與我配矣、故稱子名曰西布倫、○二十一後生女兒、稱名底拿、○二十二當時
上帝倘念喇結、上帝應之開胎、○二十三且於是懷孕生子、曰、上帝已洗
去我羞矣、○二十四且稱其名約瑟、云皇上帝將與我添丁也、○二十五喇結生
約瑟之後、雅哥伯對拉斑曰、請遣我、可返本鄉本地也、○二十六汝知
吾所役汝之事、然則以事爾所得妻帑、今請給我而遣去矣、○二十七拉
斑曰、我慣知皇上帝緣爾以祚福降我也、故若蒙汝恩、偕我在
矣、○二十八又曰、請定工錢、且我給之。○二十九曰、我服事爾、又守汝羣如何、是汝
所知矣。○三十我未來時、所有稀少、惟我既來此、皇上帝以福降爾、今
牲口蕃殖矣。今於何時將供本家、○三十一拉斑曰、我當以何給爾耶、曰、
不須給我何物、惟有一件可行、我仍牧守爾羣矣、○三十二今日我將徧

閱爾全羣、驅出凡有斑駁成點之牲、及綿羊中之各宗色之牲、
與草羊中之斑駁成點者、以此等爲我工資也、如是異日我之
工資餉置汝面前、可立平義、凡獲草羊中無駁斑成點者、兼綿
○三十四 羊中無宗色者、即擬我偷之可也、拉班曰、按爾說來、正願爲之。
○三十五 當日將諸點圈之牡草羊、並凡斑駁成點之牝、暨所帶有白點
○三十六 者、及綿羊中之凡宗色者、悉交本子之手、且移三日之路、自間
○三十七 於雅哥伯、惟雅哥伯餵拉班之餘羊也、當下雅哥伯將楊、楓、杏、
○三十八 等樹之青枝、剝皮成白斑、露出枝內之白矣、羣畜來飲、則將所
○三十九 剝之枝、置在溝壑水槽、畜來飲時、就可相交也、夫羣畜生附支
○四十 相交、且產斑駁成圈成點之羔、惟雅哥伯分隔羔、置羣羊之面、

向拉斑羣中、凡所有斑圈宗邑之羊、且分本羊驅在一邊、並不與拉斑之羊相雜、○四十一遇壯之畜生將相交、雅哥伯則放枝其眼前於水道、致枝中相交、○四十二然畜生羸劣不置之、如是弱者歸拉斑、壯者歸雅哥伯也、○四十三且其人甚然興旺、有多畜生、奴婢、駝驢不勝數、

第三十一章

一且聞拉斑之子言云、雅哥伯已奪我父諸業、亦由家父所有者、悉得此富貴也、○二惟雅哥伯望拉斑之顏、不顧之如前日、○三皇上帝遂謂雅哥伯曰、爾當歸祖父宗族之地、而我必祐爾矣、○四雅哥伯遂差招喇結並利亞來野羣畜之處、○五語之曰、我看出爾父之顏、不顧我如素、但吾祖父之上帝祐我矣、○六且我竭力服事家父、是

汝所知也、○七恨家父騙我、易我資金十次、惟上帝不容之害我也。
○八若說斑點者、爲爾資金、畜生咸生斑點、若云斑圈者爲爾資金、
羣羊皆生斑圈者、○九如是皇上帝將父之畜生、而賜我也、○十遇牲口
相交之際、我父中仰看牡乘畜牝羊者、皆係斑圈、斑點兼雜色
之羊、○十一且上帝之使、夢中謂我曰、雅哥伯也、我曰、顧我在此、○十二曰、舉
目看牡羊交牝羊者、皆係斑圈、斑點、兼雜色之羊、乃我見過拉
班所行爾諸事也、○十三昔在神殿、爾以油抹柱之處、並發願將事上
帝、正係我也、今起來、出此地、歸本族之国矣、○十四刺結利亞等則答
曰、於父之家、我豈有賸餘分業乎、○十五夫父賣我、亦盡吞我銀焉、豈
非以我爲異人乎、○十六今上帝所脫家父之諸財、皆屬我等兼本子

也今且上帝之諭一切遵行也○十七雅哥伯遂起以妻子駕駝也○十八帶同羣畜生並所得各物件與所獲之畜牲在帕但亞蘭地所得者以歸迦南地返父以撒克也○十九且拉班出剪羊毛郝喇結偷竊父親之塑像也○二十且雅哥伯私逃不以奔情報亞蘭人拉班也○二十一即帶諸業脫去渡河望基列山也○二十二三日後人以雅哥伯逃之事報拉班○二十三則率兄弟追之七日程而趕及於基列山也○二十四夜間夢中上帝到亞蘭人拉班曰慎重勿與雅哥伯辯是非也○二十五夫亞哥伯附山搭帳時被拉班追及且拉班與諸兄弟搭帳於基列山○二十六拉班謂雅哥伯曰爾私逃牽我女兒猶以刀俘擄者郝何爲哉○二十七緣何偷然私奔胡不告我致我以唱歌琴瑟忻然送汝也○二十八奚不容我

親嚮本女兒、爾行此者、真狂行也。○二十九今我告爾、本手所能焉、但昨夜、爾父之上帝諭我曰、慎重、勿與雅哥伯辯是非矣。○三十夫爾雖慕父家甚欲歸之、然偷竊本神像、如何。○三十一雅哥伯答剌班曰、我畏云或強奪爾女耳。○三十二夫雅哥伯不知喇結已偷神像、故曰、我兄弟之前、辨爾之物在我、而取回、但凡有着爾神像者、不饒命也。○三十三拉班遂進雅哥伯帳、及利亞帳、兼兩女婢之帳房、並不着之、且出利亞之帳、入喇結之帳房也。○三十四原來喇結將塑像、藏之駝鞍之下、且坐其上。拉班遍尋全帳、並不見之。○三十五喇結謂父曰、兒有月經、不能起來、幸大人不怒也。其尋而不見塑像也。○三十六且雅哥伯發怒、諫拉班、夫雅哥伯對拉班曰、我何罪何愆、致爾急趕我耶。○三十七今遍搜吾

處、家之各物着何耶、置之我兄弟之前、而汝兄弟之前、可審辨
爾我之間也。○三十八此二十年我偕爾住、爾牝綿羊兼草羊母、未有墮
胎而羣羊之羝、我不食也。○三十九野獸所扒者、我不帶來、乃自補還之、
晝夜所盜者、爾向我討矣。○四十日間當熱、夜間受冷、眼廢寐矣。○四十一如此
居爾家歷二十年、且爲兩女服役十四載、又爲畜生事爾六年、
四十二但爾變我勞金十次、祖之上帝亞伯喇罕之上帝、吾父以撒克
所畏之上帝、不祐我、一定汝驅我空手。然上帝監我辛苦手勞、
故昨夜責爾也。○四十三拉斑遂答曰、此女乃我女、此子乃我子也、斯畜
乃我畜、及凡所見者、悉屬我也、今日與吾女兼其所生之子、將
何爲耶。○四十四不如爾我互相結約、彼此有憑據矣。○四十五雅哥伯遂將石立

○四十六 杜雅哥伯亦謂親人曰、爾可斂石、遂積石堆壘、在堆上食也、○四十七 拉斑稱之證壘、而雅哥伯呌之證堆、○四十八 拉斑曰、此堆彼此為憑據、故稱名證壘矣、○四十九 又稱之更樓、曰爾我相隔之時、上帝防範彼此之間也、○五十 爾若虧負吾女、抑另娶他妻、雖無人在、○郝皇上帝為證在爾我之間矣、○五十一 拉斑亦謂雅哥伯曰、可觀此堆、兼我所立之柱、在爾我之中也、○五十二 此堆乃憑、此柱乃據、以我不越此堆害爾、又爾不越此堆害我矣、○五十三 願亞伯剌罕之上帝、與拿鶴之上帝、又其祖之上帝、審辨爾我之間也、○惟雅哥伯指其父以撒克所畏者而發誓也、○五十四 雅哥伯在山上設祭、請兄弟赴席、就食餅、又在山上宿焉、○五十五 早時拉斑起、嚫嘴子女、祝福之後、拉斑則往回本家也

第三十二章

雅哥伯登程、又上帝之使逢之、雅哥伯一看之、二曰、此乃上帝之
軍也、故稱其處曰、列軍矣、三遂差人前往西耳地、以敦地、見家兄
以掃、四囑曰、如此謂我主以掃云、主僕雅哥伯如此曰、及今偕拉
班寓、住五我得牛、羊、驢、僕、婢、等、故特差人告知吾主、望沾主恩焉。
六其差人回報雅哥伯曰、吾等到主兄以掃、且其率四百人來迎
接主也、七且雅哥伯惶忙、駭遽、分偕之人連牛、羊、駝、等為二隊也。
八曰、君以掃來戰攻此隊、則彼餘隊可脫之也、九雅哥伯又曰、吾祖
亞伯喇罕之上帝、十又父以撒克之上帝、皇上帝、命我回本地、本
族、則必恩待爾也、然主所施僕之諸誠實恩典、一些我亦不堪

。沾盡持棍、我渡此約耳但河、今成兩隊矣。十一我畏家兄以掃恐來
誅我母子。故祈主救我出兄手也。十二主云定然施恩我培增爾裔
如海沙不勝數也。十三當夜雅哥伯宿彼將手下之物送禮奉兄以
掃。十四即牝羊二百口、羝羊二十口綿羊母二百口綿羊公二十口
十五駝母兼子、三十口、牛母四十口、牛公十頭、驢母二十口、驢子十
頭。十六遂分各羣交僕之手、曰爾往前路、各羣相距。十七又囑最前者曰
若家兄以掃遇爾、又問屬何人、欲往何處、前汝者屬誰乎。十八爾則
可說此物屬主僕亞哥伯、都乃禮物、特奉吾主以掃、却親自在
後也。十九如此亦囑第二第三、牧及凡從羣者云、爾遇以掃應語此
言焉。二十亦可說、主僕雅哥伯在我後也。蓋雅哥伯語云、必以前行

之禮物、舒兄之怒、然後面見、庶幾接我也、〇二十一 如是禮物先行、惟雅
哥伯是夜自宿羣中、〇二十二 當夜起身、遂攜二妻、兩婢、與十一子、俱渡
雅泊之津矣、〇二十三 率之渡溪、並所有移過也、〇二十四 惟雅哥伯獨在、却有
一人與之較塲、迄於黎明、〇二十五 自知不能勝之、則擊其髀股、正較塲
之際、雅哥伯髀股相錯也、〇二十六 曰、天將發亮、請釋我去、雅哥伯曰、非
加祝我、不容爾去矣、〇二十七 曰、爾何名耶、曰、雅哥伯、〇二十八 曰、今以來、不復名
雅哥伯、乃稱以色列、蓋爾與上帝與人物、似君有權勢、獲勝也、〇二十九
雅哥伯問曰、請告名也、曰、曷問我名歟、方在彼祝之也、〇三十 雅哥伯
稱其處曰、神面、云、我與上帝塘面、尚且保命矣、〇三十一 日過神面去時、
日起、却腿跛矣、〇三十二 因其壓雅哥伯髀股錯之筋、故以色列人及今

不食跨裡差錯之筋焉

第三十三章

一節於是雅哥伯仰目看、見以掃來率四百人、遂分派子等與利亞同喇結及兩女婢領之、二撥兩婢並子在前、利亞並其子在中、又喇結並約色弗在後、三親自前往拜倒於地七次、纔近兄處、四惟以掃趨迎其弟抱頸親嘴之、彼此涕泣、五且以掃仰目看女人與嬰兒、問此等共爾為誰耶、曰此乃嬰孩、蒙上帝恩賜主僕矣、六兩婢近來率其子拜之、七利亞亦近來帶子伏拜、後喇結與約色弗臨近而拜也、八曰我所遇之羣畜何意耶、曰望取恩主之眼前、九以掃曰我弟兄有足也、爾所有者收之、十雅哥伯曰不然、若余取兄恩則由本手收禮物盡弟睹兄面如嗜神顏兄又悅樂矣○十一上帝既施恩與我又弟自足請兄領所奉之物遂催之而彼受之也○十二曰必登程往去而我前汝而行焉○十三曰主知嬰兒嫩小又帶同牛羊孕青若疾驅之一日群畜均死○十四請主前僕而往又僕徐牽拔照前往畜生與嬰孩所能待至主處在西耳地○十五以撒曰請留屬下人與爾曰焉用此耶惟沾主恩而已矣○十六是日以掃同路至西耳地○十七惟雅哥伯往至列棚築室爲畜搭棚故名其地列棚矣○十八且雅哥伯從巴但亞蘭回來時到迦南地至示劍所屬沙林邑在邑前搭帳房○十九遂向示劍之父哈摩耳族人給一百塊銀買立帳之田地○二十在彼築壇稱之能神以斯刻

第三十四章

一節 夫利亞與雅哥伯產之女底拿、出見彼地之女矣。二 且本地之君希未人哈摩耳之子、示劍看之、遂取來私通、凌辱之。三 郎心神眷戀、切愛雅哥伯之女底拿、與童女談心事也。四 示劍亦禀父哈摩耳曰、願父賜此女、與兒爲妻也。五 雅哥伯聞知其已淫本女底拿、惟其子在野喂羣、故此緘口待子歸來也。六 夫示劍之父哈摩耳與雅哥伯出會議。七 且雅哥伯之子、自郊歸來、而聞知示劍與雅哥伯之女私通、在以斯列族中、行愚弊、作所不宜行者、則憂悶忿怒也。八 哈摩耳勸曰、我兒示劍之心神眷戀合愛、請結親也。九 然我嫁爾女、汝娶我女、共成婚姻。十 如是爾等可陪我居、其地在爾

面前、若之貿易獲業矣。十一示劍亦語女兒之父兄曰、望爾施恩、且
凡所言者、我則給之。十二加討聘禮物。吾給如言、止給童女為妻也。
十三因玷辱其妹底拿。則雅哥伯之子、巧對哈摩耳並示劍父子云、
十四人未受斷勢皮、而嫁妹此事不得行為、乃自取辱矣。十五若爾等相
似我、各男受斷勢皮之禮者、則我合意也。十六如是我等以女嫁爾、
吾亦娶爾女、彼此共往、合成一民矣。十七然若不聽吾、並不受斷勢
皮、我則帶家妹且去。十八且哈摩耳與哈摩耳之子示劍悅是言。十九其
少年貴於父之闔家、既愛雅哥伯之女、則不躭擱作此事。二十且哈
摩耳示劍等父子、遂來其邑門、與邑民商議曰、此人與我和睦、
地又廣足與之。二十一故容之居此貿易、我娶其女、而以本女嫁之。二十二佃

我中各男受斷勢皮、猶自受斷勢皮、則其人合意與我居、而成一民焉○二三 惟我必依允彼則其住•然是人之牲口其業、與各畜生、皆歸我耶○二四 凡出邑門之人、遂聽哈摩耳及其子示劍仍此各男出邑之門、受斷勢皮、矣○二五 適第三日痛傷、雅哥伯二子西門兼利未乃底拏之兄、各持劍、強進邑、誅各男人也○二六 遂以利刀戮哈摩耳及其子示劍後攜底拏出示劍之家而出也○二七 且雅哥伯之子、因妹受辱、則突屍、搶邑矣○二八 亦掠牛羊驢等與邑中、郊外諸物•兼搶凡物財、凡嬰孩妻女俱擄、亦奪家內諸業也○三十 雅哥伯遂謂西門及利未曰、爾等拖累我、令我臭在此地之居民、即迦南比哩洗等族類、況我數少、其聚攻滅我、則吾並本家敗壞○三十一 其子曰、其

待家妹、如姨、如何耶

第三十五章

一節 上帝諭雅哥伯曰、起來、赴神殿、而住彼、亦築壇捨之上帝、正是
汝避兄、以掃面之時、候所現與爾之主、○二雅哥伯遂諭家人與諸
從人云、汝中之異神悉棄、自潔更衣也、○三起來、赴神殿、我築壇捨
之上帝、即遭難之時照應我、又行路之際、庇我者也、○四遂將手下
之凡異神像、凡耳內環交雅哥伯、且雅哥伯藏之示劍橡下、○五起
程、因周邑畏上帝、故不追雅哥伯之子、○六如是雅哥伯偕凡從人
至迦南地、路斯邑、即是神殿、○七在彼築壇、然因素避兄以掃面之
際、上帝與之現、故稱其處曰、上帝之神殿、○八當時哩別迦之奶母

底破喇死、遂葬之神殿椽下、且稱其名哭椽也。九夫雅哥伯自己
但亞蘭回後、上帝復現與之、十且祝之曰、向來爾名雅哥伯、後不
復稱雅哥伯、乃名以色列、故表其名以色列矣、十一上帝曰、我乃全
能之上帝也、爾可倍增、爲民、又成羣民、王又由爾腸出也、十二我所
賜亞伯剌罕兼以撒克之地、此地亦將錫爾、並賜爾之後裔矣。
十三且上帝由所言之之處升天焉、十四惟雅哥伯在言之之處豎立柱、
卽石柱、且奠酒灌油也、十五雅哥伯遂稱上帝所言之之處曰神殿。
也。十六由神殿起程、臨近以弗喇大、離彼稍遠、拉喇結臨盆難產、
十七方逆產之際、媬曰、安心也、爾又將有此子矣、十八臨死之際、正欲斷
息、婦稱子名痛子、惟父稱之便雅憫也、十九喇結遂死、葬在以弗喇

大路、即是伯利恒邑也〇二十雅哥伯立碑於墓上、即至今日喇結之記碑也〇二十一以色列就起程、過犂畜之塔、布帳也〇二十二以色列適在彼地、流便交家父之妾辟拉、且以色列聞知矣〇二十三夫雅哥伯有十二子、利亞之子、雅哥伯長子便流西門利未猶大以薩迦西布倫•二十四喇結之子、乃約色弗便雅憫等•二十五喇結之婢辟拉之子、乃單納大利等•二十六利亞之婢悉帕之子、乃迦得與亞沙、正是雅哥伯在巴但亞蘭所生之子也〇二十七且雅哥伯遂來見家父以撒克在曼利於四雄之邑、即是希伯崙、昔在彼處亞伯剌罕兼以撒克寓矣•二十八以撒克享壽共一百八十年•二十九且以撒克高壽老年、斷息而死、歸本民、且其子以掃雅哥伯等葬之也

第三十六章

夫以掃即以東之族譜如左以掃娶迦南之婦、即是黑人以倫之女亞大及希未人西便之女孫亞拿之女亞何利巴馬兩人爲妻亦娶以實馬耳之女尼排約之妹巴示抹爲後妻且以掃與亞大氏生以利法亦與巴示抹氏生流耳又亞何利巴馬氏生耶烏是雅蘭哥喇等此乃以掃之子於迦南地所生者也以掃遂領妻子女家內各人牲口與諸畜生並迦南地所獲之諸業避弟雅哥伯之面進地矣因其財貨盛多不能共住又其所寓之境不足畜其牲口矣如是以掃住於西耳山即以掃乃以東也夫居西耳山以東人之父以掃之族譜如左此以掃子之

名、郎以掃同其妻亞大氏生以利法、又以掃同巴示抹氏生流
耳○十一且以利法生提幔、阿馬耳、西波、迦但、基拿斯等○十二以掃之子以
利法有妾名亭納、且與以利法生亞馬力、此乃以掃由亞大氏
之子也○十三且流耳之子乃拿轄、西喇、沙馬、米撒等、此乃以掃之妻
巴示抹之子也○十四以掃之妻、西便之女孫、亞拿之女亞何利巴馬
氏、與以掃生耶烏、雅蘭、可喇等也○十五夫以掃諸子爲公者如是、
郎以掃之家督以利法、提幔公、阿馬耳公、西波公、基拿斯公、○十六哥
喇公、迦但公、亞馬力公、此乃以利法族、以東諸侯、俱亞大之子
○十七且以掃之子流耳之子乃拿轄公、西喇公、沙馬公、米撒公、此乃
由流耳在以東地所出之公、俱以掃之妻巴示抹氏之子也○十八且

以掃之妻亞何利巴馬之子乃耶烏是公耶蘭公哥喇公正是以掃之妻亞拿之女亞何利巴馬氏所生之諸公也○十九俱乃以掃即以東之子係乃公也○二十夫本地何哩人西耳生羅單說八西便亞拿○二十一底順以斯耳底山俱是以東地西耳族何哩人公也○二十二羅單生可利同希慢又羅單之妹乃亭拿也○二十三說八之子乃亞勒文馬拿轄以巴勒示波阿南等○二十四西便之子乃亞雅亞拿等當時其在野喂父西便之驢遇着熱泉者正此亞拿也○二十五且亞拿子乃底順並亞拿之女亞何利巴馬○二十六又底順之子乃希麥但以實班以特蘭治蘭等○二十七又以斯耳之子乃辟蘭撒番亞干等○二十八又底山之子乃烏士亞蘭等○二十九且何哩族公如左即羅單公說八公西便公亞拿

（三十）公底順公、以斯耳公、底山公、此乃何哩公、西耳地公中。（三十一）王治以邑列族、以前有此王治以東地、（三十二）且庇耳之子。辟拉爲以東地王、京曰停哈巴也。（三十三）辟拉崩後、破斯喇人西喇之子約巴伯登位矣。（三十四）約巴伯崩後、提馬尼地人戶山嗣位矣。（三十五）戶山崩後、庇撻之子哈撻續位、其京之名乃雅味得、昔在摩亞伯平坦擊米田族者也。（三十六）哈撻崩後、馬士哩迦人三拉嗣位。（三十七）三拉崩後、河邊哩何泊人掃羅接位。（三十八）掃羅崩後、亞革破之子巴勒哈南續位。（三十九）亞革破之子巴勒哈南崩後、哈大耳嗣位、京稱保、且米（三十九）薩合之女孫、馬特列之女米希大別氏爲其王后也。（四十）夫以掃族公、依其宗派境界名號、如左、即（四十一）亭拿公、亞勒瓦公、耶帖公、亞何利巴馬公、以拉公、比嫩

公基拿士公、提慢公、米伯薩公、麥鉄公、以蘭公、此乃以東地列公依其居處地業也。夫以掃乃以東人之祖父也

第三十七章

夫雅哥伯居迦南地、即其父所客寓之地、且雅哥伯之來歷乃如此。其子約色弗方十七歲、偕諸兄牧羊、當時童子陪其父之妻辟拉及悉帕之子、且約色弗以兄之錯報知家父、惟以色列因老年紀生約色弗、故愛之過於諸子、又替之造花袍也、兄等一見父愛約色弗過於諸兄、則恨之、不肯與之安言也、夫約色弗夢一夢、與兄輩述之、尚加恨之矣、約色弗曰、請聽我所夢見焉、夫我等於田束禾、忽見本束豎立、但爾束周立而拜本束也。

八其兄曰、爾果然管我乎、抑實在治我乎、故因其夢言益恨之也。
九約色弗另看一夢、告諸兄曰、我再夢一夢、却有日月與十一星、
皆拜我也、○十且以此夢言父兄、且父譴之曰、爾所夢者何耶、我與
母親兄等、果然將來伏地拜爾乎、○十一且兄忌之、而父誌其言焉。○十二且
兄輩往西劍牧父之畜生、○十三以色列語約色弗曰、汝兄牧羣於西
劍、來吾將差爾就之、曰唯。○十四曰爾且往觀兄平安、牲口有平安否、
且來回覆我也。遂差之自希伯崙谷往西劍地矣。○十五正遊郊間、或
人遇之、問曰、爾尋何耶。○十六曰予尋本兄、請語我知其牧羊何處耶。
十七其人曰、其已離此、蓋我聞之云、莫如往多單、且約色弗追兄、在
多單見之。○十八未曾近來、則諸兄遠見之、即謀誅之、○十九敘談曰、其夢者

來也莫若殺之丟尸諸井中散言野獸食之然後將看其夢何驗焉流便聞之則救之出其手曰毋害其命也且流便欲援之脫其手交回家父故曰勿流其血乃擲之在野之井焉毋下手矣約色弗既至兄則脫其花袍即所穿斑之袍投之諸井正無水之空井也遂坐下食餅忽然仰眼看以實馬耳羣來帶駱駝負香料乳香没藥自其列來欲往麥西地矣猶大對兄弟曰殺弟匿其血何益哉毋下手害骨肉本弟莫若賣之與以實馬耳人也其兄遂合意米田商賈適經過兄遂拉約色弗出井以二十兩銀賣約色弗與以實馬耳人帶約色弗至麥西斯後流便歸井看約色弗不在井裡遂裂本衣矣返見諸弟曰噫子不在

矣、我將何往哉。三十一遂宰羊子、將約色弗之袍、以血沉之。三十二且攜花袍、
回見父親云、我等覔見此袍、請觀是兒之袍否。三十三其認之曰、係吾
兒之袍、必有野獸吞之、約色弗被扒虀無疑矣。三十四雅哥伯遂裂衣、
穿麻、為子納悶多日矣、諸子與諸女遂起來勸慰、乃父不肯獲
慰、曰我悲哀臨墓就子、如此父為之哀哭也。三十六夫米田人、將約色
弗在麥西地賣與王臣侍衛守備波提乏之也。

第三十八章

一維時猶大別其兄弟、陪亞土蘭人、名希喇、二猶大彼看迦南人之
女名書亞氏、遂娶之相交、三且婦懷孕生子、稱名耳、四再妊、生子、稱
名阿南、五復妊、生子名示拉、正在基悉生子。六猶大遂帶妻、娶長子

耳名大馬氏夫猶大長子耳在皇上帝前惡反故皇上帝殺之。猶大對阿南曰可進娶兄嫂繼兄之嗣惟阿南知所生子歸自故與嫂相交時洩精於地不肯與兄生嗣矣惟皇上帝不悅所行者故亦殺之矣猶大誠恐季子似兄殀命故謂媳婦大馬氏曰爾應於父家守寡待吾兒示拉成長也大馬氏遂往居父家也嗣後猶大之妻書亞之女死而猶大納慰遂往亭拿其朋友亞土蘭人希拉以剪羊毛也或告大馬氏曰汝舅往亭拿以剪羊毛也且大馬自看示拉成長尚不與之結親故脫寡衣以帕罩首以袍圍身坐亭拿之道於公處矣且猶大見之自蔽其面以為娼妓乃未知乃媳婦故在路上就之請之相交婦問相

交賞何物曰以羣之羔贈汝曰汝給質當否待牽羔來〇十八曰當給
何物爲質曰爾印兼帶與手杖之棍也遂以之給然後相交婦
則被其懷孕焉〇十九大馬氏即起身而往脫帕仍穿寡服〇二十惟猶大托
友亞土蘭人携羔由婦之手得收質但不着之矣〇二十一問該處之人
曰公路旁娼妓安在曰此處無妓〇二十二回見猶大曰不着之土人亦
云此處無娼也〇二十三猶大曰誠恐愧羞女必取之却吾寄此羔但汝
不遇之〇二十四且三月後有告猶大云爾媳婦大馬氏爲妓因苟合懷
孕猶大曰牽之出來且焚之也〇二十五剛纔牽婦差人謂舅曰此物所
屬之人由此人我懷孕焉辨此印此帶紳及此棍是誰之物耶
〇二十六猶大認之曰此婦行義過我我不嫁之與子示拉也矣此後猶

大不與之相交也臨盆之時郎懷雙子正産之際一嬰出手姆將赤線縛諸嬰手曰此嬰首出適嬰縮手而弟生出曰曷破出來此破者歸爾則稱其名法嘞士然後其弟縛赤線者出故稱其名撒喇也

第三十九章

約色弗帶到麥西國則麥西人王臣侍衛守備波提乏之向帶以實馬耳之手買之且皇上帝庇佑約色弗爲人與相且居在麥西人之家其主看皇上帝祐之且皇上帝令諸事其手內利達矣且約色弗沾主之恩而事之遂置之爲管家以所有之諸業悉付其手調之管家暨諸業以來卻皇上帝爲約色弗祝麥西

人之家皇上上帝遂降福家內田上凡所有者六主以全業交約色
弗之手除所食之餅外自不知所有之物夫約色弗丰彩美麗
七此後主母將眼傳情與約色弗曰與我相交八惟約色弗不肯謂
主母曰主不知借我家內之情付諸物與我之手九家內之人莫
大於我但汝係其妻除非汝毫不禁我怎何作此大惡而犯罪
於上帝歟十遇主母日日叙談約色弗其不肯聽並不同在相交
也十一約此時無人在屋之際約色弗進屋理事十二主母就提其衣曰
與我相交惟約色弗棄衣在婦手自奔而出十三主母看約色弗遺
衣在手且自逃出十四便喚家人曰爾看家主帶希伯來人入來以
辱我也方纔入內欲與我交而我舉大聲而呼十五適聽我舉聲疾

呼遂遺衣、自逃而出。十六則存衣、逃其主歸家。○十七既至、如是言云、爾所帶來之希伯來僕、進內辱我。○十八正我高聲而號、彼即捨衣走出。○十九適家主聞妻之言、曰汝僕待我者無非如是也。○二十則大發怒、約色弗之主遂捉之禁監在國王之罪犯之處、其方坐獄也。○二十一然皇上帝祐約色弗、而憫恤之、令之獲司獄之恩焉。○二十二又司獄以監中罪人悉交約色弗之手、凡彼所行者、乃其事也。○二十三蓋皇上帝祐之、又皇上帝使所務利達、故司獄終不理其手下之事矣、

第四十章

節○一嗣後、適麥西國王之酒目、膳夫兩人犯其主麥西國王矣。○二王遂怒二臣、即酒吏長、膳夫長等、遂禁押之侍衛統領之署、即約色

弗所因之獄處且侍衛統領托之與約色弗其則事之如是兩人暫時坐獄矣麥西王之酒目膳夫兩人囚在獄中者夢一夢同夜各人夢異各人據其夢診也早時約色弗來看見其面帶憂色遂問同囚之王臣其居其主之監守云今日曷帶悶色耶曰我等夢見而無人所診之矣約色弗曰莫非其診歸上帝耶請述之酒吏監督對約色弗告夢曰吾夢見却當面有葡萄樹樹有三枝似若萌芽開花藤結熟菓又吾以王爵持手故摘葡萄之菓榨汁王之爵中又將爵奉王手也約色弗曰其診乃如是三枝者三日也三日之間王將舉爾首復職仍為酒吏奉爵與王手也但汝安興時請俯念施恩與我奏王拯我出此守也

十五蓋我素被拐出希伯來境此間亦無作何事以監禁我、○十六然膳夫監督看診善、則謂約色弗曰、我亦夢見首戴白籃三層、○十七上籃各項王之餅餌、而鳥啄之於首之籃也、○十八約色弗答曰、其診乃如是、三籃者三日也、○十九三日之間、王將斬首、掛屍諸樹上、又鳥在樹、吃爾肉也、○二十適值三日、正王誕辰、爲羣臣排宴、則舉酒吏膳夫監督之首、在臣之中、○二十一令酒吏監督復酒職、又奉爵王手、○二十二惟膳夫監督縊死、掛正驗約色弗所診者、○二十三惟酒吏監督不記約色弗、乃忘之

第四十一章

一節二年滿後、適王夢、卻佇於河沿、○二忽見七牛壯肥、由河而出、喂於牧場、○三卻另七牛瘦瘠出河、共他牛並立諸河濱矣、○四又瘦瘠牛吞

壯肥七牛。王遂醒矣。○五復寐夢見。一幹禾生七穗、厚滿。○六後看萌出
另七穗、薄而被東風暴者也。○七且其七薄穗、吞其厚滿之穗、王醒、
却是一夢也。○八早時。王心焦、遂悉召麥西之巫師、智人、王遂告夢。
而無人能診之與王也。○九夫酒吏監督曰、今日臣憶有咎也。○十王怒
臣、押臣並膳夫禁監侍衛統領之家。○十一忽然一夜、他我兩人夢見、
各人之夢依其夢診焉。○十二在彼有希伯來少年、侍衛守備之役。一
人、臣等告之、其卽診夢、各人依夢有解也。○十三遇其所診應驗、臣復
職、膳夫被縊矣。○十四王遂差召約色弗、故急帶出獄、剃鬚更衣、覲王、
○十五王謂約色弗曰。朕見一夢、而無人能診之。且朕聞說、爾通夢診
之。○十六約色弗對王曰、非臣所能也、上帝將賜王平和之應也。○十七王謂

約色弗曰、孤夢、猶佇諸河濱、〇十八忽然壯肥之牛、七頭、出河、喂於牧
場、〇十九後另出最疾瘦瘠之牛、七頭、如此之瘦、遍麥西国、孤未之見
也、〇二十且瘦瘠之牛、吞吃美肥之牛、〇二十一吃畢、不能看出曾吃之、卻仍舊
瘦焉、孤便醒矣、〇二十二朕亦夢見禾一幹、生七穗、善滿也、〇二十三後另看出七
穗、於東風暴枯薄也、〇二十四夫薄穗吞七秀穗矣、孤以此夢、告諸巫師、
而無人能診之也、〇二十五約色弗奏王曰、王之夢一矣、上帝示王、其所
將作矣、〇二十六七美牛者、乃七年也、七嘉穗者、亦七年焉、又其夢一矣。
〇二十七瘦瘠七牛後出者、七年也、〇二十八且於東風暴空之七穗者、亦七荒年
也。臣所奏王乃如是、上帝所將造之事、已示王矣、〇二十九將來遍麥西
国、必有七載豐盛、〇三十後必有七年饑荒接之、致在麥西地、不誌太

豐年焉。因凶地將糜滅。○三十一乃饑荒不勝。故因接之歉地將忘其豐焉。○三十二蓋上帝立定此事、且上帝迅速成之、故此王夢二次加倍矣。○三十三今王擇智慧之士、派之掌麥西国。○三十四王行是宜、派官司地。當七年豐盛之間、抽麥西田產五分一、○三十五致歛所來豐□年糧、積穀於王之手下、又守糧在城。○三十六此糧可貯藏、補麥西国之七歉年之缺、免凶歲之際、其国亡也。○三十七且王兼羣臣視此事爲善。○三十八王謂臣曰、豈能遇着此等人、賦聖神者乎。○三十九王遂謂約色弗曰、上帝卽悉示汝、故無人如爾通達智慧也。○四十爾可管理本家、庶民皆遵爾命、獨在於位極、孤尊於爾也。○四十一王亦謂約色弗曰、孤却舉爾統治麥西国四方。○四十二王遂除指環、插約色弗之手、以細布之袍穿之、亦將金鏈掛

○四十三頸矣乘之所有第二車前人呼曰、跪足哉、如是王立約色弗爲
全麥西国之統轄矣○四十四王對約色弗曰、孤乃王也、惟除非爾遍麥
西国不准一人擅動手足也○四十五王稱約色弗之名曰救世、且以安
之祭主波提非拉之女亞西納氏嫁之。月約色弗巡繞徧麥西
国地矣○四十六侍麥西王前之時、約色弗方有三十歲、且約色弗拜別
御而巡繞遍麥西国也○四十七遇七豐年○四十八地產豐盛其七年間、斂麥西
国境內之諸糧積之邑中、兼各城郊之田糧亦貯彼矣○四十九又約色
弗囤積五穀、如海沙之繁多不勝數、故不論量也○五十荒年未至、約
色弗生二子、即安之祭主波提非拉之女亞西納所生與之也。
○五十一且約色弗稱其長子馬拏西、云、蓋上帝令我忘諸苦、並父之全

家也○五二又稱其仲子以法蓮曰葢上帝在受苦之地添增我也且○五三
麥西国七豐年完畢、據約色弗之言、始七兇年遞來○五四且諸国遭
饑惟遍麥西境内有糧也○五五且麥西国、四方覺荒饑、庶民稟王賜
食、王諭諸麥西国人云、往見約色弗所諭必遵行焉○五六當時全地
面遭饑荒、且麥西国、荒益增、約色弗遂開諸倉糴穀與麥西人
○五七矣因萬国饑荒、故諸国○來麥西向約色弗糴穀也

第四十二章

一節夫雅哥伯見在麥西国有穀、雅哥伯則謂諸子曰、曷互相觀望
○二哉又曰、却我聞知於麥西国有穀、爾必往彼糴之、則保命並不
○三死矣約色弗十兄遂下麥西国糴穀○四惟雅哥伯不差約色弗之

弟便雅憫陪兄行云恐遭殃矣。五 夫在迦南地有荒、而以色列之子偕來之者亦來糴穀矣。六 約色弗管理其国糶穀與地之庶民。七 且約色弗之兄來面伏地拜之、約色弗一見諸兄則認之、佯爲不知、又詞叱之曰爾何來耶、曰自迦南地、以糴糧也。八 且約色弗認諸兄而兄不認之。九 約色弗遂繫念因此所見之夢、對諸兄曰、爾等乃探子、只窺国之不備、而來也。十 曰主也不然、乃僕等只爲糴穀而來也。十一 僕等皆一人之子、乃老實人、非偵伺也。十二 曰然汝來窺国之不備也。十三 曰僕等原來十二兄弟迦南地一人之子、季現在偕父、又一人亡矣。十四 約色弗謂之曰果然、如說來汝乃探子也。十五 吾指王命發誓、若非帶季、不准爾出境、十六 以徵言是否爾等皆被

禁在此、惟差一人攜季來、以試爾言之眞假、不然、指王命、汝實
屬探子矣、○十七 遂押衆坐監中三日矣、○十八 纔三日約色弗謂之曰、我亦
敬畏上帝、故作此、且保生命也、○十九 倘爾乃眞人、則兄弟中一人絪
在汝監牢、但汝往去載穀、濟家之饑、○二十 惟攜季弟赴我、以証爾言、
並不死矣、彼則如此行焉、○二十一 其則相談論曰、吾因弟重罪矣、乃我
覩弟之悽慘之心、求我、又我不肯聽、故遭此禍矣、○二十二 流便答曰、我
豈非勸爾毋干其兒、惟爾不聽、卻緣此討其血矣、○二十三 因用通事而
言之故不知約色弗會之、○二十四 惟約色弗退之、哀哭復來相論、牽西
門來、眼前縛之也、○二十五 約色弗遂命以穀盈囊、亦將各人之錢囊內
另給盤費、如此待之也、○二十六 兄等遂將穀負驢而往、○二十七 至寓、一人開囊

飼驢、忽見其銀、正在囊口、○二十八告兄弟曰、我銀送回、今在囊矣、衆遂
廢心、惶驚相曰、上帝行我怎何、○二十九遂返迦南地見父雅哥伯、詳告
所遭云、○三十彼国之宰相訶責我、視我如窺地也、○三十一惟我曰我乃眞人
並不探子、○三十二吾等十二兄弟同父之子、一者已亡、而季弟偕父在
迦南地矣、○三十三其人即其地之宰相謂我曰、若爾等眞人、如是可看
出、必留兄弟之一偕我、其餘載糧濟家之歉而去、○三十四且攜季弟見
我、由是可觀爾非探子、乃係直人、則我交回兄、又爾貿易於國
可也。○三十五適繳倒囊之時、郄各人包銀在其囊內、父子並看銀包、
莫不驚懼矣。○三十六父親雅哥伯遂謂其子曰、爾等奪去我子矣、約色
弗已亡、西門亦亡、另欲攜便雅憫去、此事皆逆我矣。○三十七流便禀父

曰、請托兒我手、我保之安回、若我不攜子回來、可殺我二子也。

三十八 曰我不容兒偕爾往去、乃其兄已亡、其又獨在、爾行路若遭害、則使我白髮憂然歸墓矣、

第四十三章

一節 維時境內荒饑益重、二 遇由麥西國運來之穀食完、父曰、復往糴些糧也。三 猶大曰、其人實說云、亞弟不偕來、爾必不見我面焉、四 今若差亞弟陪行、我則往去糴穀矣、五 不然不往、盖其人曰除亞弟偕來不得見我面矣、六 以色列曰、為何害我而告之還有亞弟、七 曰、其人細問我親屬之情形、曰尊父還在、另有亞弟乎、我據言說來、豈果知其將命我攜亞弟來耶。八 猶大謂父親以色列曰、請父

差子陪行、而我起程而往、汝我並嬰兒一應保命、並不死亡矣。〇九我願保之、向我手討之、若不攜之歸父、我終生獲罪矣、〇十今若不滯延、已返來二次、〇十一焉父以色列曰、若是如此、可作此也、採境內佳菓、載爾器、即些乳香、蜜糖、香質、没藥、榧子、杏仁等禮物、〇十二送與該人也、〇十三手可帶倍銀、亦爾囊內所得之銀交回、虔乎失錯也、另攜亞弟、且起、再赶其人、〇十四願全能上帝准喻致其人以慈悲待爾、發回兄弟、兼便雅憫、若我失子、則吾失子矣、〇十五其人遂取禮物、手執倍銀、亦攜便雅憫、起程往麥西国、謁見約色弗也、〇十六約色弗一見便雅憫陪來、則謂管家曰、引此人歸家、宰牲排筵、蓋午時此人將陪我食矣、〇十七其人遵約色弗之命、而引其人進約色弗之字。

其人入約色弗之室、莫不驚懼、相論曰、緣初歸我囊中之銀、故
引我入、以滋事、致捉擄我、並本驢矣○十九遂就約色弗之管家、近室
門相議云○二十足下、我等初來果然糴穀○二十一遇到宿處、我等開囊見各
人之銀在囊口、本銀足數秤、故親手帶還之○二十二另帶他銀、糴穀、不
知誰人載銀囊內也○二十三曰爾且安心勿懼、汝上帝並列祖之上帝、
賜銀囊內、我曾受爾銀焉、遂攜西門相見焉○二十四其人遂引是人入
約色弗之室、禆水洗脚、且飼驢也○二十五又聞知自在彼食餅、故備餽
儀、待約色弗午時回焉○二十六約色弗回時、手捧餽入室、伏地拜之○二十七夫
約色弗問安、曰汝所言之老人、即尊父尚在、無恙乎○二十八答曰主僕
家父尚在、無恙、遂頓首伏拜○二十九約色弗舉目覩同胞之弟、便雅憫

而曰爾言之季弟、乃此人否。亦曰願上帝恩澤我兒、○三十且約色弗
爲亞弟心腸痛裂故急覓可泣之處入房潸哭也○三十一後洗面而出、
勉强曰排筵、○三十二遂排之爲約色弗一席爲兄弟一席爲麥西国人
共一席焉緣麥西国人同希伯來族共席係屬厭事也○三十三彼則前
坐其長按其生時其季按其幼年是以其人互相稱奇矣○三十四且親
寄自前之饌惟便雅憫之饌比各人之饌五陪之多遂飲同樂
矣

第四十四章

一節約色弗遂命管家曰將穀滿囊依所能負仍置各人之銀囊口
焉○二亦將本爵即乃銀爵並穀價俱裝季者之囊中也管家遂遵

約色弗之命而行焉○三且天亮差去人連驢○四正距城不遠約色弗謂管家曰起來追其人趕及之時可曰曷以惡報善耶○五吾主所飲之器並所占卜者豈非是耶爾行此即行惡矣○六且追及之際依此言告之○七曰主何出此言耶僕等不敢作此事也○八請記昔所獲囊口之銀我由迦南地來已交回主也然則何能偷搶主家之金銀乎○九僕等之中誰藏此物搜出願定死罪且我將為主奴也○十曰可依爾言而行搜出有物者彼人為奴惟汝無辜○十一各人遂急拏囊下地各人開其囊也○十二管家遂起尋自長至季竟搜出爵在便雅憫囊中○十三則裂衣各人乘驢回城○十四猶大兼兄弟至約色弗尚在宅伏地○十五約色弗遂曰爾何事作耶人如我果能占卜之豈

不知乎○十六猶大曰、足下稟主、有何言哉、焉能說辭脫罪耶。上帝察
明僕等之咎、今僕等與所藏爵者、咸爲主奴矣、○十七曰、決不然、只遇
爵在其手者、將爲我奴、惟爾安然歸父可也、○十八猶大就近謂之曰、
主如王一然、稟主、俯念僕言、亦勿烈怒僕哉、○十九主問僕等云、有父
兄否、○二十僕稟主曰、家父老還在、老紀生季子、其兄已亡、其母獨遺
此孤子、且父愛之、○二十一主諭僕等、攜來致眼見之、○二十二余已稟主曰、其童
不能離家父、恐別父、則父必死、○二十三惟主諭僕曰、非帶亞弟來此、不
復覿我面焉、○二十四後僕等歸見主、僕家父、則轉報主諭、○二十五家父曰、爾等
再去糴些糧也、○二十六僕等答曰、吾不能下去、若亞弟偕我去可也、蓋
季弟不陪行、則不得覿主面、○二十七主僕家父則語我曰、爾知本妻與

我生二子、○二十八其一離我出外、我說必遭捲斃矣、而我不復見之、○二十九今若取此去、其遭害、便令我白髮憂然臨墓矣、○三十今若回見僕父、且少年者不同在、則家父之命必掛童之命、○三十一但看少年者不偕我來、則家父必死、故僕等將使家父之白髮憂慮臨墓矣、○三十二蓋僕與父擔保子曰、若不攜之到來、則吾終生獲罪於父矣、○三十三今也稟主准僕代此子爲奴、及容童子偕兄弟等上去、三十四蓋我焉能上見家父而童子不陪行、恐覩家父遭禍也

第四十五章

一節繼時約色弗當諸傍侍而前、不能忍情、則叱各人出外、且約色弗與兄弟自認、又無一人並立矣、○二即舉大聲溯哭、又麥西人兼

王家聽之約色弗遂謂其兄弟曰○三我乃約色弗家父尚在乎惟
兄弟因自在驚悚不能應答矣○四約色弗謂兄弟曰請近來則近
來矣遂曰爾素所賣於麥西国之弟約色弗正乃我也○五上帝既
差我爾得保命故以賣我到此自不須憂悶也○六乃境內已有此
兩年之饑還有五載必無稼穡○七且上帝差我前爾來保汝後嗣
在地又大救保汝命○八如是非爾差我乃上帝遣我也且派我為
王之父闔家之主並遍麥西国之宰也○九爾可疾回見家父謂之
曰汝兒約色弗如此言云蒙上帝立兒為統麥西国之主請下
來就我毋滯延焉○十可住珂山境內近我即家父連子孫牛羊並
兒所有者○十一在彼我將養爾尚有此五年之饑荒則兒父連家與

凡所有者窮乏也○十二却爾親眼兼胞弟便雅憫親眼亦看乃我親
口講○十三爾可將我在麥西国之榮耀並凡所見者悉告家父即速
帶父來此也○十四遂抱弟便雅憫之頸而哭又便雅憫抱其頸而哭
○十五約色弗亦嚫嘴諸兄弟而哭後兄弟與之相談也○十六此事風聞於
王宮內曰約色弗之兄弟來王臣俱悅意○十七王諭約色弗曰可囑
兄弟必行如此荷諸畜生而往迦南地○十八父親與本家來就我且
我以麥西国之嘉賜爾可享此地之膏腴矣○十九今所諭者必遵行
可取麥西国之車以乘妻子且攜父親而來也○二十因遍麥西国之
貨業皆係屬爾故毋惜本家貨矣○廿一夫以色列之子作此且約色
弗循王命給之以車輿盤費矣○廿二又給諸人各得新袍二領惟與

便雅憫賜三百兩銀並五領新袍也〇二三與父親如此送也即將牡
驢十頭負麥西国之嘉物兼牝驢十頭負穀餅及父之贐儀也
二十四就打發兄弟起程曰路上毋動心焉〇二五遂離麥西国至迦南地見
父雅哥伯二十六告曰約色弗尚在為遍麥西国宰相也惟雅哥伯失
計並不信之〇二七遂以約色弗所述諸言轉報父親待雅哥伯看約
色弗所差之車以接之父親之心遂復甦矣〇二八以色列曰足矣我
見約色弗尚存我未死之前必往見之也

第四十六章

一節以色列便帶凡所有者起程到誓源設祭奉父以撒克之上帝
〇二也夜間上帝托夢現謂以色列曰雅哥伯乎雅哥伯乎曰余在

此也曰、○三我乃上帝卽爾祖之上帝、爾勿懼、往麥西国、蓋在彼處、
我將以爾為大国也、○四我將偕汝下麥西国、亦必果然領爾回來、
且約色弗必以親手按爾目也、○五雅哥伯遂由誓源起身、又以色
列之子、將父雅哥伯並婦小乘王所差之輿、○六亦牽羣畜貨財及
迦南地所獲諸物、卽雅哥伯並諸苗裔來麥西国也、○七卽其子孫、
女並女孫、諸種帶同至麥西国矣、○八夫來麥西国之以色列諸子、
開名於左、雅哥伯並其子、卽雅哥伯之長子流便、○九流便之子乃
哈諾、法路、希斯崙、及迦米、○十且西門之子乃耶母耳、雅民、阿瞎、雅
斤、鎖哈、及迦南女所生之兒沙維也、○十一利未之子乃革順、哥哈特、
米喇哩、○十二猶大之子乃以耳、阿男、示拉、法哩士、及撒喇、惟以耳阿

南等、並死於迦南地、且法哩士之子、乃希斯崙及哈母勒、○十三以薩迦之子、乃陀拉、孚兀、約伯、伸崙等、○十四且西布倫之子、乃西烈、以倫、雅列、○十五此諸子與女底拿、共三十三人、皆係利亞氏與雅哥伯在巴但亞蘭所生之子孫也、○十六夫迦得之子、乃西非翁、哈基、書尼、以士本、以哩、亞囉底、亞哩利等、○十七且亞沙之子、乃音拿、以書亞、以遂、底哩亞、及其妹西喇也、且底哩亞之子、乃希別、馬勒結等、○十八此十六人乃拉斑所賜其女利亞氏之婢名悉帕與雅哥伯所生之子孫也、○十九且雅哥伯之妻喇結氏之子、乃約色弗、兼便雅憫、○二十約色弗適任麥西国、娶安傒波提非喇之女亞西納、生馬拿西、與以法蓮、○二十一且便雅憫之子、乃味拉、庇遊、亞實別、其喇、拿慢、以希囉實母平、戸平、亞耳得等、○二十二此十四人、乃喇結氏與雅哥伯所生之子孫也、○二十三且但之子乃戸伸、○二十四又納大利之子乃雅泄、姑尼、耶斯、示臉等、○二十五此七人乃拉斑所賜其女喇結氏之婢名辟拉與雅哥伯所生之子也、○二十六夫陪雅哥伯來麥西地之人、即雅哥伯所生之子孫除諸媳婦外者、共六十六人也、○二十七夫約色弗在麥西国生有兩子、如此雅哥伯全家來麥西地者、共七十人也、○二十八且雅哥伯遣猶大前往見約色弗、可引之望坷山地、遂至坷山地矣、○二十九約色弗遂備車前往坷山地迎父以斯列、謁見父、即抱頸而久涕哭、○三十以斯列謂約色弗曰、幸爾尚在、余見爾面、今死可矣、○三十一約色弗謂兄弟父家曰、我往奏王云、昔在迦南地臣之兄弟與父家屬、來就我、○三十二其人乃牧者以喂畜牲爲生因此驅來羣牛羊及凡所有也○三三倘王召爾等問汝何業耶○三四爾必奏云僕等與祖自幼至今喂畜爲業如是可住坷山地盖麥西人視各牧如壓物也

第四十七章

一節 夫約色弗來奏王云臣之家父兄弟帶羣牛羊與凡所有者俱由迦南地來今在坷山境住焉○二且約色弗取兄弟中五人引覲王焉○三王謂其兄曰爾何業耶奏王曰僕等乃牧者祖父亦然○四又奏王曰因迦南地荒饑僕等無可喂畜故來此地寓焉今請准僕居坷山地矣○五王對約色弗曰父親兄弟就爾○六麥西国在爾前最膏腴之壤賜父兄居矣卽居坷山境倘知其中有壯强之人

可黙之掌理孤畜奚○七約邑弗遂引父雅哥伯朝見王、又雅哥伯祝福王也○八王問雅哥伯汝何年紀、雅哥伯奏王曰余寓世之歳日紀、有百三十年矣○九吾生之日希少難過、不逮吾祖父寓世之壽歳日之紀也、○十雅哥伯遂祝王訖、別王而退矣○十一且約邑弗循王命、定父兄之居、給之麥西国最膏腴之域、在喇米西境内爲業也○十二約邑弗遂供糧飼父兄全父家、依其家屬也○十三於是饑荒不勝全地、無糧、致麥西国並全迦南地、縁饑荒癈也矣○十四約邑弗遂以糴穀積所有麥西国、及迦南地諸銀、且約邑弗將銀收王宮○十五且麥西迦南等地銀鈌、麥西人皆來見約邑弗曰、其銀既罄、然當面死、如之奈何、請予我糧也○十六約邑弗曰、鈌銀、將羣畜生與我、而

我易畜供汝民○十七遂牽羣畜就約色弗、且約色弗收馬牛羊驢等

以食物易之、故當年替諸畜養之以糧也、○十八年完、次載其民又來

曰、不瞞我主、本銀費竭、吾主亦有我羣畜、主而獨有本身及田

畝並無他物○十九主曷容我與田眼前偕亡、今買本身與田畝代之

供糧、如是本身與田畝役王也、只給我種、以保命免死、又拋不

荒矣、○二十饉饑愈甚、麥西人各賣田如此其田歸王也、又約色弗爲

王悉買麥西国諸田焉、○二十一併自麥西之界至其極將其民搬進城

邑○二十二但祭主之田不買、乃王額賜祭司而王所賜之分其食也、故

不賣其田畝也、○二十三約色弗遂謂民曰、今日我爲王買爾身兼田畝、

郤此有種、稼田可○二十四也只到穡時、可抽五分之一納王、自收四分

以為田種自食並家之妻孥之口糧也曰二十五王救我命如沾王之恩為王之僕也○二十六如是約色弗立法於麥西国及於是日必抽五分之一奉王獨祭司之田不歸王也○二十七○惟以色列族住麥西境內坷山之域在彼獲業培增蕃盛矣○二十八夫雅哥伯居麥西国十有七年如此其紀一百四十七歲矣○二十九且以色列忌日邇來故召其子約色弗曰如眼前沾恩則置手吾腿下必誠然厚待我並不葬我於麥西国○三十但我欲與祖父同墓故汝必送我出麥西国而葬於其塋域曰兒如言將行焉○三十一曰必誓就誓又以色列在牀頭向拜也○

第四十八章

一節嗣後、適其人告約色弗曰、却爾父染病、其則帶同兩子馬拏西以法蓮等陪行。○二且某報雅哥伯曰、子約色弗來就爾也、以色列遂勉強坐在榻上。○三雅哥伯語約色弗曰、昔在迦南地路斯邑、全能之上帝出現、又祝福我。○四謂我云、我却倍增繁盛、使爾成羣民並以此地賜爾後裔、為永世業矣。○五且我未來麥西就汝、即在麥西国所生之兩子、以法亞馬拏西等歸我、如本子流便西門亦屬我也。○六但此後所生之子歸爾可也、又稱之循兄弟之名在其業也。○七我自巴但來之時、在迦南地、正在路間距以弗喇大不遠則喇結氏死在我側。○八且我葬之在以弗喇大路上、即是伯利恒以色列遂看約色弗之兩子、曰、此乃誰耶。○九約色弗謂父曰、嘗上

帝在此所賜我之二子也、曰、請帶來此、且我祝之也、〇十夫以色列
年老目昧不能見、乃約色弗帶子近來、惟父親嘴、且抱子、〇十一以色
列又謂約色弗曰、吾昔不料見爾面、而上帝亦以爾子示我看
焉、〇十二遂將二子出膝間、且約色弗伏地、〇十三約色弗帶兩、右手執以法
蓮向以色列之左、又左手執馬拏西向以色列之右、如是近就
之、〇十四惟以色列伸右手、明然引之、按右在季子以法蓮首上、並按
左手在長子馬拏西首上、十五遂祝約色弗云、祖父亞伯喇罕以撒
克等前行之上帝、並終生及今日所養我之上帝、〇十六卽救我出諸
難之天使、願祝福此童、可繼祖父亞伯喇罕以撒克兼我之名
令之倍增成羣在地中矣、十七惟約色弗一見父按右手在以法蓮

首上、則不悅意、遂舉父手欲從以法蓮之手移到馬拏西之首
十八約色弗亦謂父曰、爹也不然、此乃長子、父按右手其首上也。〇十九父
推辭曰、吾兒我知之、我知之、此子亦將成國、且爲大、惟季子實
超長子、又其苗裔將爲羣民矣、〇二十當是日祝之云、以色列民將如
是祝人曰、願上帝令爾成、猶以法蓮馬拏西等、則置以法蓮在
馬拏西之前也。〇二十一以色列遂語約色弗曰、我即將死矣、惟上帝將
祐爾、令爾等旋祖宗之地、〇二十二昔我以劍弓所奪於亞摩哩人之手、
以此業我賜爾、即多於兄弟也

第四十九章

一節夫雅哥伯召諸子曰、爾等集來、致我言爾等遭末日之情也。〇二雅

雅哥伯之子歟、可集且聽爾父以色列之言矣、流便乃我長子歟、我勢力之魁元歟、尊貴才能俱勝歟。四 噫猶水之旋蕩、爾上父榻、又汚之、又登我床也、故爾終不得卓越乎哉。五 西門及利味乃兄弟也、六 在室內藏暴器矣、我心歟不通其密計、我魂歟毋合會、乃其生氣而誅人、其任意而割斷牛之跟筋焉。七 其怒烈、其氣殘忍、俱可咒詛、故在雅哥伯之中、我將分之、而撒於以色列中矣。八 猶大歟、兄弟將讚美爾、父親之子將伏拜爾、又爾手將下敵之項矣。九 猶大歟乃獅子、吾兒擄掠而回、則如獅如老獅伏也、孰擾醒之耶。十 其柄不必離猶大、其設法者不去其腳、待康寧君至、且民咸歸之矣。十一 其繫厥駒於葡萄樹、亦維驢子於葡萄藤、則以酒醴洗衣、以葡萄之汁沃袍也。十二其眼以酒成紅、其齒以乳成白矣。十三西布倫將居於海濱、為船泊之所、又其交界及西頓地矣。十四以薩迦如壯驢、偃卧於廐也。十五其觀安逸乃善、土地乃美、遂付肩負荷、進貢為役矣。十六但將審其民如以色列之宗派焉。十七但如路沿之蛇、道中之蝮、致咬馬跟、騎者倒落矣。十八皇上帝歟、望救我也。十九軍伍將追迦得、然後擊勝之。二十亞沙將出膏糧、又產王之甘物。二十一納大利如放釋之麀、其出佳言。二十二約色弗如茂盛之樹、似泉旁之藤、其枝蔓衍垣焉。二十三弓手恨懀射之。二十四但其弓葦、又恃雅哥伯有能之上帝、加手之力、由是有以色列之牧、並其磐焉。二十五蒙爾父之上帝、汝得保祐、依全能之主宰、爾享祝福、即天上淵下之祝、胎孀之祝也。二十六爾父之祝勝於列祖之祚、極於永遠之山、皆歸約瑟弗之首、又歸離兄弟者之頂上也、○二十七便雅憫猛如豺狼也、朝吞其所捉、夕分其所贓也。○二十八此皆以色列之十二宗派、此亦其父所言而祝之、各人按其祚而禱福也。○二十九且諭之曰、我將歸我民、爾可葬我同諸祖宗在黑人以弗倫田內之塋穴也、○三十卽迦南地慢哩對面麥比拉田內之穴、昔亞伯喇罕向黑人以弗崙所買爲塋域矣、○三十一彼處人葬亞伯喇罕兼其妻撒喇氏、在彼葬以撒兼其妻哩別迦氏、在彼我葬利亞氏矣。○三十二此田兼與內所有之穴由黑人而買矣、○三十三雅哥伯囑子畢、則縮腳入榻、且斷氣、又歸本民矣

第五十章

約色弗遂偃父面淌哭且親嘴之也約色弗便着屬下醫生以香料釁父方醫生釁之且四旬滿如此滿殮人之日則麥西人爲之守喪七十日喪期畢約色弗謂王家人曰幸蒙汝恩請奏王聞云家父令我發誓云郄我死時必葬我於迦南地所掘之墓矣今也容我往彼葬父而回王曰可諾葬父據所令汝發誓矣約色弗遂往葬其先君且王之臣宮之長及麥西国之老皆陪行並約色弗全家及兄弟父家俱上獨留嬰孩牛羊等留在坷山地矣亦有車馬同行成繁羣抵約耳坦河外於荆棘禾場在彼慘哭哀淌且約色弗爲先君守孝七日夫迦南居民看荆場之喪則曰此乃麥西国人甚哀哭也故稱約耳坦河外之處

曰麥西人之哀哭也○十二夫子循父命而行○十三送屍到迦南地、慢哩對
面、在麥庇拉田內之穴、而葬之、此田乃亞伯喇罕由黑人以法
崙所買爲塚地之業也○十四葬父、約色弗兼諸兄弟、凡送喪父者、咸
回麥西国來○十五夫約色弗諸兄弟見父已崩、則曰、約色弗庶幾
恨我、方因我待之諸惡將報也○十六遂差人禀約色弗曰、先君未死
已囑云、爾可請約色弗、且宥兄等之罪過、蓋兄弟待汝不善○十七但
今望以父之上帝、諸僕罪赦也、言畢、則約色弗哭矣○十八兄亦來俯
伏面前、曰、我等乃爾僕矣○十九約色弗曰、毋懼、我代上帝乎○二十爾等謀
害我、而上帝變之爲善、致如今日保多民之命矣○二十一今也勿懼我
將供養爾、兼爾子女也、遂以惠言慰之也○二十二夫約色弗兼父家住

麥西国乃約色弗享壽一百有十歲矣。○二三 且約色弗見以法蓮之曾孫、亦有馬拏西之孫馬吉之子、抱養在約色弗膝上也。○二四 約色弗謂其兄弟曰、我臨死矣、且上帝將垂顧、導爾等出此国、旋到所誓賜亞伯喇罕、以撒、雅哥伯等之地也。○二五 約色弗亦令以色列之子誓云、上帝果然垂顧爾、且必運我骨骸出於此地。○二六 約色弗享壽共百有十歲且卒、人遂釁鬯之、盛棺於麥西国矣、

創世傳卷一終